Remo H. Largo
Kinderjahre

PIPER

Zu diesem Buch

Wie man Kinder fit fürs Leben macht, ihnen hilft, im Einklang mit ihrer Umwelt zu leben – das zeigt Remo H. Largo in diesem Buch. Er ist seit über zwanzig Jahren Leiter der Abteilung Wachstum und Entwicklung am Kinderspital in Zürich und kennt daher die ganze Bandbreite kindlicher Entwicklung. So kann er Eltern und Erziehern wirkliche Hilfe anbieten, nicht nur Theorien. Anschaulich führt er durch die entscheidenden Jahre zwischen dem Kleinkindalter und der Schwelle des Erwachsenseins. Wie entsteht die Individualität des Kindes? Welche Rolle spielen Anlagen und Umwelt? Wann und wie können Eltern die Entwicklung ihres Kindes unterstützen? Auf diese Fragen gibt der Autor fundierte Antworten mit praktischen Beispielen.

Remo H. Largo, geboren 1943 in Winterthur, war bis zu seiner Emeritierung 2005 Professor für Kinderheilkunde. Fast drei Jahrzehnte lang leitete er die Abteilung für Wachstum und Entwicklung am Kinderspital in Zürich, wo er die bedeutendste Langzeitstudie über kindliche Entwicklung im deutschsprachigen Raum durchführte. Er ist Vater dreier Töchter und Großvater von vier Enkeln. Seine Bücher »Babyjahre«, »Kinderjahre« und »Glückliche Scheidungskinder« sind Klassiker. Zuletzt erschien von ihm »Schülerjahre« (mit Martin Beglinger).

Remo H. Largo

Kinderjahre

Die Individualität des Kindes als
erzieherische Herausforderung

PIPER
München Berlin Zürich

Mehr über unsere Autoren und Bücher:
www.piper.de

Von Remo H. Largo liegen bei Piper vor:
Babyjahre
Kinderjahre
Glückliche Scheidungskinder
Schülerjahre (mit Martin Beglinger)
Jugendjahre
Lernen geht anders

Für Eva, Jana und Peter,
Johanna und Kathrin

Ungekürzte Taschenbuchausgabe
1. Auflage Dezember 2000
29. Auflage Juli 2015
© 1999 Piper Verlag GmbH, München
Umschlaggestaltung: semper smile, München
Umschlagabbildung: Marc Dietenmayer
Satz: KCS GmbH, Buchholz/Hamburg
Gesetzt aus der Times Ten
Druck und Bindung: CPI books GmbH, Leck
Printed in Germany   ISBN 978-3-492-23218-0

Inhalt

Einleitung — 13
  Das »normale« Kind — 15
  Angeboren oder anerzogen? — 16
  Grundbedürfnisse befriedigen — 17
  Selbstbestimmtes und sozial orientiertes Lernen — 17
  Fit und Misfit — 18
  Die wichtigsten Fragen — 20

I. Vielfalt und Individualität

Vielfalt — 25
  Vielfalt unter Kindern (interindividuelle Variabilität) — 26
  Variabilität des Entwicklungsverlaufs — 35
  Vielfalt innerhalb eines Kindes (intraindividuelle Variabilität) — 37
  Geschlechtsunterschiede — 38
  Vielfalt bei Erwachsenen — 39
  Vielfalt als Wesenmerkmal des Menschen — 40
  Vielfalt und Erziehung — 42
  Das Wichtigste in Kürze — 43
Individualität — 45
  Selbstwahrnehmung — 45
  Fremdwahrnehmung — 48
  Erziehung zur Individualität und zur Gemeinschaft — 49
  Das Wichtigste in Kürze — 50

II. Anlage und Umwelt

Anlage — 53
  Organische und funktionelle Strukturen — 55
  Variabilität der Anlage — 58
  – Unterschiedliche Ausprägung — 58
  – Reifung — 60
  – Anpassungsfähigkeit — 64
  – Vererbung — 65

- Möglichkeiten und Grenzen 67
Das Wichtigste in Kürze 68
Umwelt 70
  Befriedigung der Grundbedürfnisse 70
  Erfahrungen ermöglichen 74
  Inhalte 76
  Trügerisch 77
  Das Wichtigste in Kürze 77
Zusammenwirken von Anlage und Umwelt 78
  Das Kind ist aktiv 79
  Das Kind ist selektiv 82
  Der eigenen Entwicklungslinie folgen 83
  Eigenregulation 87
  Entlastung 90
  Das Wichtigste in Kürze 91

III. Grundbedürfnisse und Bindungsverhalten

Geborgenheit und Zuwendung 95
  Ungeliebt und vernachlässigt 95
  Auch Erwachsene brauchen Geborgenheit 99
  Thema Nummer eins 100
  Chips mit Emotionen 101
  Was ist Geborgenheit, was ist Zuwendung? 102
  Übergangsobjekte, Heimat und Haustiere 106
  Tobias 107
  Das Wichtigste in Kürze 107
Bindungsverhalten 109
  Zweck des Bindungsverhaltens 110
  – Brutpflege 110
  – Weitergabe von Fähigkeiten und Wissen 113
  – Formen des Bindungsverhaltens 115
  – Prägung 115
  – Angeborene Verhaltensmuster 118
  – Bindung durch gegenseitiges Vertrautwerden 122
  Unterschiedlich ausgeprägt 124
  Zeitlich begrenzt 125
  Grundlage der Erziehung 127

Das Wichtigste in Kürze	127
Entwicklung des Bindungsverhaltens	129
Kindliches Bindungsverhalten im Säuglingsalter	129
Kindliches Bindungsverhalten im Kleinkindesalter	135
Kindliches Bindungsverhalten im Schulalter	138
Kindliches Bindungsverhalten in der Adoleszenz	143
Elterliches Bindungsverhalten	149
Lernerfahrungen	153
Das Wichtigste in Kürze	154
Bezugspersonen	156
Was ist eine Bezugsperson?	157
Hierarchie der Bezugspersonen	159
Bezugspersonen pro Kind	161
Kinder pro Bezugsperson	162
Verluste	164
Wer will Bezugsperson sein?	165
Das Wichtigste in Kürze	166

IV. Entwicklung und Lernen

Intelligenz	171
Symbolsysteme	174
– Sprache	174
– Bildliche Darstellung	175
– Introspektion, Moral und Rechtssysteme	176
– Totenkult, Mythenbildung, Religion	176
– Technik und Wissenschaft	177
Späterfindung der Evolution	178
Ist der Mensch einmalig?	181
Symbolfunktionen in der kindlichen Entwicklung	182
Symbolsysteme in Erziehung und Schule	183
Das Wichtigste in Kürze	185
Geistige Kompetenzen	186
Kompetenzen	188
– Sprachliche Kompetenz	188
– Logisch-mathematische Kompetenz	190
– Figural-räumliche Kompetenz	192
– Musikalische Kompetenz	193

- Motorisch-kinästhetische Kompetenz — 194
- Soziale Kompetenz — 195
- Weitere Kompetenzen? — 196
Individuelle Ausprägung — 197
Ganzheitliche Entwicklung — 198
Das Wichtigste in Kürze — 199
Entwicklung und Lernen — 201
Grundvoraussetzungen — 201
Merkmale des kindlichen Lernverhaltens — 203
- Angeborene Neugier — 204
- Entwicklungsspezifisches Lernen — 207
- Einüben von Fähigkeiten — 212
- Selbstbestimmung und Eigenkontrolle — 214
Drei Formen des Lernens — 217
- Soziales Lernen (imitatives Lernen) — 217
- Objektorientiertes Lernen — 221
- Lernen durch Unterweisung — 225
Dem Kind vertrauen — 226
Das Wichtigste in Kürze — 228

V. Fit und Misfit

Wohlbefinden und Selbstwertgefühl — 233
Die drei Hauptkomponenten — 235
- Geborgenheit — 235
- Zuwendung und soziale Anerkennung — 236
- Entwicklung und Leistung — 239
Individuelle Ausprägung — 241
Nicht omnipotent, sondern einmalig — 245
Das Wichtigste in Kürze — 246
Fit — 248
Das Kind »lesen« — 252
Umgang mit dem Kind — 255
- Geborgenheit — 255
- Zuwendung und soziale Akzeptanz — 261
- Entwicklung und Lernen — 265
- Vorbild sein — 266
- Kindgerechte Umwelt — 268

– Unterweisung	268
Wer bestimmt?	270
Chancen geben	274
Das Wichtigste in Kürze	276
Fit-Konzept auf dem Prüfstand	278
Zwei Erziehungsstile	279
Reifung oder Training?	282
Eigeninitiative	286
Vorbilder	289
Selbständig werden	290
Erziehungsstil	291
Kräfte und Zeit sparen	292
Kein Sonderfall	292
Das Wichtigste in Kürze	293
Misfit	294
Extremvarianten	294
Ungenügende Anpassung der Umwelt	302
Kombinationen von ungünstigen Umweltbedingungen und Extremvarianten	315
»Gesundes Maß« an Misfit	317
Misfit abklären	318
Misfit beheben	324
Individuelle Lösungen	328
Das Wichtigste in Kürze	328

VI. Gehorsam und Selbstbestimmung

Gehorsam	333
Eine Erblast	333
Nachwirkungen	337
Fit-Konzept und autoritäre Erziehung	339
Unvermeidlich	342
Weshalb gehorcht ein Kind?	344
Das Wichtigste in Kürze	344
Selbstbestimmung	346
Fit-Konzept und antiautoritäre Erziehung	347
Das Wichtigste in Kürze	351

Anhang
Glossar 355
Literaturverzeichnis 359
Danksagung 369
Abbildungsnachweis 371
Register 373

Ich habe mich sorgfältig gehütet, die Handlungen der Menschen zu belachen oder zu beklagen und zu verwünschen, sondern strebte nur, sie zu verstehen. Ich habe deshalb die menschlichen Gemütszustände […] nicht als Fehler der menschlichen Natur, sondern als Eigenschaften betrachtet, welche ihr ebenso zukommen wie der Natur der Luft die Hitze, die Kälte, der Sturm, der Donner und ähnliches, was, wenn auch lästig, doch notwendig ist und seine feste Ursache hat.
Baruch de Spinoza

Einleitung

Alles ist eins, alles ist vielfältig. Wie viele Naturen in der des Menschen! Wie viele Neigungen!

Blaise Pascal um 1600

Wären alle Kinder gleich, wäre Erziehung nicht gerade ein Kinderspiel, aber doch sehr viel einfacher. Wenn gleichaltrige Kinder gleich viel essen würden, im selben Alter zu sprechen anfingen und in der Schule gleich gut lesen könnten, gäbe es weit weniger Erziehungsprobleme, und dieses Buch wäre wohl nie geschrieben worden.

Kinder sind aber sehr verschieden. Sie sind es bereits bei der Geburt und werden es in ihrer Entwicklung immer mehr. So gibt es unter gleichaltrigen Kindern solche, die doppelt soviel essen wie andere. Während das eine Kind mit zwölf Monaten die ersten Wörter spricht, läßt ein anderes die Eltern bis zu seinem 30. Lebensmonat darauf warten. Die meisten Kinder lernen im Alter von etwa sieben Jahren lesen. Einige eignen sich bereits mit vier bis fünf Jahren das Lesen selbst an. Andere haben im Alter von acht Jahren und mit viel Unterstützung von Lehrerin und Eltern noch ihre liebe Not damit.

Es ist offensichtlich und niemand wird bestreiten, daß gleichaltrige Kinder verschieden groß und schwer sind. Zu akzeptieren, daß Sprache und Lesefähigkeit ebenfalls sehr unterschiedlich ausgeprägt sein können, fällt – insbesondere bei den eigenen Kindern – schwerer. Dabei entwickeln sich diese Fähigkeiten von Kind zu Kind noch weit unterschiedlicher als Körpergröße und Gewicht.

Nicht nur die Kinder sind verschieden, die Eltern sind es auch. Sie haben unterschiedliche Vorstellungen und gehen mit ihren Kindern ganz verschieden um. Viele Eltern halten sich an überlieferte Konzepte und erziehen ihre Kinder so, wie sie selbst erzogen worden sind. Manche wollen es anders und vor allem besser machen als ihre eigenen Eltern. So versuchen sie etwa, die Prinzipien der antiautoritären Erziehung bei ihren Kindern umzusetzen. Oder sie orientieren sich an den Erziehungsprak-

3 + 4 = ?

tiken der Naturvölker, indem sie besonderen Wert auf Intuition, häufigen Körperkontakt und einen möglichst natürlichen Umgang mit dem Kind legen. Viele Eltern sind als Erzieher zutiefst verunsichert. Sie hungern geradezu nach konkreten Ratschlägen. Sie lesen Zeitschriften und Bücher in der Hoffnung, verbindliche Aussagen zu bekommen, wie Kinder zu erziehen sind. Fachleute und Medien machen es ihnen nicht leicht, gleicht doch ihr Angebot an Erziehungshilfen einem riesigen Gemischtwarenladen.

Weil die Vielfalt unter Kindern und Eltern so groß ist, sind Unstimmigkeiten zwischen ihnen häufig. Solche Unstimmigkeiten oder Misfits, wie wir sie nennen werden, sind die Hauptursache für Verhaltensauffälligkeiten. Die meisten erzieherischen Probleme entstehen dadurch, daß die Erziehungsvorstellungen der Eltern nicht mit den Bedürfnissen und den Eigenheiten ihrer Kinder übereinstimmen. So wachen 20 bis 30 Prozent der Säuglinge und Kleinkinder nachts auf (Largo 1984). Eine Schlafstörung ist nur ausnahmsweise darauf zurückzuführen, daß das Kind körperlich oder psychisch krank ist oder seine Eltern erzieherisch versagt haben. Die meisten Kinder sind psychisch gesund, und die Eltern geben als Erzieher ihr Bestes. Der häufigste Grund für nächtliches Aufwachen sind falsche Erwartungen der Eltern. Sie nehmen beispielsweise an, daß ein einjähriges Kind nachts zwölf Stunden schläft, was für einige Kinder auch zutrifft. Manche Kinder schlafen sogar 13 bis 14 Stunden, was ihre Eltern als sehr angenehm empfinden. Andere Kinder kommen dagegen mit neun bis zehn Stunden Schlaf pro Nacht aus. Wenn sich die Eltern nicht darauf einstellen, kommt es zu einem Misfit: Sie behalten ihr Kind länger im Bett, als es schlafen kann, und rufen dadurch Schlafstörungen hervor. Das Kind hat abends Mühe mit dem Einschlafen, wacht nachts auf und/oder ist am Morgen in aller Frühe wach.

Die Vielfalt bei Kindern ist so groß, daß wir einsehen müssen, daß es keine allgemeingültigen Erziehungsregeln geben kann. Gleichaltrige Kinder können so verschieden sein, daß eine erzieherische Haltung, die dem einen Kind entspricht, bei einem anderen verfehlt sein mag. Je besser es uns gelingt, uns auf die individuellen Bedürfnisse und die Eigenheiten der Kinder einzustellen, desto besser werden sie sich entwickeln und desto geringer wird der erzieherische Aufwand sein.

Das »normale« Kind

Wenn die Verschiedenheit unter Kindern so groß ist, was ist dann noch unter normalem Verhalten zu verstehen? Normalität, wie sie in diesem Buch dargestellt wird, besteht nicht darin, daß sich alle Kinder gleich verhalten. Sie orientiert sich an der biologischen Vielfalt und den Gesetzmäßigkeiten der kindlichen Entwicklung. Dieser Vorstellung liegen keine theoretischen oder ideologischen Vorstellungen, sondern eine Vielzahl überprüfbarer Beobachtungen zugrunde. So wird die Feststellung, daß die Kinder auf sehr verschiedenen Altersstufen sauber und trocken werden und daß keine noch so frühzeitige und intensive Sauberkeitserziehung die Entwicklung der Blasen- und der Darmkontrolle zu beschleunigen vermag, mit empirischen Daten belegt (Largo 1996). Die meisten Angaben in diesem Buch beruhen auf Erfahrungen, die im Rahmen der Zürcher Longitudinalstudien (Längsschnittstudien) zwischen 1954 und 1998 gemacht wurden. Darin wurden das Wachstum und die Entwicklung von etwa 800 Kindern von der Geburt bis ins Erwachsenenalter aufgezeichnet und analysiert. Darüber hinaus werden in diesem Buch zahlreiche wissenschaftliche Untersuchungen angeführt, die sich ebenfalls mit der Variabilität und den Gesetzmäßigkeiten der kindlichen Entwicklung beschäftigen.

Das Ausmaß der Vielfalt, wie es in Entwicklungsstudien zu beobachten ist, ist unvereinbar mit irgendwelchen Normvorstellungen. *Um diese Vielfalt zu wissen, ist deshalb so hilfreich, weil sich manche erzieherischen Probleme nur lösen lassen oder – noch besser – gar nicht erst auftreten, wenn wir uns als Eltern und Erzieher an den realen Gegebenheiten kindlichen Verhaltens orientieren.*

Angeboren oder anerzogen?

Woher kommt die Vielfalt? Was an der Individualität eines Kindes ist Ausdruck seiner Veranlagung und was ist erziehungsbedingt? Diese Fragen sind nicht nur von akademischem Interesse. Die Antworten darauf haben ihren praktischen Nutzen: Je nachdem, ob ein Verhalten angeboren ist oder durch die Erziehung bestimmt wird, sollten wir uns als Eltern anders verhalten. So ist der tägliche Schlafbedarf biologisch vorgegeben. Wir können die Schlafdauer bei einem Kind nicht beeinflussen, sondern müssen uns darauf einstellen. Dagegen können wir mit unserem Erziehungsstil bestimmen, ob das abendliche Zubettgehen zu einer friedlichen gemeinsamen Viertelstunde oder zu einem zeitraubenden und nervenaufreibenden Klamauk wird, der uns jeden

Abend erneut Magenschmerzen bereitet. Quengeliges Verhalten ist nicht angeboren, sondern wird anerzogen.

Grundbedürfnisse befriedigen

Nur wenn seine körperlichen und seine psychischen Grundbedürfnisse befriedigt werden, kann sich ein Kind entwickeln. Das Bedürfnis nach Geborgenheit und Zuwendung ist dabei genauso elementar wie dasjenige nach ausreichender Ernährung und Pflege.

Was verstehen wir aber unter Geborgenheit? Wieviel Zuwendung braucht ein Säugling oder ein Kleinkind? Inwieweit kann eine andere Person Mutter und Vater ersetzen? Die Beantwortung dieser Fragen ist in den letzten Jahren immer schwieriger geworden, weil die emotionalen Bedürfnisse der Kinder mit der neuen Freiheit der Frau konkurrieren oder – wie Beck-Gernsheim (1997) den Sachverhalt beschreibt – Kinder für die Frauen in unserer Gesellschaft nicht nur zu einem Karrierehandicap, sondern zu einem beruflichen, sozialen und finanziellen Existenzrisiko geworden sind. Die Gefahr, daß die Bedürfnisse der Kinder gegen diejenigen der Eltern und vor allem der Mütter ausgespielt werden, ist groß. In den letzten Jahren ist eine weitere Bedrohung für Kind und Eltern dazugekommen. Die wirtschaftlichen Verhältnisse und damit auch die Lebensbedingungen haben sich für viele Familien verschlechtert. Es gibt – selbst in Mitteleuropa – wieder Armut. Den Kindern kann es aber nur gutgehen, wenn es auch den Eltern gutgeht.

Selbstbestimmtes und sozial orientiertes Lernen

Ein Kind ist keine Knetmasse, die beliebig geformt werden kann. Jedes Kind hat seine Stärken und seine Schwächen sowie sein ihm eigenes Entwicklungstempo. Das Kind ist auch nicht das Produkt beliebiger Erfahrungen. In jedem Lebensabschnitt reifen bestimmte Fähigkeiten und Verhaltensweisen heran, die es durch Erfahrungen verinnerlicht. So interessiert sich jedes Kind für Buchstaben, sobald die Fähigkeit zum Lesen herangereift ist. Diese Auffassung vom Kind und von seiner Entwicklung können Eltern und Erzieher kaum teilen, wenn sie annehmen, daß ein Kind um so größere Fortschritte macht, je mehr Wissen ihm angeboten wird und je mehr Fertigkeiten ihm eingeübt werden. Es ist ein Anliegen dieses Buches aufzuzeigen, daß echtes Lernen selbstbestimmt und eigenständig ist.

Wenn wir uns als Eltern und Erzieher an den Gesetzmäßigkeiten der kindlichen Entwicklung orientieren wollen, müssen wir auch unsere Rolle als Erziehende hinterfragen. Wir bemühen uns, dem Kind soziale Werte wie Anständigkeit oder Ehrlichkeit beizubringen. Das Kind lernt zwischenmenschliches Verhalten durch gemeinsames Erleben mit Eltern, Geschwistern und anderen Bezugspersonen. Maßgebend sind weniger Lob und Ermahnungen als vielmehr die Art und Weise, wie wir miteinander und mit dem Kind umgehen. Welche sozialen Regeln und Wertvorstellungen sich das Kind aneignet, bestimmen wir mit unserem Vorbild.

Fit und Misfit

Pädagogen, Psychologen und Ärzte sowie eine umfangreiche Erziehungsliteratur beschäftigen sich mit den Schattenseiten des kindlichen Verhaltens. Sie geben Ratschläge, was zu tun ist, wenn sich ein Kind im Einkaufszentrum schreiend auf den Boden wirft und seine Mutter erzieherisch als Versagerin der allgemeinen Aufmerksamkeit preisgibt. Medikamente und Diätkuren werden angepriesen, um hyperaktive Kinder ruhigzustellen. Die Eltern werden ermutigt, ihren Kindern häufiger Grenzen zu setzen und »nein« zu sagen, um aggressives und sozial unangepaßtes Verhalten zu beheben oder doch zumindest einzudämmen.

Dieses Buch beschäftigt sich nicht mit Verhaltensstörungen und Erziehungsschwierigkeiten, sondern mit normalen kindlichen Verhaltensweisen. Es erteilt keine Ratschläge, wie mit einem unfolgsamen Kind umzugehen ist. Es will aufzeigen, weshalb Kinder gehorchen. Es preist keine Heilmittelchen an, die Kinder dazu bringen, mehr oder weniger zu essen. Es erklärt, weshalb Kinder unterschiedlich viel essen und weshalb nur sie und nicht die Eltern die Nahrungsmenge bestimmen sollen. Das Buch empfiehlt keine Maßnahmen, wie Einnässen zu beheben ist. Es beantwortet vielmehr die Frage: Wie kommen Kinder dazu, ihre Blasen- und ihre Darmfunktion zu kontrollieren?

Verständnis für die normale Entwicklung ist eine weitaus bessere Erziehungshilfe und auch nützlicher im Umgang mit Verhaltensauffälligkeiten als jeder wohlmeinende Ratgeber. Wenn ein Kind abends nicht einschlafen kann, geht es nicht darum, mit Medikamenten das störende Verhalten zum Verschwinden zu bringen. Die fehlende Übereinstimmung zwischen Kind und Umwelt, der Misfit, soll vielmehr gefunden und nach Möglichkeit aufgelöst werden. Wenn das Kind aus Angst vor dem nächsten Schultag nicht einschlafen kann, sollen die schulischen Anforderungen seinem Leistungsvermögen angepaßt werden. Die Schlafstörung wird dann von selbst verschwinden.

Ein Kind kann nicht beliebig erzogen werden. Wenn uns wirklich etwas daran liegt, daß sich ein Kind wohl fühlt und sich möglichst gut entwickelt, müssen wir seine Bedürfnisse kennenlernen und achten sowie seinen entwicklungsspezifischen Eigenheiten mit Verständnis begegnen. Eine möglichst hohe Übereinstimmung zwischen Kind und Umwelt ist das Anliegen des sogenannten Fit-Konzeptes. Die erzieherische Herausforderung dabei ist: *Das Kind richtig verstehen und für den Umgang mit ihm das richtige Maß finden.*

Nur weniges am Fit-Konzept ist neu, das meiste war schon vorgedacht. Über Jahrhunderte hinweg sind Philosophen wie Blaise Pascal und Jean-Jacques Rousseau, Dichter wie Johann Wolfgang Goethe und Oscar Wilde sowie Pädagogen, Psychologen und Kinderärztinnen wie Johann Heinrich Pestalozzi, Jean Piaget oder Maria Montessori immer wieder zur gleichen Einsicht gekommen: *Erziehung muß sich an den individuellen Bedürfnissen und den Eigenheiten des Kindes orientieren.* Neu am Fit-Konzept ist, daß es diese humanistische Erziehungsvorstellung auf eine biologische Grundlage stellt: Wenn die körperlichen und die psychischen Grundbedürfnisse eines Kindes befriedigt und die Gesetzmäßigkeiten seiner Entwicklung beachtet werden, geht es Kind und Eltern gut. Werden sie mißachtet, leiden Kind, Eltern und oft auch die Gesellschaft darunter.

Die nachfolgende Übersicht listet die wichtigsten Fragen auf, die in diesem Buch behandelt werden. Der Leserin und dem Leser wird empfohlen, die sechs Teile hintereinander zu lesen. Dennoch ist das Buch so angelegt, daß jeder Teil auch für sich gelesen werden kann.

Die wichtigsten Fragen

I. Vielfalt und Individualität
- Wie groß ist die Vielfalt in der kindlichen Entwicklung?
- Wie entsteht die Individualität des Kindes?

II. Anlage und Umwelt
- Welche Rolle spielen Veranlagung und Umwelt?
- Wie wirken Anlage und Umwelt zusammen?

III. Grundbedürfnisse und Bindungsverhalten
- Was ist Geborgenheit und was Zuwendung?
- Worin besteht die Kind-Eltern-Bindung?
- Wie entwickelt sich das Bindungsverhalten?
- Was ist eine Bezugsperson?

IV. Entwicklung und Lernen
- Was ist menschliche Intelligenz?
- Wie lernen Kinder?
- Wie können Eltern und Erzieher das Kind in seiner Entwicklung unterstützen?

V. Fit und Misfit
- Weshalb ist eine Übereinstimmung zwischen Umwelt und Kind (Fit) so wichtig?
- Wie kann ein Fit erreicht werden?
- Wie äußert sich ein Misfit?
- Wie kann ein Misfit behoben werden?

VI. Gehorsam und Selbstbestimmung
- Worin unterscheidet sich das Fit-Konzept von der autoritären Erziehung?
- Worin unterscheidet es sich von der antiautoritären Erziehung?

I. Vielfalt und Individualität

Vielfalt

Die Eltern machen sich um die Sprachentwicklung der Zwillinge Köbi und Röbi Sorgen. Maja, die älteste Tochter, sprach mit zwölf Monaten die ersten Wörter und bildete mit 19 Monaten die ersten Sätze. Die Eltern waren sehr erfreut über das aufgeweckte Kind. Bei Laura, der zweitältesten Tochter, setzte das Sprechen mit 18 Monaten ein, was noch einer durchschnittlichen Entwicklung entspricht. Bei Köbi und Röbi mußten die Eltern 27 Monate warten, bis die Zwillinge die ersten Wörter gebrauchten.

Die Eltern von Köbi und Röbi erwarteten, daß deren Sprachentwicklung wie bei Maja oder doch wenigstens wie bei Laura verlaufen würde. Sie unterschätzten die Variabilität der Sprachentwicklung selbst bei Geschwistern. Als Eltern und Fachleute tun wir uns oft schwer damit, daß sich Kinder ganz verschieden verhalten. Wir neigen zur Annahme, daß sich Kinder in etwa gleich entwickeln und gleich verhalten, insbesondere dann, wenn sie in derselben Familie aufwachsen.

Es ist ja nicht so, daß wir die Vielfalt überhaupt nicht zur Kenntnis nehmen würden, etwa was Körpergröße, Haar- und Augenfarbe angeht. In den meisten Entwicklungsbereichen ist die Variabilität aber weniger augenfällig als beim Wachstum. So sind wir auch weniger bereit, die ganze Variationsbreite bei geistigen Fähigkeiten oder beim Sozialverhalten zu akzeptieren. Dabei sind derartige Unterschiede – wie wir gleich sehen werden – bei normal entwickelten Kindern noch wesentlich ausgeprägter als beim Wachstum.

Dieses Kapitel soll aufzeigen, daß *die Vielfalt ein durchgehendes Merkmal der kindlichen Entwicklung ist*, und zwar in einem Ausmaß, das den meisten Eltern und selbst Fachleuten unbekannt ist.

Vielfalt unter Kindern
(interindividuelle Variabilität)

Kinder sind bereits bei der Geburt sehr verschieden. Einige kommen mit einem Körpergewicht von weniger als 2500 Gramm auf die Welt, andere wiegen mehr als 4000 Gramm. Das eine Neugeborene hat einen kräftigen Haarschopf, ein anderes ist fast kahl. Die Kinder unterscheiden sich voneinander in ihrem mimischen Ausdruck, ihrer motorischen Aktivität und ihrer Aufmerksamkeit.

Schon Neugeborene schlafen verschieden lang. Ihr durchschnittlicher täglicher Schlafbedarf beträgt 16 Stunden. Einige benötigen lediglich 13 und andere bis zu 20 Stunden Schlaf pro Tag.

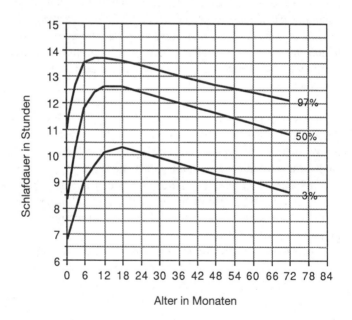

Dauer des Nachtschlafes in den ersten sechs Lebensjahren. Die Mittellinie (50 Prozent) repräsentiert den durchschnittlichen Schlafbedarf. Die Linien von 3 Prozent und 97 Prozent bezeichnen diejenigen Kinder, die wenig beziehungsweise viel schlafen. (Basler 1980)

Der Schlafbedarf ist bereits in den ersten Tagen von Kind zu Kind verschieden groß und bleibt es für das ganze Leben. Im Alter von zwei Jahren schlafen die Kinder zwischen zehn und 13,5 Stunden pro Nacht und mit fünf Jahren zwischen neun und 12,5 Stunden. Adoleszente schlafen durchschnittlich sieben Stunden; einige benötigen acht bis zehn und andere lediglich drei bis vier Stunden pro Nacht.

Die Kinder schlafen in jedem Alter nicht nur verschieden lang, sie essen auch unterschiedlich viel. So nehmen einjährige Kinder durchschnittlich 900 Gramm Nahrung pro Tag zu sich. Es gibt aber einige, die mit 600 bis 700 Gramm auskommen. Andere essen die doppelte Menge, nämlich bis zu 1300 Gramm pro Tag.

Die Leserin oder der Leser mag nun einwenden, daß große und

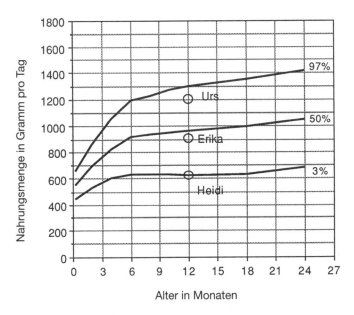

Wieviel ißt ein Kind pro Tag? Die Kurven geben die tägliche Nahrungsmenge an, die Kinder in den ersten 24 Monaten zu sich nehmen (zusammengestellt aus Stolley 1982, Wachtel 1990). Im Alter von zwölf Monaten nimmt Heidi 600 Gramm Nahrung pro Tag zu sich, Erika 900 Gramm und Urs 1200 Gramm. Urs ißt also doppelt soviel wie Heidi.

schwere Kinder mehr essen als kleine und leichte. Wird das Gewicht der Kinder berücksichtigt, indem die Nahrungsmenge auf das Körpergewicht bezogen wird, bleiben die großen Unterschiede bestehen. Im Alter von zwölf Monaten können Kinder mit 60 Gramm Nahrung pro Kilogramm Körpergewicht auskommen, während andere bis zu 130 Gramm Nahrung pro Kilogramm Körpergewicht zu sich nehmen. Schwere und große Kinder essen und trinken nicht notwendigerweise mehr als leichte und kleine Kinder.

Fähigkeiten und Verhaltensweisen sind nicht nur unterschiedlich ausgeprägt, sie können auch in verschiedenen Altersstufen auftreten.

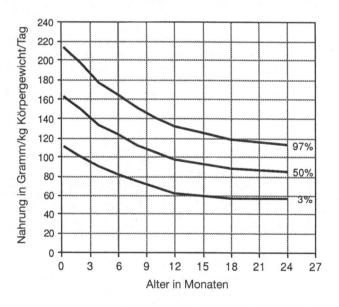

Tägliche Nahrungsaufnahme, bezogen auf das Körpergewicht. Die Kurven geben an, wieviel Gramm Nahrung pro Kilogramm Körpergewicht pro Tag Kinder in einem bestimmten Alter zu sich nehmen. Die Mittellinie (50 Prozent) entspricht dem durchschnittlichen Nahrungsbedarf. Die Linien von 3 Prozent und 97 Prozent bezeichnen diejenigen Kinder, die wenig beziehungsweise viel essen. (Zusammengestellt aus Birch 1991, Stolley 1982, Wachtel 1990)

Das Alter, in dem Kinder kriechen, aufstehen und gehen, variiert erheblich. Die nachfolgende Graphik gibt in Prozent an, wann Kinder frei gehen. Etwa ein Drittel der Kinder macht die ersten Schritte mit 13 Monaten. Einige schaffen es bereits mit zehn Monaten, andere erst mit 18 bis 20 Monaten. So kann ein Kind bereits mehr als sechs Monaten auf den Beinen sein, wenn ein gleichaltriges gerade mal die ersten Gehversuche unternimmt.

Wie wir bei Köbi, Röbi und ihren Schwestern gesehen haben, kann auch die Sprachentwicklung in ganz verschiedenem Alter beginnen. Kinder sprechen frühestens mit zwölf Monaten die ersten Wörter. Die meisten Kinder erwerben die ersten drei Wörter im Alter zwischen zwölf und 18 Monaten. Spätentwickler, meist Jungen, schaffen es erst mit 21 bis 33 Monaten. Die ersten

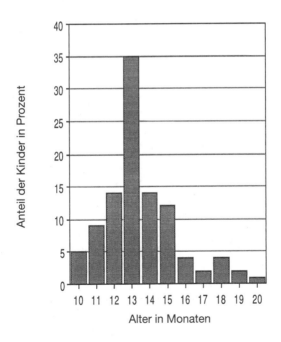

Geh-Alter. Die Säulen geben den prozentualen Anteil der Kinder an, die in einem bestimmten Alter die ersten Schritte machen. (Largo 1985)

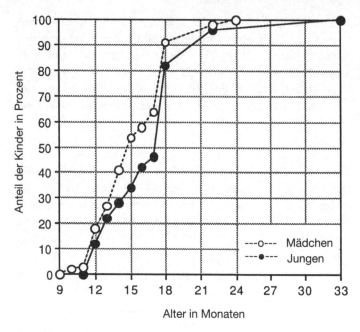

Sprachbeginn bei Schweizer Kindern. Die Kurven geben an, wieviel Prozent der Kinder in einem bestimmten Alter mindestens zwei Wörter sprechen (ausgenommen Papa, Mama). (Largo 1986)

Wörter können von einem Spätentwickler bis zu 18 Monaten später gesprochen werden als von einem Frühentwickler. Die Unterschiede von Kind zu Kind nehmen bei der weiteren Entwicklung immer mehr zu. So beginnen die Kinder frühestens mit 13 bis 18 Monaten in Zwei-Wort-Sätzen zu sprechen. Die meisten Kinder erreichen diese Stufe der Sprachentwicklung im Alter zwischen 18 und 24 Monaten. Einige wenige, wiederum hauptsächlich Jungen, bilden Zwei-Wort-Sätze erst nach dem dritten Lebensjahr. Die Streubreite beträgt mehr als zwei Jahre!

Wie unterschiedlich Kinder im Schulalter sind, wird von Eltern und Lehrern immer wieder unterschätzt. Welches Ausmaß die Variabilität bei Schulanfängern aufweist, veranschaulicht das folgende hypothetische Beispiel in der nachfolgenden Graphik:

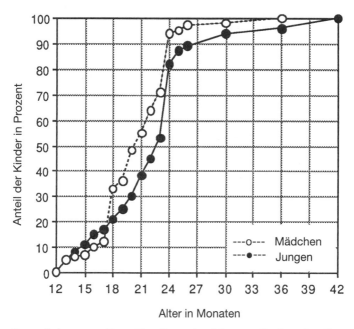

Erstes Auftreten von Zwei-Wort-Sätzen bei Schweizer Kindern. Die Kurven geben den prozentualen Anteil der Kinder an, die in einem bestimmten Alter Sätze mit mindestens zwei Wörtern verwenden. (Largo 1986)

Stellen wir uns eine erste Schulklasse mit 20 Kindern vor, die alle genau sieben Jahre alt sind. Damit wir unterschiedliche Entwicklungsparameter wie Körpergröße und Lesefähigkeit miteinander vergleichen können, sind die Werte (z. B. die Körpergröße) nicht absolut (in Zentimetern), sondern als Entwicklungsalter dargestellt. Das heißt, ein siebenjähriges Kind mit der durchschnittlichen Körpergröße eines Siebenjährigen wird bei sieben Jahren, ein anderes siebenjähriges Kind mit der durchschnittlichen Körpergröße eines Sechsjährigen wird bei sechs Jahren eingetragen.

Die Verteilung in der Graphik zeigt, daß nur sechs dieser 20 Kinder die durchschnittliche Körpergröße siebenjähriger Kinder haben. Je vier Kinder sind so groß wie Sechseinhalb-

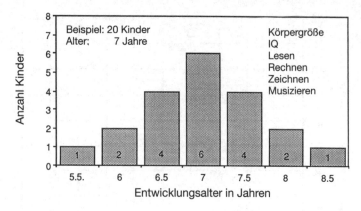

Variabilität des Entwicklungsstandes in einer Gruppe von 20 siebenjährigen Kindern

respektive Siebeneinhalbjährige. Zwei Kinder sind lediglich so groß wie Sechsjährige, zwei weitere jedoch so groß wie Achtjährige; und je eines hat die Größe eines erst fünfeinhalb- beziehungsweise bereits achteinhalbjährigen Kindes. Wir haben also eine Variabilität der Körpergröße unter diesen siebenjährigen Kindern, die von einem Entwicklungsalter von fünfeinhalb bis achteinhalb Jahren reicht. Vergleichbare Überlegungen wie für die Körpergröße lassen sich auch für die geistigen Fähigkeiten anstellen. So gibt es in einer ersten Schulklasse Kinder, deren rechnerisches Verständnis einem Entwicklungsstand von fünfeinhalb bis sechseinhalb Jahren entspricht, während andere Kinder bereits ein Verständnis von Acht- bis Achteinhalbjährigen aufweisen. Die Lesefähigkeit ist ähnlich unterschiedlich entwickelt, was sich beim Schuleintritt folgendermaßen auswirkt: Ein bis drei Kinder können bereits lesen, andere sind erst gegen Ende des ersten Schuljahres soweit.

In unserem Beispiel haben wir die Variabilität eher unterschätzt, da wir nicht berücksichtigten, daß die Kinder einer ersten Klasse verschieden alt und die Mädchen als Gruppe etwas weiter entwickelt sind als die Jungen. Im Schulalltag sind daher noch größere Unterschiede unter den Kindern zu erwarten.

Die Unterschiede nehmen bis zur Adoleszenz in jeder Hinsicht weiter zu. Wie sehr die interindividuelle Variationsbreite bis zur Pubertät angewachsen ist, zeigt die folgende Graphik. Die Menarche, das Alter, in dem die erste Monatsblutung einsetzt, tritt bei den meisten Mädchen mit zwölf bis 14 Jahren auf. Frühestens kann dies mit zehn Jahren und spätestens mit 16 Jahren geschehen.

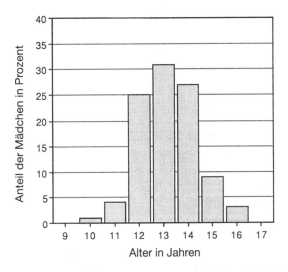

Menarchealter. Die Säulen geben den prozentualen Anteil der Mädchen an, bei denen in einem bestimmten Lebensalter die erste Monatsblutung aufgetreten ist. (Flug 1984)

In der Adoleszenz kann der Entwicklungsstand von Gleichaltrigen um bis zu sechs Jahre variieren. Die folgende Graphik zeigt das Ausmaß und die Auswirkungen dieser Streuung anhand einer Gruppe von 20 dreizehnjährigen Mädchen. Einige Mädchen stehen erst am Beginn der Pubertät. Ihr Entwicklungsalter beträgt zehn bis elf Jahre. Andere, die bereits einen Entwicklungsstand von 15 bis 16 Jahren erreicht haben, sind körperlich vollständig entwickelt.

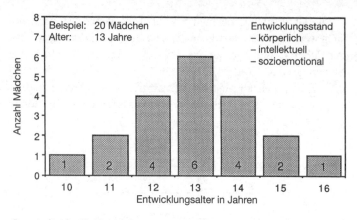

Interindividuelle Variabilität in einer Gruppe von 20 dreizehnjährigen Mädchen

Reifungsunterschiede können dazu führen, daß in derselben Klasse ein Mädchen körperlich voll entwickelt ist, während ein anderes noch am Beginn der Pubertät steht. Eine vergleichbar große interindividuelle Variabilität wie für das Wachstum läßt sich auch bei der intellektuellen und der sozioemotionalen Entwicklung beobachten.

Variabilität des Entwicklungsverlaufs

Die meisten Eltern und Fachleute nehmen an, daß die Entwicklung der Verhaltensweisen bei allen Kindern gleich verläuft. Dies trifft für gewisse Entwicklungsbereiche, etwa die Sprache, auch zu. Die Meilensteine der Sprachentwicklung (verschiedene Laute, erste Wörter und Zwei-Wort-Sätze) treten wohl in sehr unterschiedlichem Alter, aber in der gleichen Reihenfolge auf. Auf anderen Gebieten kann die Entwicklung je nach Kind anders verlaufen, was zu falschen Erwartungen und sogar unnötigen erzieherischen und therapeutischen Maßnahmen führen kann. Ein gutes Beispiel ist die frühe motorische Entwicklung. Bis vor wenigen Jahren nahmen die Fachleute an, daß die motorische

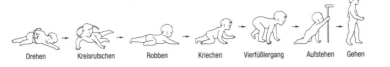

Bisherige Vorstellung der frühen Fortbewegung (Lokomotion)

Entwicklung in den ersten zwei Lebensjahren bei allen Kindern gleich verlaufe (vgl. folgende Graphik). Mit fünf bis sieben Monaten dreht sich das Kind vom Bauch auf den Rücken und etwas später auch vom Rücken auf den Bauch. Etwa im gleichen Alter dreht es sich an Ort und Stelle (Kreisrutschen). Mit sieben bis zehn Monaten robbt es auf dem Bauch und kriecht auf Händen und Knien. Mit zehn bis 13 Monaten geht es in den Vierfüßlergang über, dann steht es auf und geht. Verlief die motorische Entwicklung bei einem Kind anders, wurde dafür eine neurologische Störung verantwortlich gemacht und das Kind – um nichts zu versäumen – einer physiotherapeutischen Behandlung zugeführt.

Neuere Studien, in denen die lokomotorische Entwicklung bei gesunden Kindern untersucht worden ist (Largo 1985, Pikler 1988), zeigen, daß die frühe Fortbewegung vielfältiger ist, als bisher angenommen wurde. Die Mehrheit der Kinder entwickelt sich so, wie es soeben beschrieben wurde. 13 Prozent der Kinder verhalten sich aber anders: Einige lassen gewisse Stadien der Lokomotion wie das Robben oder das Kriechen aus. Andere bewegen sich überhaupt nie auf allen vieren fort. Statt dessen ziehen sie sich aus der Bauchlage in den Stand auf und gehen frei. Schließlich gibt es Kinder, die weder robben noch kriechen, sich dafür aufsetzen und auf dem Hosenboden herumrutschen. Diese Kinder neigen dazu, erst mit 18 bis 20 Monaten frei zu gehen. Nachforschungen haben ergeben, daß bei 40 Prozent dieser Kinder ein Elternteil sich als Kind in der gleichen Weise fortbewegt hat (Largo 1985). Es handelt sich um ein vererbtes Bewegungsmuster.

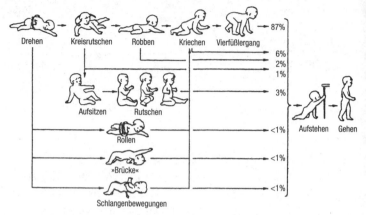

Jetzige Vorstellung der Lokomotion (Largo 1985)

Weitere, eher ungewöhnliche, aber auch durchaus normale Fortbewegungsarten sind das Rollen und das Schlängeln. Beim Rollen erreicht das Kind durch wiederholtes Überrollen ein gewünschtes Ziel. Beim Schlängeln bewegt sich das Kind durch abwechselndes seitliches Schieben des Beckens und der Schulter fort. Schließlich gibt es noch die »Brücke«: Das Kind streckt in Rückenlage seinen Körper, hebt das Kreuz vom Boden und stößt sich mit den Beinen vorwärts. Dies ist eine eher mühselige Form der Fortbewegung, die von den Kindern denn auch nach kurzer Zeit durch ein erfolgreicheres Bewegungsmuster ersetzt wird.

Ob solche verschiedenartigen Entwicklungsabläufe auch bei geistigen oder sozialen Fähigkeiten vorkommen, ist noch wenig untersucht. Beobachtungen bei Schulanfängern haben ergeben, daß Kinder nicht nur eine sondern mindestens zwei unterschiedliche Strategien anwenden, um lesen zu lernen.

Vielfalt innerhalb eines Kindes (intraindividuelle Variabilität)

Die Vielfalt besteht nicht nur zwischen den Kindern, sondern auch beim einzelnen Individuum. Fähigkeiten wie Sprache, logisches Denken und Motorik sind im Kind verschieden angelegt, entwickeln sich anders und sind damit in jedem Alter auch verschieden weit ausgebildet. Die eineiigen Zwillingsbrüder Köbi und Röbi sprachen die ersten Wörter erst mit 27 Monaten, 15 Monate später als ihre Schwester Maja. Sie konnten aber mit 13 Monaten und damit drei Monate früher als ihre Schwester frei gehen. Köbi und Röbi waren langsam in der Sprachentwicklung, aber eher rasch in der motorischen Entwicklung. Bei Maja war es genau umgekehrt. Bei Laura, der zweiten Schwester, wiesen Motorik und Sprache ein etwa durchschnittliches Entwicklungstempo auf.

Die intraindividuelle Variabilität spielt im Schulalter eine bedeutende Rolle. In der folgenden Graphik sind die schulischen Leistungen bei drei achtjährigen Kindern dargestellt.

Eva liest ausgezeichnet und kann gut schreiben und singen. Mäßig bis gut sind ihre Fähigkeiten im Zeichnen und im Turnen, schwach im Rechnen. Kurt zeigt ein anderes Leistungsprofil: Er

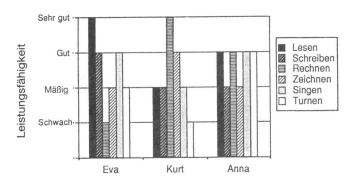

Intraindividuelle Variabilität der Schulleistungen bei drei achtjährigen Kindern

erbringt mäßige Leistungen im Lesen, Schreiben sowie Singen, kann aber sehr gut rechnen und gut zeichnen. Im Turnen sind seine Leistungen schwach. Anna schließlich zeigt ausgeglichen gute Leistungen; lediglich Schreiben und Zeichnen bereiten ihr etwas Mühe.

Wenn wir uns vorstellen, daß in einer Schulklasse jedes der 20 oder mehr Kinder ein anderes Leistungsprofil aufweist, können wir erahnen, welche hohen Anforderungen an Lehrerinnen und Lehrer gestellt werden, wenn sie auf die individuellen Eigenheiten eines jeden Kindes eingehen sollen.

Geschlechtsunterschiede

Mädchen neigen dazu, sich etwas rascher zu entwickeln als Jungen. Geschlechtsunterschiede finden sich nicht nur bei der Sprachentwicklung, sondern in fast allen Bereichen. Sie sind darauf zurückzuführen, daß die biologische Zeitskala bei Mädchen in jedem Alter etwas weiter fortgeschritten ist als bei Jungen. Mädchen sind bereits bei der Geburt etwas reifer als Jungen. Dieser Reifungsunterschied vergrößert sich noch in der weiteren Entwicklung, was dazu führt, daß Mädchen im Durchschnitt anderthalb Jahre früher in die Pubertät eintreten als die Jungen und ihre Adoleszenz dementsprechend früher abschließen.

Die Geschlechtsunterschiede sollten nicht überbewertet werden. Die mittleren Differenzen zwischen Mädchen und Jungen sind viel kleiner als die Unterschiede von Kind zu Kind. So bilden Mädchen Zwei-Wort-Sätze im Mittel drei Monate früher als Jungen, nämlich mit 20 beziehungsweise 23 Monaten (vgl. Graphik S. 31). Bei Jungen und Mädchen kann dieser Meilenstein bereits mit zwölf bis 13 Monaten oder erst mit 24 bis 36 Monaten erreicht werden. Jungen können durchaus eine raschere Sprachentwicklung als gleichaltrige Mädchen aufweisen.

Vielfalt bei Erwachsenen

Befassen wir Erwachsene uns ein wenig mit uns selbst. Die inter- und intraindividuellen Unterschiede, die sich in der Kindheit ausbilden, bestehen auch noch im Erwachsenenalter. Eigenschaften und Fähigkeiten sind unter den Erwachsenen sehr unterschiedlich ausgeprägt. So lesen manche Menschen mühelos und den ganzen Tag. Andere, genauso intelligente Menschen sind in ihren Lesefähigkeiten so eingeschränkt, daß ihnen selbst einfache Anzeigetafeln im öffentlichen Verkehr Kopfzerbrechen bereiten. In der Schweiz gibt es etwa 30 000 normalintelligente Analphabeten (0,5 Prozent der Bevölkerung).

Von einer isolierten Minderbegabung sind selbst Hochschulabsolventen nicht verschont. In einer Untersuchung über Raum- und Formwahrnehmung wurden 60 Akademiker gebeten, die sogenannte Rey-Figur abzuzeichnen. 15 Minuten später wurden sie aufgefordert, die Figur aus der Erinnerung wiederzugeben (siehe nachfolgende Graphik).

Figur B zeigt das beste, Figur C das schlechteste Resultat. Die Ausführung der Figur C liegt unter der durchschnittlichen Leistung, die zehnjährige Kinder erbringen. Der Zeichner hat Jurisprudenz studiert, spricht fließend vier Sprachen und bekleidet einen Direktionsposten in einer Bank. Sein Form- und sein Raumverständnis ist so wenig ausgebildet, daß er weder Baupläne noch Straßenkarten lesen kann. In einer fremden Stadt benützt er wegen seiner Orientierungsschwäche keine öffentlichen Verkehrsmittel, sondern nimmt sich immer ein Taxi.

Wir alle haben unser individuelles Profil an Stärken und Schwächen. Wie gehen wir damit um? Im Gegensatz zu den Kindern können wir unsere Schwächen verstecken und auf unsere Stärken setzen. Der Bankfachmann wurde nicht Architekt, sondern wählte einen Beruf, in dem er seine kommunikativen Fähigkeiten zur Geltung bringen kann. Wir wissen auch aus Erfahrung, daß wir unsere Schwächen nicht oder nur unwesentlich verändern können. Der Bankdirektor kann noch so lange über Atlanten brüten, sein geographisches Verständnis wird sich nur unwesentlich verbessern.

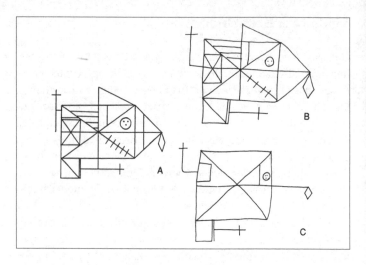

*Wiedergabe der Rey-Figur A aus der Erinnerung durch 60 Akademiker.
B: beste Wiedergabe; C: schlechteste Wiedergabe.*

Weshalb sind wir gegenüber Kindern so intolerant? Warum verlangen wir von ihnen mehr, als wir selbst zu leisten imstande sind? Weshalb reiten wir als Eltern und Fachleute auf den Schwächen der Kinder herum? Mit allen möglichen und unmöglichen Maßnahmen versuchen wir, »Defizite« zu beheben. Wäre es nicht kindgerechter und auch wirkungsvoller, wenn wir, anstatt die Schwächen bei den Kindern ausmerzen zu wollen, auf ihre Stärken setzen würden?

Vielfalt als Wesensmerkmal des Menschen

Unterschiede zwischen Ethnien und Völkern haben die Menschen zu allen Zeiten und in allen Gesellschaften beschäftigt. Sie lösten und lösen immer noch erbitterte ethische und sozialpolitische Konflikte sowie heftige wissenschaftliche Diskussionen aus (Literatur s. Herrenstein 1994). Bis heute nehmen Regierungen und Ideologen ethnische Unterschiede immer wieder als Vorwand, materielle Privilegien, Vorrechte und selbst verbrecherische Handlungen zu rechtfertigen.

Betrachten wir die Unterschiede zwischen Ethnien genauer, stellen wir fest, daß sie weit geringer sind, als gemeinhin angenommen wird, wenn die Lebensbedingungen vergleichbar sind. So weicht die durchschnittliche Körpergröße der Europäer nur um wenige Zentimeter von derjenigen der Afrikaner, Asiaten oder Australier ab.

Unterschiede zwischen Ethnien sind weit weniger auf genetische Anlagen als auf unterschiedliche Lebensbedingungen zurückzuführen. Migrationsbewegungen und der Einfluß der sozioökonomischen Bedingungen belegen dies eindrücklich. Bis in die 60er Jahre waren japanische Kinder deutlich kleiner als amerikanische oder europäische Kinder. Wanderten Japaner in die Vereinigten Staaten aus und wuchsen ihre Kinder dort auf, waren sie nur noch unwesentlich kleiner als amerikanische Kinder europäischer Herkunft. In den vergangenen 40 Jahren sind auch die Kinder in Japan erheblich größer geworden. Diese Zunahme der Körpergröße in Japan und der Migrationseffekt sind auf verbesserte Lebensbedingungen, insbesondere auf eine kalorien- und eiweißreichere Ernährung, zurückzuführen.

Weit ausgeprägter als die Unterschiede zwischen Ethnien und Völker sind diejenigen zwischen den einzelnen Menschen innerhalb eines Volkes. Bei Europäern variiert die Körpergröße um 30 Zentimeter, in Extremfällen können es sogar bis zu 60 Zentimeter sein. Genauso groß ist die Streubreite in der asiatischen, der afrikanischen oder der australischen Bevölkerung. Die Unterschiede der Körpergröße von Mensch zu Mensch sind mehr als zehnmal größer als die Gruppendifferenzen zwischen den Ethnien.

Diese Überlegungen können nicht nur für die Körpergröße, sondern auch für die intellektuelle und die sprachliche Leistungsfähigkeit angestellt werden (Herrenstein 1994). So variieren die Mittelwerte des Intelligenzquotienten zwischen Ethnien lediglich um einige IQ-Punkte, wenn die unterschiedlichen Lebensbedingungen mit berücksichtigt werden. Die interindivi-

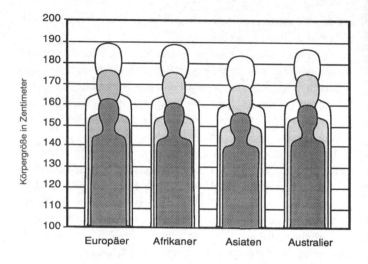

Körpergröße im Alter von 18 Jahren bei Europäern, Afrikanern, Asiaten und Australiern (Aborigines). Die Werte stammen aus Studien, in denen die Kinder unter guten Lebensbedingungen aufgewachsen sind. Die mittlere Figur gibt den Mittelwert und die große und kleine Figur den Streubereich der Körpergröße (3–97 Prozent) an. (Daten bei Eveleth 1976)

duelle Variabilität des Intelligenzquotienten in jeder Volksgruppe beträgt jedoch mindestens 60 IQ-Punkte!

Eine große Verschiedenheit von Mensch zu Mensch in Fähigkeiten und Eigenschaften ist allen Völkern und Ethnien gemeinsam. Dies verbindet sie weit mehr, als die geringfügigen Gruppenunterschiede sie trennen würden.

Vielfalt und Erziehung

Die Vielfalt bei Kindern ist so groß, daß sie zu Schwierigkeiten führen kann, ohne daß beim Kind eine eigentliche Störung vorliegen muß oder die Eltern sich erzieherisch falsch verhalten hätten. Die Eltern von Köbi und Röbi waren beunruhigt, weil die

Zwillinge sehr viel später zu sprechen anfingen als ihre beiden Schwestern. Interindividuelle Unterschiede beim Bindungsverhalten können die Eltern, vor allem die Mütter, ebenfalls verunsichern. Einige Kinder sind bereits im Alter von zwei bis drei Jahren emotional so selbständig, daß sie sich in einer Spielgruppe ohne ihre Mutter wohl fühlen. Manche Kinder sind selbst im Alter von fünf Jahren nur widerstrebend und nach viel Zureden bereit, einen Vormittag allein im Kindergarten zu verbringen. In psychosozialer Hinsicht drohen Kinder, die früh oder spät in die Pubertät kommen, leicht zu Außenseitern in Familie und Gesellschaft zu werden. Das Mädchen, das bereits mit neun Jahren erste Anzeichen einer Brustbildung zeigt, kann in seiner psychischen Entwicklung genauso beeinträchtigt werden wie der Junge, bei dem die Pubertät mit 14 Jahren immer noch aussteht.

Die Vielfalt bei Kindern ist in jeder Hinsicht so groß, daß Normvorstellungen in der Erziehung irreführend sind. Sie stellt einen rigiden konservativen Erziehungsstil genauso in Frage wie jede angeblich progressive pädagogische Ideologie. Eine kindgerechte Erziehung setzt voraus, daß wir die Vielfalt in ihrem ganzen Ausmaß kennen und als biologische Realität akzeptieren.

Das Wichtigste in Kürze

1. Es gibt kein Entwicklungsmerkmal, das bei gleichaltrigen Kindern gleich ausgeprägt wäre.
2. Die Vielfalt bei gleichaltrigen Kindern entsteht, weil Eigenschaften und Fähigkeiten von Kind zu Kind unterschiedlich angelegt sind (z. B. Körpergröße) und unterschiedlich rasch ausreifen (z. B. die gesprochene Sprache) (*interindividuelle Variabilität*).
3. Beim einzelnen Kind sind Eigenschaften und Fähigkeiten ebenfalls unterschiedlich angelegt und reifen verschieden aus (z. B. sprachliche Fähigkeiten entwickeln sich rascher als motorische) (*intraindividuelle Variabilität*).

4. Gewisse Fähigkeiten können von Kind zu Kind verschiedenartige Entwicklungsverläufe nehmen (z. B. frühe lokomotorische Entwicklung) (*Variabilität des Entwicklungsverlaufes*).
5. Mädchen sind durchschnittlich in jedem Alter etwas weiter entwickelt als Jungen. Dieser Geschlechtsunterschied ist vor allem auf eine unterschiedliche biologische Zeitskala zurückzuführen.
6. Die Vielfalt bei Kindern ist in jeder Hinsicht so groß, daß Normvorstellungen irreführend sind. Die Vielfalt in ihrem ganzen Ausmaß zu kennen und als biologische Realität zu akzeptieren ist eine grundlegende Voraussetzung dafür, den individuellen Bedürfnissen und Eigenschaften der Kinder gerecht zu werden.

Individualität

> *An einem Vormittag stand ich als ein sehr junges Kind unter der Haustüre und sah links nach der Holzlege, als auf einmal das innere Gesicht »ich bin ein Ich« wie ein Blitzstrahl vom Himmel vor mich fuhr.*
>
> Jean Paul *Selberlebensbeschreibung*

Der Umstand, daß wir mit verschiedenen Eigenschaften und Fähigkeiten ausgestattet sind, macht uns noch nicht zu Individuen. Verschiedenheit ist nur ein, wenn auch wichtiger Aspekt der Individualität. Dazu gehört, daß wir uns als eine unverwechselbare, eigenständige Person bewußt wahrnehmen. Was uns zu Individuen werden läßt, ist nicht nur eine für jeden Menschen einmalige Zusammensetzung von Eigenschaften und Fähigkeiten, sondern vor allem die Selbstwahrnehmung, das Bewußtsein, daß wir einmalig sind.

Das »Sich-seiner-selbst-bewußt-Sein« zwingt den Menschen dazu, sich tagtäglich mit sich selbst auseinanderzusetzen. Laufend registrieren wir, ob wir angenommen oder abgelehnt werden, wie die anderen uns gegenüber eingestellt sind, welche Leistungen wir erbringen und was die anderen zu leisten imstande sind. Wir sind uns ebenfalls bewußt, daß sich die Mitmenschen Gedanken über uns machen, und darüber, daß wir uns Gedanken über sie machen. So bestimmt nicht nur die Selbstwahrnehmung unser Selbstwertgefühl, sondern auch die Art und Weise, wie uns die anderen wahrnehmen und wie sie uns haben möchten.

Selbstwahrnehmung

In den ersten Jahren entwickelt das Kind in vielen kleinen Schritten seine Selbstwahrnehmung, ein inneres Bild von seiner Person. Als Säugling lernt es seinen eigenen Körper kennen. Es bewegt Arme und Beine und betastet sich vom Kopf bis zu den Zehenspitzen. Das Kind macht früh die Erfahrung, daß es auf

18monatiges Kind betrachtet sein Spiegelbild. Es schaut sich an, erkennt sich aber nicht. (Zürcher Longitudinalstudien)

seine soziale Umgebung Einfluß nehmen kann. Zieht es an der Schnur, beginnt die Musikdose zu spielen. Schreit es, kommt die Mutter. Menschen, die es regelmäßig betreuen, werden ihm vertraut. Unbekannte Personen erlebt es als fremd und grenzt sich von ihnen ab.

Am Ende des zweiten Lebensjahres erfährt die Selbstwahrnehmung eine tiefgreifende Erweiterung: Das Kind wird sich seiner selbst bewußt. Das Alter, in dem diese Fähigkeit auftritt, läßt sich mit dem sogenannten Rouge-Test erfassen (Lewis 1979, Bischof-Köhler 1989). Bei diesem Test wird dem Kind, während es spielt, unbemerkt ein roter Farbtupfen in seinem Gesicht angebracht. Dann wird das Kind vor einen Spiegel gesetzt und sein Verhalten beobachtet.

Vor dem 18. Lebensmonat schäkert das Kind mit seinem Spiegelbild und greift danach. Es dreht den Spiegel um, sucht nach dem vermeintlichen Spielpartner und ist erstaunt, wenn es nur die Rückseite des Spiegels vorfindet. Den roten Fleck in seinem Gesicht bemerkt es nicht.

In der Zeit vom 18. bis zum 20. Monat verändert sich das kindliche Verhalten sehr: Das Kind schaut sein Spiegelbild erstaunt und oftmals irritiert an. Es bemerkt den Farbfleck und lokalisiert ihn in seinem Gesicht. Das Kind erkennt sich im Spiegel.

Erstmals wurde der Rouge-Test nicht bei Kindern, sondern bei Menschenaffen durchgeführt (Gallup 1977). Schimpansen und Orang-Utans bemerkten den Fleck in ihrem Gesicht, nicht aber Gorillas und andere Menschenaffen. Bei Schimpansen wurde darüber hinaus beobachtet, daß die Selbstwahrnehmung aus-

Rouge-Test. 24 Monate altes Mädchen bemerkt Farbtupfen auf seiner Nase und greift danach. (Zürcher Longitudinalstudien)

blieb, wenn die Tiere isoliert aufgezogen wurden. Selbstwahrnehmung scheint an soziale Erfahrungen gebunden zu sein: Nur im Umgang mit anderen entwickelt sich das Selbst.

Die weitere Entwicklung der Selbstwahrnehmung läßt sich an der Sprache ablesen. Einige Monate nachdem sich die Kinder im Spiegel erkannt haben, gebrauchen sie ihren Vornamen. Die meisten Kinder fangen damit in der Zeit zwischen dem 18. und dem 27. Monat an. Im dritten Lebensjahr benützen die Kinder Fürwörter wie mein und dein, und schließlich die Ichform.

Wenn sich das Kind als Person wahrzunehmen beginnt, werden ihm auch seine Tätigkeiten zunehmend bewußt. So freut es

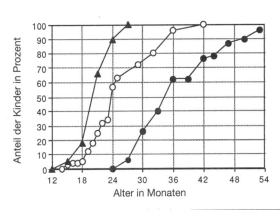

Erste Selbstwahrnehmung im Spiegel, frühester Gebrauch des eigenen Vornamens und der Ichform (Zürcher Longitudinalstudien)

— ▲ — Selbstwahrnehmung
— ○ — Vorname
— ● — Ichform

sich, wenn es ein Vorhaben erfolgreich umsetzen kann und ist frustriert, wenn es ihm mißlingt. Die Trotzreaktionen, zu denen Mißerfolge führen können, sind ein Zeichen dafür, daß die Selbstwahrnehmung eingesetzt hat.

Fremdwahrnehmung

Ein Gefühl für seine Individualität erhält das Kind nicht erst durch die Eigenwahrnehmung, sondern bereits durch die Art und Weise, wie es von seinen Eltern und Bezugspersonen wahrgenommen und behandelt wird. Schon früh spürt ein Kind, wie die Eltern mit ihm und den Geschwistern umgehen. Eine differenzierende Erziehungshaltung ist bei Zwillingen besonders wichtig, damit sie eine eigene Individualität entwickeln können.

Die soziale Anerkennung, die ein Kind durch sein Verhalten und seine Leistungen erhält, spielt in jedem Alter eine wesentliche Rolle. Anfänglich sind es vor allem die Eltern und die Geschwister, dann immer mehr Bezugspersonen wie Lehrer und Kameraden, die mit Anerkennung und Ablehnung die Individualität eines Kindes mitbestimmen.

Schließlich legen auch kulturelle und gesellschaftliche Faktoren die Bedeutung des Individuums fest. In unserer westlichen Gesellschaft ist der einzelne von großer Wichtigkeit. Er erhält seinen Wert vor allem durch seine Leistungen. Nicht erst die Arbeitswelt der Erwachsenen, bereits die Schule ist leistungsorientiert. Leistung und das damit verbundene Sozialprestige bestimmen in einem hohen Maß Wohlbefinden und Selbstwertgefühl.

Im Gegensatz dazu steht in den Ländern des Fernen Ostens nicht das Individuum sondern die Gemeinschaft im Mittelpunkt. Der einzelne Mensch erhält seinen Wert vor allem durch die Gemeinschaft. Nur wenn es allen Mitgliedern gut geht, geht es auch dem einzelnen gut. Das Individuum ist weniger auf sich selbst, als auf die Familie bezogen. Bei der Arbeit zählt nicht die Leistung des einzelnen, sondern diejenige des Kollektivs. Der Gemeinschaft zu dienen bringt die größte soziale Anerkennung.

Erziehung zur Individualität und zur Gemeinschaft

Es gibt wahrscheinlich unter den mehr als sechs Milliarden Menschen, die derzeit auf der Erde leben, keine zwei Menschen, eineiige Zwillinge mit eingeschlossen, die in jeder Hinsicht gleich sind. Bemerkenswert ist nicht nur diese immense Vielfalt, sondern auch der Umstand, daß wir fähig sind, die Verschiedenheit der Menschen in einer solchen Differenziertheit wahrzunehmen und uns als Individuen voneinander abzugrenzen.

Unsere Gesellschaft setzt auf das Individuum und das Individuum auf die Gesellschaft. Die meisten Menschen leisten einen begrenzten Beitrag und haben Zugang zu zahlreichen Leistungen, die andere Menschen für sie erbringen. Die Spezialisierung von Fähigkeiten und Kenntnissen ist in der hochtechnisierten Gesellschaft so fortgeschritten, daß der einzelne längst nicht mehr versteht, wie die meisten Leistungen zustande kommen. So verfügt ein Bankangestellter über ein detailliertes ökonomisches Wissen, kennt sich aber weder im Maschinenbau noch in der Elektronik aus. Er fährt ein Auto, das in einem ihm unbekannten Land hergestellt wurde, und benützt einen Fernseher, der aus einem anderen Erdteil stammt. Er bedient sich dieser und anderer Geräte, obwohl er deren Bau- und Funktionsweise kaum versteht.

Aus einer differenzierten Kompetenzen- und Aufgabenteilung ist ein Netz von hochgradigen und vielseitigen Abhängigkeiten entstanden, die wir nicht spüren, solange die Leistungen zuverlässig erbracht werden. Wie fremdbestimmt und abhängig wir geworden sind, wird uns erst bewußt, wenn das Auto streikt oder der Strom in der Wohnung ausfällt.

Individualismus darf nicht mit Eigenbrötelei und Egoismus gleichgesetzt werden. Gerade weil wir so ausgeprägte Individualisten sind, sind wir auf Gedeih und Verderb aufeinander angewiesen. Nur in gegenseitiger Achtung und Wertschätzung können wir unsere unterschiedlichen Fähigkeiten entwickeln und ausleben. Individualität und Gemeinschaftssinn schließen sich nicht aus, sie bedingen sich sogar. Wir brauchen die anderen Menschen, weil wir nur durch sie unser Bedürfnis nach Geborgenheit und Zuwendung befriedigen können. Jeder Mensch ist für sein Wohlbefinden auf den Kontakt mit anderen Menschen angewiesen (vgl. »Geborgenheit und Zuwendung«, Seite 95).

»Das Ziel des Lebens ist die Selbstentwicklung: Das eigene Wesen völlig zur Entfaltung bringen, ist unsere Bestimmung« (Oscar Wilde). Die Einmaligkeit ist in jedem Kind angelegt. Wie weit das Kind sein Wesen in seiner Entwicklung verwirklichen kann, hängt davon ab, wie wir als Eltern und Fachleute mit ihm umgehen und welche Erfahrungsmöglichkeiten wir ihm anbieten. Wir neigen dazu, die Unterschiede zwischen den Kindern einebnen und die Kinder einander gleichmachen zu wollen. Eine solche Haltung dient weder dem Individuum noch der Gesellschaft. Wir sollten eine Erziehung anstreben, in der das Kind seine Stärken entwickeln kann und lernt, seine Schwächen anzunehmen.

Das Wichtigste in Kürze

1. Die Individualität eines Kindes wird durch die folgenden Faktoren bestimmt: Verschiedenheit in seinen Fähigkeiten und Eigenschaften, Selbst- und Fremdwahrnehmung.
2. *Verschiedenheit:* Jedes Kind weist eine einmalige Zusammensetzung von Fähigkeiten und Eigenschaften auf.
3. *Selbstwahrnehmung:* Ab dem dritten Lebensjahr beginnt das Kind sich als Person bewußt wahrzunehmen.
4. *Fremdwahrnehmung:* Die Art und Weise, wie die Eltern mit dem Kind umgehen, die soziale Anerkennung von Eltern, Bezugspersonen und Gleichaltrigen sowie kulturelle und gesellschaftliche Faktoren bestimmen die Individualität eines Kindes mit.
5. Erziehung zur Individualität bedeutet: Das Kind kann seine Stärken entwickeln und lernt, seine Schwächen anzunehmen.

II. Anlage und Umwelt

Anlage

Der siebenjährige Andreas mag den Schulunterricht bis auf das verflixte Lesen. Er müht sich immer noch mit einzelnen Buchstaben ab, während sein Banknachbar bereits fließend Wörter lesen kann. Seine Eltern fragen sich: Liegt es an der Lehrerin? Sollten sie mit Andreas mehr üben? Oder – hat Andreas etwa die Leseschwäche von der Mutter geerbt?

Die Frage, wie Veranlagung und Umwelt auf die kindliche Entwicklung einwirken, interessiert nicht nur die Wissenschaftler. Spätestens dann, wenn sich ein Kind nicht mehr so verhält, wie es die Eltern von ihm erwarten, fragen sie sich: Was an seinem Verhalten ist vererbt, und was wird von uns als Erzieher bestimmt?

Wenn wir uns Gedanken über die Erziehung machen, sollten wir auch unsere Vorstellungen über das Zusammenwirken von Erbgut und Umwelt hinterfragen. Diese Vorstellungen prägen die Art und Weise mit, wie wir als Eltern und überhaupt als Erzieher Kindern begegnen. Sie äußern sich in den Erwartungen, die wir in die Entwicklung unserer Kinder legen. Sie bestimmen, ob wir unterschiedliche Verhaltensweisen bei Geschwistern akzeptieren und bis zu welchem Grad wir die Persönlichkeitsbildung eines Kindes als etwas Vorbestimmtes betrachten, oder aber als Resultat des Milieus, in dem das Kind aufwächst.

Wir behandeln ein Kind anders, je nachdem ob wir in der Erbanlage oder in unseren erzieherischen Bemühungen den Schwerpunkt der Entwicklung sehen. Die Überzeugung, daß alle zukünftigen Eigenschaften und Fähigkeiten des Kindes vererbt werden, macht uns zu Fatalisten: Die Natur nimmt ihren Lauf; wir als Erzieher sind nur Statisten. Nehmen wir an, daß das Milieu, in dem das Kind aufwächst, allein maßgebend für seine Entwicklung und sein Verhalten ist, laden wir uns eine übergroße Verantwortung auf: Das Kind ist ausschließlich ein Produkt unserer Erziehung. Die meisten Eltern und Fachleute, die sich mit Kindern beschäftigen, sind wohl der Ansicht, daß sowohl Veranlagung als auch Umwelt die kindliche Entwicklung beeinflussen. Wie aber sollen wir uns das Zusammenspiel von Anlage und Umwelt vorstellen?

Wenn wir die Vielfalt in der Entwicklung und im Verhalten der Kinder wirklich verstehen wollen, müssen wir uns Klarheit darüber verschaffen, welche Rolle Anlage und Umwelt dabei spielen. Wie wir in diesem und dem folgenden Kapitel sehen werden, leisten Anlage und Umwelt ihren jeweils eigenen Beitrag. Die Veranlagung kann die Umwelt nicht ersetzen, und die Umwelt nicht die Anlage. Im dritten Kapitel werden wir versuchen, eine Antwort auf die Frage zu finden, wie Anlage und Umwelt zusammenwirken.

Bei dem Wort »Anlage« denken wohl die meisten Leserinnen und Leser an Gene. Über deren Bedeutung berichten uns tagtäglich die Medien. Die Gene werden als der magische Schlüssel zum Leben betrachtet, enthalten sie doch den Bau- und den Funktionsplan für ein Lebewesen. Das eigentliche Wunder ist aber der komplexe und noch wenig verstandene Entwicklungsprozeß, der einen Organismus überhaupt entstehen läßt. Wenn wir in der Folge von Anlage sprechen, sind weniger die Gene gemeint, als vielmehr die organischen und die funktionellen Strukturen wie das Gehirn, welche die Entwicklung hervorbringen. Diese Strukturen haben sich in der Evolution herausgebildet, weil sie für das Überleben des Menschen von Nutzen waren. Sie sind die biologische Grundlage, auf der Fähigkeiten und Verhaltensweisen beruhen.

In diesem Kapitel wollen wir versuchen auf zwei Fragen eine Antwort zu bekommen:
- Welchen Beitrag leistet die Anlage für die Entwicklung eines Kindes?
- In welchem Ausmaß trägt die Anlage zur Variabilität von Fähigkeiten und Verhaltensweisen bei?

Dabei soll auch geklärt werden, was die Anlage *nicht* vermag.

Organische und funktionelle Strukturen

Welche Bedeutung die organischen und die funktionellen Strukturen für die kindliche Entwicklung haben, zeigt sich besonders augenfällig bei der Sprache: Ohne diese Strukturen gäbe es keine Sprachentwicklung. Worin genau bestehen aber diese organischen Strukturen und ihre Funktionen?

Für die Sprache sind drei Hirnareale von wesentlicher Bedeutung. Eine Region liegt im Schläfenlappen und dient dem Sprachverständnis. Sie wird nach seinem Entdecker das Wernicke-Zentrum genannt. Hier werden die Sprachsignale analysiert, die ihm über das Innenohr, den Hörnerv und die verschiedenen Schaltstellen des Hirnstammes zugeführt werden. Ein zweites Areal, das für die Sprachproduktion verantwortlich ist, wird ebenfalls nach seinem Entdecker als Broca-Zentrum bezeichnet. Es ermöglicht die Laut- und Satzbildung sowie die Verbindung von Inhalt und Form der Sprache. Ein drittes Zentrum findet sich in der oberen Sprachrinde. Es dient der Bewegungsplanung der Mundmotorik und ermöglicht das Sprechen. Diese Bereiche stehen in enger Beziehung zueinander sowie zu vielen anderen Arealen des Gehirns. Bei allen rechtshändigen und bei zwei Dritteln der linkshändigen Menschen liegen die

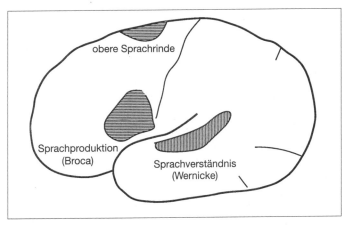

Sprachzentren des Gehirns

Sprachzentren in der linken Hirnhälfte. Nichtsprachliche Signale wie Töne und Geräusche werden in anderen Hirnzentren verarbeitet.

Neben der organischen gibt es auch eine funktionelle Struktur der Sprache. So werden Laute nicht nur in bestimmten Hirnregionen analysiert und produziert, sondern grundsätzlich anders verarbeitet als Töne und Geräusche. Laute (Phoneme) werden vom Gehirn nach Kategorien erfaßt, während nichtsprachliche Signale kontinuierlich analysiert werden. Diese sogenannte kategorische Wahrnehmung von Sprachlauten ist angeboren. Sie wurde von Eimas (1971) bereits für das frühe Säuglingsalter nachgewiesen. Die verschiedene Verarbeitung von sprachlichen und nichtsprachlichen Signalen zeigt sich darin, daß Kinder auf Sprachlaute anders reagieren als auf Töne und Geräusche. Da die Lautbildung bei allen Kindern gleich angelegt ist, bilden Säuglinge auf der ganzen Welt in den ersten Lebensmonaten dieselben Laute (Weir 1966).

Genauso wie die Lautbildung unterliegt auch die Satzbildung universal gültigen sprachlichen Regeln (Szagun 1988). Diese ermöglichen es dem Kind, Sätze zu verstehen und zu bilden. Welche komplexe Leistung es dabei erbringt, zeigt das folgende Satzbeispiel: »Daniel zeichnet mit einem roten Farbstift auf ein weißes Papier.«

Damit das Kind diesen Satz versteht, muß es vier Wortklassen kennen. Wörter wie »Daniel« und »Farbstift«, die sich auf Personen und Gegenstände beziehen, solche wie »zeichnen«, die Tätigkeiten ausdrücken, solche wie »rot« und »weiß«, die Eigenschaften von Gegenständen oder Personen angeben, und schließlich solche wie »auf«, die eine räumliche Beziehung zwischen Gegenständen und Personen bezeichnen. Darüber hinaus begreift das Kind, daß eine bestimmte Abfolge für die inhaltliche Bedeutung eines Satzes wichtig ist. Das Tätigkeitswort »zeichnen« bezieht sich auf das Subjekt, das Wort »rot« auf den Farbstift und das Wort »weiß« auf das Papier. Das Kind hat die erstaunliche Fähigkeit, die Ordnung, die der Sprache innewohnt, aufzufinden. Chomsky (1967) spricht von einem angeborenen Verständnis für die Oberflächen- und Tiefenstrukturen der Sprache.

Wie bei der Sprache liegen grundsätzlich allen Fähigkeiten und Verhaltensweisen organische Strukturen zugrunde. So sind bestimmte Hirnregionen für die Körperhaltung und die Bewegungen der Extremitäten zuständig. Andere ermöglichen geistige Leistungen wie logisch-mathematisches Denken oder soziale Wahrnehmung wie das Erkennen von Gesichtern. In der Motorik bestehen funktionelle Strukturen aus charakteristischen Bewegungsmustern (Gehen, Pinzettengriff oder mimischer Ausdruck wie das Lachen). Diese Bewegungsmuster sind vorgegeben. In jeder Kultur gehen Kinder aufrecht, verfügen über den Pinzettengriff und lachen. Wie das Kind diese Bewegungsmuster aber verwendet, hängt von den konkreten Erfahrungen ab, die es in seiner Kultur macht. So paßt das Kind sein Lachen den sozialen Regeln an, die in der Gesellschaft herrschen.

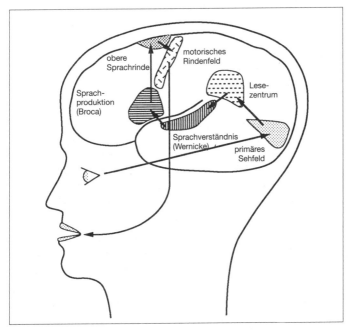

Die wichtigsten Hirnareale, die beim lauten Lesen beteiligt sind. Je nach Inhalt des Textes werden zusätzliche Hirnareale miteinbezogen

Für ein bestimmtes Verhalten ist nur ausnahmsweise eine einzige Struktur zuständig. Die meisten Verhaltensweisen entstehen aus dem Zusammenwirken mehrerer Strukturen. Wenn Andreas liest, werden in seinem Gehirn eine ganze Reihe von Hirnregionen aktiv (siehe Graphik): Er nimmt über seine Augen Buchstaben und Wörter auf. Diese visuelle Information leiten die Sehbahnen an das primäre Sehfeld im Hinterhauptlappen weiter; von dort gelangen sie an das Lesezentrum und das Wernicke-Zentrum. Dieses setzt sich mit dem Broca-Zentrum in Verbindung, das wiederum bestimmte Areale der Mundmotorik und die motorische Hirnrinde aktiviert: Andreas artikuliert die Buchstaben und die Wörter, die er mit den Augen aufgenommen hat.

Variabilität der Anlage

Zur Vielfalt von Entwicklung und Wachstum tragen die organischen und die funktionellen Strukturen auf zweierlei Weise bei: Sie sind von Kind zu Kind unterschiedlich ausgeprägt und reifen verschieden rasch heran.

Unterschiedliche Ausprägung

Wie unterschiedlich ein Entwicklungsmerkmal angelegt sein kann, wird dann offensichtlich, wenn die Umweltbedingungen gut und für alle Menschen weitgehend gleich sind. Solche Voraussetzungen waren für das Wachstum in den letzten 40 Jahren in Mitteleuropa weitgehend gegeben. Die Kinder wurden ausreichend ernährt und wuchsen unter guten äußeren Bedingungen (Wohnen, Hygiene usw.) auf. Die Variabilität der Erwachsenengröße spiegelt daher weitgehend jene der Veranlagung wider.

Beim weiblichen Geschlecht beträgt die Körpergröße im Mittel 165 Zentimeter. Sie kann jedoch bis zu 20 Zentimeter nach oben und unten variieren. Einige Frauen sind weniger als 150 Zentimeter und andere mehr als 180 Zentimeter groß. Unter den

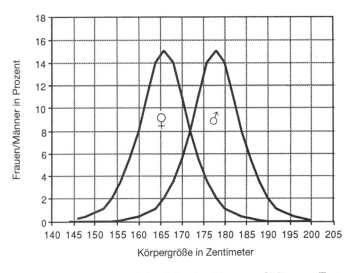

Variabilität der Körpergröße bei Schweizer Frauen und Männern (Erste Zürcher Longitudinalstudie)

Männern liegt die mittlere Körpergröße bei 178 Zentimeter. Die Streubreite der Körpergröße beträgt beim männlichen Geschlecht mehr als 50 Zentimeter.

Männer sind durchschnittlich 13 Zentimeter größer als Frauen. Die Überlappung der Streubreite zwischen beiden Geschlechtern ist immer noch so groß, daß etwa 20 Prozent der Frauen gleich groß oder größer als normalwüchsige Männer sind.

Bei Fähigkeiten und Verhaltensweisen kann die unterschiedliche Ausprägung der Anlage weniger eindeutig erfaßt werden. Welcher Anteil des Zahlenverständnisses beispielsweise ist anlagebedingt und wieviel ist der Schulerfahrung zuzuschreiben? In der Schweiz sind alle Erwachsenen mindestens acht Jahre zur Schule gegangen. Ihr Zahlenverständnis ist jedoch sehr unterschiedlich ausgebildet. Manche Erwachsene rechnen den ganzen Tag mühelos. Andere, wohlverstanden normal intelligente und interessierte Menschen, sind in ihrem Zahlenverständnis so begrenzt, daß ihnen selbst das Einkaufen Kopfzerbrechen bereitet. Es ist wahrscheinlich, daß solche Begabungsunterschiede vor allem durch eine unterschiedliche Veranlagung bedingt sind. Vergleichbar große interindividuelle Unterschiede sind bei der Raumorientierung, der motorischen Leistungsfähigkeit oder der Musikalität zu beobachten. Wenig untersucht und noch kaum verstanden ist die Variabilität der Anlage beim Beziehungs- und Bindungsverhalten. Einiges spricht dafür, daß auch zwischenmenschliches Verhalten, Bindungsverhalten und Fürsorglichkeit, von Mensch zu Mensch unterschiedlich angelegt sind.

Reifung

Alle organischen Strukturen sind bei der Geburt angelegt, die meisten aber noch wenig entwickelt. Sie reifen innerhalb von etwa 15 Jahren nach bestimmten Gesetzmäßigkeiten heran. So führt beispielsweise die Ausreifung der Mundmotorik zu einem charakteristischen Auftreten der Sprachlaute zwischen zwei und sechs Jahren. Mit zwei und drei Jahren bilden die Kinder nur einige einfache Laute. Im Alter von vier Jahren werden Lautverbindungen mit b, m, n, d, f und w möglich. Die schwierigen Artikulationsmuster mit g, k, s und sch erwerben die Kinder nicht vor dem fünften Lebensjahr.

Im frühen Schulalter gibt es noch immer Kinder, deren Artikulation unvollständig ist. Sie lassen Laute aus und ersetzen einen Laut durch einen anderen, beispielsweise ein r durch ein l. Laute, die manchen Kindern Mühe bereiten, sind S- und Sch-Verbindungen. Die Leserin oder der Leser kennt wohl aus seiner eigenen Schulzeit Zungenwetzer wie »Fischers Fritz fischt frische Fische«, die vorzugsweise Laute enthalten, die für Kindergarten- und Schulkinder noch eine Herausforderung sind.

Jedes Entwicklungsmerkmal reift von Kind zu Kind verschieden rasch heran. Die Reifungsgeschwindigkeit hängt dabei nicht von der Ausprägung eines Entwicklungsmerkmals ab. So kann ein kleiner Junge sich rasch oder langsam entwickeln und damit früh oder spät in die Pubertät kommen. Genauso kann sich ein großer Junge rasch oder langsam entwickeln. Die folgende Graphik

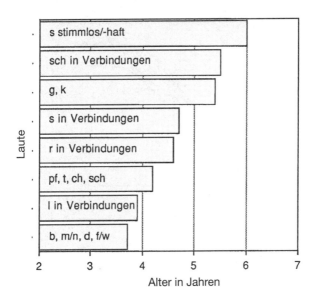

Auftreten von deutschen Sprachlauten. Die Balken geben an, in welchem Alter 90 Prozent der Kinder die Sprachlaute bilden können. (Modifiziert nach Grohnfeldt 1980)

beschreibt das Längenwachstum zweier Mädchen, die die gleiche Erwachsenengröße erreichen, sich aber verschieden rasch entwickeln. Eva und Maria sind in den ersten Lebensjahren und später als Erwachsene gleich groß. Da sich Eva rascher entwickelt und die Pubertät früher erreicht als Maria, kommt es vorübergehend zu einem erheblichen Unterschied in der Körpergröße. Eva ist im Alter von zwölf Jahren 14 Zentimeter größer als Maria.

Die Reifung besteht aus einer Differenzierung und einer Spezifizierung von Organen und Funktionen. Dieser Prozeß wird in der Adoleszenz abgeschlossen. Dazu drei Beispiele:

Sprache. Differenzierung und Spezifizierung sind bei der Sprachentwicklung besonders deutlich. Die Sprachkompetenz eines Kindes erweitert sich ständig in seiner Entwicklung (Differenzierung). Es wird aber gleichzeitig auch immer mehr auf die

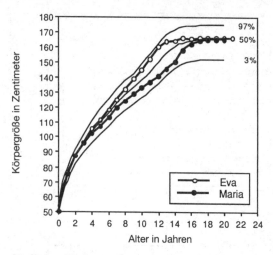

Unterschiedliche Wachstumsdynamik. Eva (Frühentwicklerin) und Maria (Spätentwicklerin) wachsen unterschiedlich rasch und sind deshalb zwischen acht und 15 Jahren verschieden groß. Die beiden Mädchen haben in den ersten Lebensjahren und als Erwachsene die gleiche Körpergröße. Die Mittellinie (50 Prozent) gibt die durchschnittliche Körpergröße an, die Linien von drei Prozent und 97 Prozent bezeichnen die Streubreite der Körpergröße in der Normalbevölkerung. (Erste Zürcher Longitudinalstudie)

Sprache seiner Umwelt festgelegt (Spezifizierung). Werker und Tees (1985) haben an der Westküste Amerikas die Sprachentwicklung bei Indianerkindern untersucht und dabei folgende Beobachtung gemacht. Es gab Kinder, die in ihren Familien sowohl die einheimische Indianersprache Salisch wie auch Englisch hörten. Andere Kinder wuchsen in Familien auf, die ausschließlich Englisch sprachen. Letztere konnten bereits im Alter von zwölf Monaten die indianischen Laute nicht mehr so gut unterscheiden wie Kinder, die mit der Indianersprache in Kontakt geblieben waren. Die Fähigkeit, Laute zu unterscheiden und zu bilden, verminderte sich bereits im ersten Lebensjahr.

Ein eigentlicher Wendepunkt in der Sprachentwicklung stellt die Pubertät dar (Lenneberg 1967), wie die folgende anekdotische Überlieferung illustriert: Der vormalige amerikanische Außenminister Henry Kissinger spricht Amerikanisch mit einem starken deutschen Akzent, während die Aussprache seines Bruders akzentfrei ist. Als die Familie Kissinger 1938 in die USA emigrierte, war Henry Kissinger 15 Jahre alt, während sein jüngerer Bruder noch nicht in der Pubertät war.

In der Adoleszenz wird die Differenzierung und die Spezifizierung der Sprachorgane weitgehend abgeschlossen. Danach kann eine Sprache nur noch mit viel Aufwand erlernt werden. Die meisten Erwachsenen sind nicht mehr fähig wie Kinder, eine Sprache ganzheitlich und lediglich durch Zuhören zu erwerben. Sie müssen einen analytischen Umweg auf sich nehmen, indem sie sich Vokabular, Grammatik und Syntax mühsam ins Gedächtnis einprägen. Selbst nach 20 und mehr Jahren beherrschen nur wenige Erwachsene eine Zweitsprache so perfekt und akzentfrei wie ein Kind im Vorschulalter, das sich jede beliebige Sprache innerhalb von sechs bis zwölf Monaten aneignen kann.

Motorik. Die Differenzierung und die Spezifizierung motorischer Funktionen hält während der ganzen vorpubertären Altersperiode an. So nimmt die Fingerfertigkeit bis zum 15. Lebensjahr zu. Danach ist keine weitere Leistungssteigerung mehr festzustellen.

Wachstum. Die Differenzierung und die Spezifizierung körperlicher Merkmale wird mit der Pubertät abgeschlossen. Die Reifung ist mit einer zunehmenden Verknöcherung des Skelettes verbunden, die am Ende der Pubertät zu einem Verschluß der Wachstumsfugen und damit zur Beendigung des Körperwachstums führt.

Der Abschluß der Differenzierung und der Spezifizierung von Funktionen bedeutet nicht, daß Erwachsene nicht mehr lernen könnten! Auch mit verfestigten Strukturen und Funktionen sind sie bis ins hohe Alter fähig, ihre Kompetenzen durch Erfahrungen, die ihnen neues Wissen, neue Einsichten und Verhaltensstrategien vermitteln, zu erweitern.

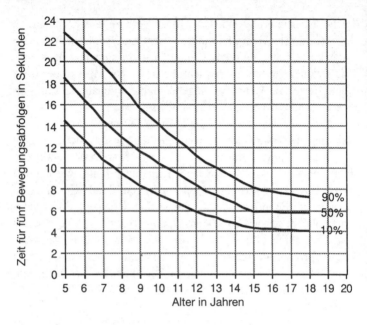

Geschwindigkeit sequentieller Fingerbewegungen. Das Diagramm gibt die Zeit an, die Kinder zwischen fünf und 18 Jahren benötigen, um fünfmal die folgende Bewegungsabfolge durchzuführen: Der Daumen berührt nacheinander Zeigefinger, Mittelfinger, Ringfinger und kleinen Finger. Die Mittellinie gibt den Mittelwert und die Fläche die Streubreite (10–90 Prozent) an. (Zürcher Longitudinalstudien)

Anpassungsfähigkeit

Da sich die Hirnstrukturen erst in der Pubertät verfestigen, weist das kindliche Gehirn eine gewisse Anpassungsfähigkeit oder Plastizität auf. Funktionen können umgestellt und an neue Bedingungen angepaßt werden. Erleidet beispielsweise ein Kind durch einen Verkehrsunfall eine Verletzung des Broca-Zentrums, gelingt es dem Gehirn oft überraschend gut, ausgefallene Sprachfunktionen in entsprechenden Regionen der anderen Hirnhälfte zu aktivieren. Eine solche Anpassungsfähigkeit des Gehirns besteht im Erwachsenenalter, wenn überhaupt, nur noch in einem geringen Ausmaß. Verliert ein Erwachsener durch einen

Unfall oder einen Hirnschlag seine Sprache, ist die Erholung zumeist unvollständig oder bleibt im schlimmsten Fall ganz aus.

Vererbung

Die Eltern geben wohl ihre Gene, weit weniger aber Fähigkeiten und Eigenschaften an ihre Kinder weiter. Dieser scheinbare Widerspruch läßt sich folgendermaßen erklären: Bei der Zeugung erhält das Kind seine Gene je zur Hälfte von Mutter und Vater, die sich vielfach neu miteinander kombinieren. Dieser Prozeß führt zu einer großen Variabilität möglicher Fähigkeiten und Eigenschaften beim Kind. Je nachdem wie sich die Gene zusammensetzen, kann ein Kind einem Elternteil ähnlich werden oder aber sich von beiden Eltern deutlich unterscheiden.

Die Eltern sind ein sehr ungleiches Paar: Die Mutter ist 160 Zentimeter und der Vater 194 Zentimeter groß. Sie und die ganze Verwandtschaft warteten gespannt darauf, wie groß ihre Kinder werden würden. Karl, der Älteste, hielt die Mitte und erreichte eine Erwachsenengröße von 179 Zentimetern. Therese schlug mit 183 Zentimetern dem Vater nach und Dora, die Jüngste, wurde mit 164 Zentimetern nur wenig größer als ihre Mutter.

Wie kommt es, daß Geschwister so unterschiedlich groß werden können? Die statistische Beziehung zwischen der Erwachsenengröße von Kind und Eltern ist in der folgenden Graphik dargestellt. Die Verteilungskurve beschreibt, in welchem Ausmaß und mit welcher Wahrscheinlichkeit die Körpergröße einer Tochter mit derjenigen ihrer Mutter beziehungsweise die Körpergröße eines Sohnes mit derjenigen seines Vaters übereinstimmen.

50 Prozent der Töchter erreichen eine Körpergröße, die mit derjenigen ihrer Mütter mit einer maximalen Abweichung von 3,8 Zentimeter übereinstimmt. Bei weiteren 40 Prozent der Töchter weicht die Erwachsenengröße zwischen 3,8 und 9,2 Zentimeter von derjenigen ihrer Mütter ab. 5 Prozent der Töch-

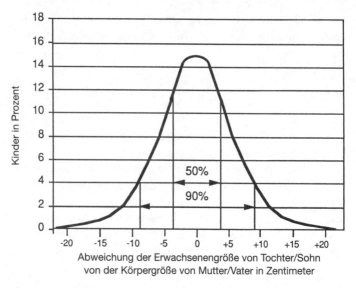

Übereinstimmung der Körpergröße zwischen Eltern und Kind. Die Kurve gibt an, wie viele Zentimeter die Erwachsenengröße einer Tochter von der Körpergröße ihrer Mutter beziehungsweise die Erwachsenengröße eines Sohnes von der Körpergröße seines Vaters abweichen kann. Die Abweichung beträgt bei 50 Prozent der Kinder weniger als ± 3,8 Zentimeter. 90 Prozent der Kinder liegen mit ihrer Erwachsenengröße innerhalb von ± 9,2 Zentimeter der Körpergröße der Mutter bzw. des Vaters. 5 Prozent der Kinder sind mehr als 9,2 Zentimeter kleiner und weitere 5 Prozent mehr als 9,2 Zentimeter größer als die Mutter bzw. der Vater (Annahmen: Korrelationskoeffizient zwischen Tochter/Mutter bzw. Sohn/Vater 0,5; Standardabweichung der Körpergröße 6,5 Zentimeter).

ter sind mehr als 9,2 Zentimeter kleiner und weitere 5 Prozent mehr als 9,2 Zentimeter größer als ihre Mütter. Die gleichen Überlegungen lassen sich für die Körpergröße von Söhnen und Vätern sowie von Geschwistern anstellen. Die möglichen Unterschiede sind um so größer, je mehr sich Mutter und Vater in der Körpergröße voneinander unterscheiden. Es erstaunt daher nicht, daß Dora, Therese und Karl so verschieden groß geworden sind.

Vergleichbare Beziehungen zwischen Eltern und Kind bestehen auch in anderen Entwicklungsbereichen, beispielsweise bei der intellektuellen oder motorischen Leistungsfähigkeit.

Wie steht es mit der Vererbung einer ausgeprägten Begabung? Je stärker eine Fähigkeit bei den Eltern ausgebildet ist, desto weniger wahrscheinlich ist es, daß sich diese im gleichen Ausmaß auf ein Kind überträgt. Die Kinder sind häufig noch immer mehr als durchschnittlich begabt, aber nicht mehr so talentiert wie Vater oder Mutter. Die Kinder von Wolfgang Amadeus Mozart waren nicht mehr so musikalisch wie ihr Vater, und diejenigen von Albert Einstein verfügten nicht mehr über seine mathematische Sonderbegabung. Ein großes Talent wird nur selten über mehrere Generationen weitervererbt. Eine Ausnahme, die die Regel bestätigt, ist die Musikerfamilie Bach. Der musikalische Müller Veit Bach wurde über seinen Sohn Johannes zum Stammvater mehrerer Familienlinien, von denen die bedeutendsten sich über Christoph und Johann Ambrosius zu Johann Sebastian Bach und seinen Söhnen Carl Philipp Emanuel und Johann Christian Bach fortsetzten.

Was für Begabungen gilt, trifft im wesentlichen auch auf Teilleistungsschwächen wie eine Lese- oder eine Rechenschwäche zu. Eine Teilleistungsschwäche kann, muß aber nicht von einer Generation an die nächste weitergegeben werden; ihr Ausprägungsgrad variiert von Generation zu Generation. Bei Andreas war die Leseschwäche weniger ausgeprägt als bei seiner Mutter im gleichen Alter. Der Vater ist ein guter Leser. Der Großvater mütterlicherseits litt an einer ausgeprägten Leseschwäche. Er konnte auch als Erwachsener nur mit Mühe lesen.

Möglichkeiten und Grenzen

Fähigkeiten und Eigenschaften werden nicht durch einzelne Gene vererbt. Es gibt kein einzelnes Gen, das für die Körpergröße, die intellektuelle Leistungsfähigkeit oder die motorische Geschicklichkeit verantwortlich wäre. Es sind immer viele Gene, die ein solches Entwicklungsmerkmal bestimmen (sogenannte multifaktorielle Vererbung). Es sind ihre Zusammensetzung und ihr Zusammenwirken, die die Ausprägung und das Entwicklungstempo der organischen und der funktionellen Strukturen festlegen. Daraus entsteht für jedes Kind ein individuelles Profil an Stärken und Schwächen und ein ihm eigenes Entwicklungstempo. Wie rasch – unter bestmöglichen Umweltbedingungen – sich die Sprache entwickelt und wie groß die Sprachkompetenz sein wird, bestimmt die Anlage.

Die Anlage allein kann aber weder Fähigkeiten noch Verhaltensweisen hervorbringen. Dazu braucht es die Umwelt. Ein Kind muß Sprache hören, damit es sprechen lernt. Ein gehörloses Kind kann, auch wenn seine Sprachzentren im Gehirn normal angelegt sind, nicht aus sich heraus Wörter bilden.

Das Wichtigste in Kürze

1. Die Anlage besteht aus organischen und funktionellen Strukturen, die das Wachstum und die Entwicklung eines Kindes ermöglichen.
2. Die Ausreifung der Strukturen besteht in einer Differenzierung und einer Spezifizierung von Fähigkeiten und Verhaltensweisen (z. B. nimmt die Sprachkompetenz ständig zu [Differenzierung] und wird gleichzeitig auf die Sprache der Umgebung festgelegt [Spezifizierung]).
3. Differenzierung und Spezifizierung der Strukturen kommen in der Adoleszenz zum Abschluß.
4. Die organischen und funktionellen Strukturen sind von Kind zu Kind unterschiedlich angelegt und reifen verschieden rasch aus. Fähigkeiten und Verhaltensweisen treten daher von Kind zu Kind in verschiedener Ausprägung und in unterschiedlichem Alter auf.
5. Die Eltern geben Gene, weit weniger aber Fähigkeiten und Verhaltensweisen an ihre Kinder weiter. Je nach

Zusammensetzung der vererbten Gene kann ein Kind seinen Eltern ähnlich oder von ihnen ziemlich verschieden sein.

6. Die organischen und funktionellen Strukturen schaffen die Grundvoraussetzungen, damit sich Fähigkeiten und Verhaltensweisen ausbilden können. Sie allein bringen aber weder Fähigkeiten noch Verhaltensweisen hervor. Dazu ist die Umwelt nötig.

Umwelt

Der achtjährige Vinoth besucht die erste Schulklasse. Seine Eltern sind mit ihm und seinem Bruder wegen der Bürgerkriegswirren aus Sri Lanka in die Schweiz geflüchtet. Vinoth war in der neuen Umgebung zunächst sehr verunsichert. Er konnte mit den anderen Kindern nicht kommunizieren. So hörte er ihnen aufmerksam zu und verhielt sich still. Nach drei Monaten verstand er die anderen Kinder, nach fünf Monaten begann er zu sprechen und nach acht Monaten sprach er perfekt Schweizerdeutsch. Jetzt springt er für die Eltern, die nur einige Wörter Deutsch sprechen, als Dolmetscher ein.

Die Umwelt ist in vielfältigster Weise für das Kind von Bedeutung. Wir wollen uns in diesem Kapitel auf die beiden wichtigsten Bereiche beschränken:

- *Die Umwelt befriedigt die Grundbedürfnisse des Kindes.* In Sri Lanka litt Vinoth oft an Hunger und war krank. Die sozialen Unruhen zwangen die Familie, sich zu verstecken. Vinoth konnte nicht mehr zur Schule gehen. Die neue Umgebung verhalf ihm zu einer guten körperlichen und psychischen Verfassung sowie zu einem regelmäßigen Schulbesuch.
- *Die Umwelt bestimmt die Erfahrungen, die ein Kind macht.* Vinoth kam in eine Schule, in der die Kinder schweizerdeutsch sprachen. Er hat sich innerhalb von acht Monaten an die neue sprachliche Umgebung angepaßt.

Befriedigung der Grundbedürfnisse

Es ist eine Selbstverständlichkeit, daß ein Kind Nahrung und Pflege braucht, damit es wächst und gesund bleibt. Genauso ist das Kind auf Geborgenheit und Zuwendung angewiesen, damit es sich entwickeln kann. Nur wenn es sich wohl fühlt, kann es sich mit seiner Umwelt aktiv auseinandersetzen und sich seinen Möglichkeiten entsprechend entwickeln.

In der Vergangenheit haben Verelendung, Hunger und Krankheit das Wachstum und die Entwicklung der Kinder immer wieder beeinträchtigt. Wie sehr die Körpergröße von den Lebensbedingungen abhängig ist, zeigen die letzten 150 Jahre in Europa. In dieser Zeitspanne ist die Ernährung sehr viel besser geworden. Heutzutage sind alle Bevölkerungsschichten ausreichend ernährt, was wohl in der Vergangenheit nie vorgekommen ist. Die medizinische Versorgung, die Wohnverhältnisse und die Hygiene haben ebenfalls große Fortschritte gemacht. Die seit etwa 1850 sich ständig verbessernden Lebensbedingungen haben sich meßbar auf die körperliche Entwicklung ausgewirkt. So hat die Körpergröße in jedem Alter, vom Säugling bis zum Erwachsenen, deutlich zugenommen (Eveleth 1976).

In der Schweiz geben die Messungen der Körpergröße, die seit mehr als 100 Jahren bei der Rekrutierung der Männer im Alter von 19 Jahren durchgeführt werden, zuverlässigen Aufschluß über das Ausmaß dieser sogenannten Akzeleration. Von 1880 bis

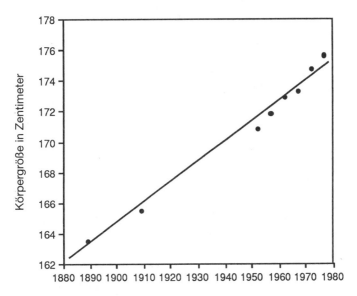

Akzeleration. Mittlere Körpergröße von Schweizer Männern bei der Rekrutierung im Alter von 19 Jahren (Molinari 1984)

1980 hat die mittlere Körpergröße von 162 auf 176 Zentimeter zugenommen. In jedem Jahrzehnt war somit ein Zuwachs an Körpergröße um etwas mehr als einen Zentimeter zu verzeichnen. Obwohl uns entsprechende Angaben über die Körpergröße junger Frauen fehlen, dürfen wir auf Grund der stabil gebliebenen Geschlechtsdifferenzen davon ausgehen, daß eine vergleichbare Akzeleration auch beim weiblichen Geschlecht stattgefunden hat.

Die Menschen wurden nicht nur erheblich größer, sondern entwickelten sich auch rascher. Heutzutage kommen die Kinder wesentlich früher in die Pubertät und schließen ihr Wachstum dementsprechend auch früher ab als in der Vergangenheit. Im 19. Jahrhundert wurde die Endgröße erst im Alter von 20 bis 25 Jahren erreicht (die Angaben in der Graphik auf S. 71 entsprechen daher nicht ganz der Erwachsenengröße). Heutzutage sind die jungen Menschen bereits zwischen 15 und 20 Jahren ausgewachsen.

Wie stark sich die Entwicklungsdynamik in den vergangenen 150 Jahren beschleunigt hat, läßt sich anhand der Menarche, des Alters, in dem die erste Monatsblutung auftritt, aufzeigen. Seit der Mitte des letzten Jahrhunderts hat sich das mittlere Auftreten der Menarche in Europa vom 17. auf das 13. Lebensjahr vorverlagert (Eveleth 1976).

Wird sich die Akzeleration in den kommenden Generationen im gleichen Ausmaß fortsetzen? Seit den 60er Jahren ist in der Schweiz eine Abflachung der Akzeleration zu beobachten (Molinari 1984). Diese ließ sich nur noch in den ländlichen Gebieten und in den unteren sozialen Schichten nachweisen. Selbst wenn sich die Lebensbedingungen noch weiter verbessern sollten, was aus ökonomischer Sicht wenig wahrscheinlich erscheint, ist auch aus anthropologischer Sicht kaum mehr mit einer wesentlichen Zunahme der Körpergröße zu rechnen (Styne 1993).

Ungünstige Lebensbedingungen wirken sich nicht nur auf die körperliche, sondern auch auf die psychische Entwicklung der Kinder nachteilig aus. Es ist wahrscheinlich, daß in der Vergangenheit die Mehrzahl der Kinder unter Vernachlässigung und

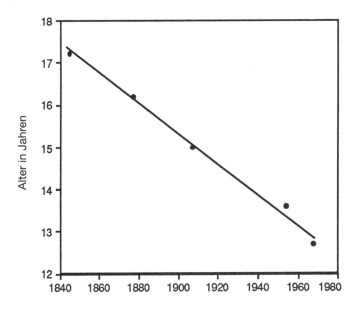

Mittleres Auftreten der Menarche, Alter, in dem die erste Monatsblutung auftritt, zwischen 1840 und 1980. Die Menarche wurde vom 17. auf das 13. Lebensjahr vorverlagert. Die Angaben stammen aus verschiedenen europäischen Ländern. (Modifizierte Darstellung aus Eveleth 1976)

Verwahrlosung gelitten haben (Ariès 1992). Im 20. Jahrhundert haben sich ihre Lebensbedingungen wesentlich verbessert, und ein hochstehendes Bildungssystem wurde erstmals den Kindern aller Bevölkerungsschichten zugänglich gemacht. Die sozioökonomische Entwicklung und demokratische Gesellschaftsformen haben entscheidend zum Wohlbefinden und zur Entwicklung der Kinder beigetragen.

Dieser Fortschritt läßt sich nicht wie beim Wachstum mit Daten belegen, ist aber zweifellos noch bedeutender. In der Vergangenheit war Schulbildung in allen Gesellschaften das Privileg einer elitären Minderheit. Noch vor 100 Jahren war es selbst für eine Frau aus bester Familie außerordentlich schwierig, zu einem Universitätsstudium zugelassen zu werden. Heutzutage haben alle Kinder ein Anrecht auf eine mindestens achtjährige schulische Ausbildung. Bis zu 50 Prozent der jungen Erwachsenen, etwa gleich viel Frauen und Männer, besuchen eine höhere Schule.

Erfahrungen ermöglichen

Welchen großen Einfluß die Umwelt auf menschliches Verhalten haben kann, zeigt sich besonders deutlich in der Sprache. Auf der ganzen Welt werden derzeit ungefähr 10 000 Sprachen gesprochen (UNO-Bericht 1997). Die meisten Sprachen teilen sich wiederum in eine Vielzahl von Dialekten auf. In der deutschsprachigen Schweiz sprechen vier Millionen Menschen mehr als 20 Dialekte. In Bergtälern, wo die Bevölkerung noch seßhaft ist, finden sich geringfügige sprachliche Unterschiede selbst von Dorf zu Dorf. Die Sprache spiegelt aber nicht nur feine örtliche Verschiedenheiten wider. Sie verändert sich auch spürbar über die Generationen. Jugendliche verwenden Ausdrücke nicht mehr, die ihren Eltern noch geläufig waren, und benützen Begriffe, die ihre Eltern nicht verstehen.

Die Bedeutung der Umwelt zeigt sich bei der Sprache nicht nur im großen, in der Vielfalt der Sprachen, sondern auch im kleinen, innerhalb der Familie. Die folgende Graphik zeigt, wie selbst geringfügige Unterschiede bei Geschwistern die frühe Sprachentwicklung beeinflussen können.

Im ersten Lebensjahr setzt die Lautbildung bei allen Geschwistern im gleichen Alter ein. Zwischen dem zweiten und vierten Lebensjahr entwickeln sich die Erst- sowie die Dritt- und Spätergeborenen rascher als die Zweitgeborenen. Weshalb bleiben die Zweitgeborenen in der Sprachentwicklung etwas zurück? Mit dem Erstgeborenen können sich die Eltern mehr beschäftigen als mit den Zweit- und Spätergeborenen. Eine Verzögerung stellt sich aber nur bei den Zweitgeborenen ein, weil die Dritt- und Spätergeborenen von ihren älteren Geschwistern vermehrt sprachlich angeregt werden.

Zur Beruhigung aller Eltern, die mehr als ein Kind haben, darf angefügt werden, daß die verzögernde Wirkung der Geschwi-

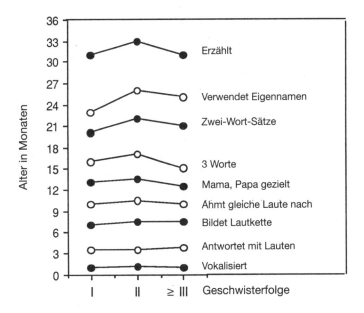

Einfluß der Geschwisterfolge auf die Sprachentwicklung. Die Punkte bezeichnen das durchschnittliche Auftreten einiger Meilensteine der frühen Sprachentwicklung bei Erst-, Zweit- sowie Spätergeborenen (Largo 1986). Die große interindividuelle Variabilität in der Sprachentwicklung und unterschiedliche Altersintervalle zwischen den Geschwistern können zu einem anderen Verlauf der Sprachentwicklung bei Geschwistern führen, als hier angegeben.

sterfolge auf die Sprachentwicklung nur temporär ist. Den Zweitgeborenen erwachsen aus dieser leichten Sprachverzögerung keine bleibenden Nachteile. Sie holen diesen Rückstand auf, sobald sie mit anderen Kindern in Kontakt kommen. Im Kindergarten- und im Schulalter gleichen sich die Unterschiede in der sprachlichen Kompetenz zwischen den Geschwistern aus.

Das Kind muß konkrete Erfahrungen machen, damit es sich entwickelt. Es erwirbt nur Sprache, wenn es Wörter und Sätze mit Personen und Gegenständen, Handlungen und Vorgängen in seiner Umwelt in Verbindung bringen kann. Genauso muß das

Kind in allen anderen Entwicklungsbereichen wie der Motorik oder dem Sozialverhalten Erfahrungen sammeln, damit es sich die entsprechenden Fähigkeiten aneignen kann. Es hantiert mit dem Löffel und lernt so, ihn zu gebrauchen. Es setzt sich mit Behältern und deren Inhalt auseinander und lernt dabei die räumlichen Eigenschaften von Behältern kennen. Das Kind erlebt in der Familie, beim Einkaufen und bei einem Arztbesuch, wie Menschen unterschiedlichen Alters und verschiedener sozialer Stellung miteinander umgehen, und übernimmt ihre Verhaltensweisen und soziale Regeln und verinnerlicht dabei ihr Rollenverhalten.

Inhalte

Die organischen und die funktionellen Strukturen ermöglichen dem Kind, sich Fähigkeiten und Verhaltensweisen anzueignen. Sie allein bringen keine Fähigkeiten und Verhaltensweisen hervor. Ausdruck und Inhalt von Fähigkeiten und Verhalten werden durch die Umwelt bestimmt. Welche Sprache ein Kind spricht und ob es beim Schreiben das lateinische, das hebräische oder irgendein anderes Alphabet benützt, hängt von der Kultur ab, in der es aufwächst. Vinoth kam aus Sri Lanka in die Schweiz und sprach innerhalb von acht Monaten perfekt Schweizerdeutsch. Die Hand ist in ihrer Gestalt und ihren motorischen Funktionen durch die Anlage festgelegt. Wie das Kind seine Hände gebrauchen und was es damit erschaffen wird, wird von seinen Erfahrungen bestimmt. In Europa lernt es mit dem Löffel essen, in Japan mit Eßstäbchen und in Indien mit der rechten Hand. Elemente des Sozialverhaltens wie Mimik, Blickverhalten oder Körpersignale sind durch die Anlage vorbestimmt. Wie das Kind sie anwendet, hängt wiederum von der Gesellschaft ab, in die es hineingeboren wird. Wächst es in Mitteleuropa oder in Norditalien auf, lernt es Zustimmung durch Kopfnicken auszudrücken. Lebt es in Griechenland oder in Süditalien, schüttelt es den Kopf.

Trügerisch

Die Bedeutung der Umwelt wird dann besonders offensichtlich, wenn den Kindern Erfahrungen vorenthalten und damit ihre Entwicklungsmöglichkeiten eingeschränkt werden. Dies läßt vermuten, daß sich Kinder um so besser entwickeln werden, je reichhaltiger das Erfahrungsangebot ist. Diese Annahme verführt manche Eltern und Erzieher dazu, die Kinder mit möglichst viel Wissen und Anreizen zu fördern. Die Annahme ist naheliegend, aber – wie wir im nächsten Kapitel erfahren werden – trügerisch.

Das Wichtigste in Kürze

1. Die Umwelt trägt in zweierlei Hinsicht zur Entwicklung eines Kindes bei:
   - Sie befriedigt seine körperlichen und seine psychischen Grundbedürfnisse.
   - Sie ermöglicht dem Kind die Erfahrungen, die es braucht, um sich Fähigkeiten und Wissen anzueignen.
2. Erfahrungen kann das Kind nur verarbeiten, wenn die entsprechenden organischen und funktionellen Strukturen ausreichend ausgereift sind (z. B. beginnt das Kind dann zu sprechen, wenn seine Sprachorgane einen bestimmten Reifungsgrad erreicht haben).
3. Die Erfahrungen mit der sozialen und der gegenständlichen Umwelt bestimmen den Inhalt von Fähigkeiten und Verhaltensweisen (z. B. bestimmt das Milieu die Sprache, die ein Kind spricht).

Zusammenwirken von Anlage und Umwelt

Die Erziehung streut keinen Samen in die Kinder hinein, sondern läßt den Samen in ihnen aufgehen.

Khalil Gibran

Manche Leser werden bei den beiden vorangegangenen Kapiteln eine widersprüchliche Erfahrung gemacht haben, die mir beim Schreiben ebenfalls zu schaffen machte: Die beiden Kapitel »Anlage« und »Umwelt« vermitteln den Eindruck, die Anlage bzw. die Umwelt bestimme die Entwicklung. Um diesen Widerspruch aufzulösen, müssen wir eine plausible Erklärung für das Zusammenwirken von Anlage und Umwelt finden.

In der Vergangenheit gab es zahlreiche Erklärungsversuche, wie man sich die Beziehung zwischen Kind und Umwelt vorzustellen habe. Sie reichen von einem Modell, in dem die Entwicklung ausschließlich durch die Veranlagung bestimmt wird, bis zu jenem, in dem die Entwicklung ganz und gar von der Umwelt abhängt. Dazwischen gibt es Erklärungsansätze, welche die Entwicklung als ein Zusammenwirken von Anlage und Umwelt zu deuten versuchen. Das bekannteste und derzeit am häufigsten zitierte Modell ist dasjenige von Sameroff und Chandler (1975). Das Kernstück ihres sogenannten Transaktionsmodells besteht in der Wechselbeziehung zwischen Kind und Umwelt. Die Entwicklung wird als ein Prozeß verstanden, der aus einer wechselseitigen Einflußnahme des Kindes und der Umwelt besteht: Die Umwelt wirkt unablässig auf das Kind ein, das Kind aber auch auf die Umwelt – eine Art unendliches Pingpongspiel zwischen Kind und Umwelt. Unbefriedigend daran ist, daß die Entwicklung eines Kindes unbestimmt bleibt und in keiner Weise voraussehbar ist. Alles scheint möglich zu sein – eine Vorstellung, die wohl nicht der Lebenserfahrung der meisten Leserinnen und Leser entspricht.

Wir wollen in diesem Kapitel von einem Entwicklungsmodell ausgehen, welches von Sandra Scarr (1992) vorgeschlagen wurde. Die Stärke dieses Modells besteht darin, daß es sich durch Untersuchungsergebnisse bestätigen läßt, im Erziehungsalltag nachvollziehbar ist und sich unmittelbar auf die Art und Weise auswirkt, wie wir mit dem Kind umgehen. Das Modell von Sandra Scarr besagt:

- Das Kind ist aktiv: Es entwickelt sich aus sich heraus.
- Das Kind ist selektiv: Es sucht sich diejenigen Erfahrungen, die seinem gegenwärtigen Entwicklungsstand entsprechen.

Das Kind ist also nicht ein Gefäß, das Eltern und Erzieher mit beliebigem Inhalt bzw. irgendwelchen Erfahrungen auffüllen können. Das Kind sucht sich vielmehr aktiv diejenigen Erfahrungen, die es braucht, um sich zu entwickeln.

Das Kind ist aktiv

Es gibt Fähigkeiten und Verhaltensweisen, die wir nur verstehen, wenn wir annehmen, daß sie aus dem Kind selbst hervorkommen. Ein besonders augenfälliges Beispiel dafür liefert wiederum die Sprache. Würde sich das Kind Sprache passiv oder durch Nachahmung aneignen, müßte es alle Sätze, die es in seinem Leben je sagen wird, zuvor einmal gehört haben. Es lernt aber nicht Sätze auswendig, sondern erwirbt Sprache durch eigene Regelbildung. Es leitet aus den sprachlichen Erfahrungen, die es in den ersten Lebensjahren macht, Regeln über den Zusammenhang zwischen Lauten, Wörtern und Satzteilen ab. Nur so wird es fähig, eigene und nie zuvor gehörte Sätze bilden zu können. Dabei kommt es – oft zum Ergötzen der Erwachsenen – zu ungewöhnlichen Wortbildungen und Satzkonstruktionen. Im Alter von dreieinhalb Jahren sagt das Kind beispielsweise: »Peter ess(e)t Brot.« Solche logischen »Fehlleistungen« entstehen, weil das Kind eigenständig Regeln über den Gebrauch der Wörter und die Satzbildung ableitet. Es wendet die aufgefundenen Regeln anfänglich zu allgemein an, was zu falschen Wort- und Satzkonstruktionen führen kann.

Regel	Regelverstoß
Konjugation	
ich spiele	ich esse
du spielst	du ess(es)t
er spielt	er ess(e)t
Zeitform	
ich spielte	ich esste
Mehrzahl	
der Fisch	das Haus
die Fische	die Hause

Beispiele für grammatikalische Regelverstöße beim Spracherwerb

So können ihm Ausnahmen einer Regel, etwa unregelmäßige Verben, einen Streich spielen. Ausgehend von der Konjugation regelmäßiger Verben sagt das Kind: »Peter ess(es)t Brot.« Ähnliche Fehler können durch eine strikte Regelanwendung bei den Zeitformen der Tätigkeitswörter oder bei der Bildung des Plurals auftreten: »Ich esste« oder »viele Hause«. Die Regelbildung über die Abfolge von Subjekt, Prädikat und Objekt ist ebenfalls mit Anfangsschwierigkeiten verbunden. Das Kind vertauscht beispielsweise Peter und Brot oder setzt das Verb an das Satzende.

Das Kind merzt die Fehler, die durch eine überstrenge Anwendung von Regeln entstehen, bald aus. Es grenzt an ein kleines Wunder, wie rasch ein Kind die Regeln der Wortbildung und des Satzbaus wie auch deren Ausnahmen erfassen kann. Und wohlgemerkt: ohne sich diese Regeln je bewußt gemacht zu haben.

Eine wirkliche Großtat in der Sprachentwicklung, die das Kind auch nur aus sich selbst heraus schaffen kann, ist die Anwendung der Ichform. Das Kind macht in den ersten drei Lebensjahren die folgende Erfahrung: Wenn die Eltern von sich sprechen, verwenden sie die Ich- oder die Wirform. Das Kind reden sie in der Duform oder mit dem Vornamen an. Wenn sie sich auf andere Menschen beziehen, benützen sie die Sie-, Er- oder Ihrform. Wie in aller Welt bringt es das Kind fertig, die Ichform richtig anzuwenden? Eine wichtige Voraussetzung dazu

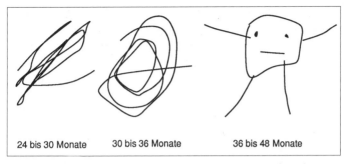

| 24 bis 30 Monate | 30 bis 36 Monate | 36 bis 48 Monate |

Zeichnungen im Alter von zwei bis vier Jahren: spitzes und rundes Kritzeln sowie erste Zeichnung der menschlichen Gestalt (Kopffüßler)

ist die Fähigkeit, sich selbst bewußt wahrzunehmen und sich von anderen Personen abzugrenzen (vgl. Kapitel »Individualität«, S. 45).

Die Anwendung der Ichform können die Eltern ihrem Kind nicht beibringen. Sie denken auch gar nicht daran. Sie erwarten mit einer eigentlich nicht selbstverständlichen Selbstverständlichkeit, daß das Kind dieses Kunststück schon irgendwie allein schaffen wird.

Die genuine Aktivität ist auch in den anderen Entwicklungsbereichen zu beobachten. So kritzeln alle Kinder zwischen zwei und drei Jahren auf die gleiche Weise, zuerst spitz und dann rund. Mit drei bis vier Jahren versuchen sie erstmals, etwas Konkretes zu zeichnen. Ihr Interesse gilt dabei nicht irgendeinem Objekt, zum Beispiel einem Haus oder einem Tier. Die Kinder zeichnen einen sogenannten Kopffüßler, ihre erste Darstellung der menschlichen Gestalt.

Ein weiterer Hinweis darauf, daß das Kind seine Entwicklung aktiv bestimmt, ist die Beobachtung, daß eine Begabung sich um so stärker durchzusetzen versucht, je ausgeprägter sie ist. Mozart wuchs in einer Familie auf, die ihn auf das höchste förderte. Daß sich seine Begabung voll entfalten konnte, ist daher nicht weiter erstaunlich. Der Pianist Arthur Rubinstein hingegen wuchs in einer Familie auf, in der – nach seinen eigenen Worten – »niemand auch nur über die geringste musikalische Begabung und das geringste Interesse verfügte« (Gardner 1985). Er sprach als Kleinkind nur wenig, sang dafür um so mehr und fühlte sich von Tönen und Klängen magisch angezogen. Bis zum vierten Lebensjahr hatte er sich das Klavierspiel selbst beigebracht. Bei ihm setzte sich die Begabung auch unter wenig vorteilhaften äußeren Umständen durch.

Das Kind ist selektiv

Das Kind ist selektiv in seinem Verhalten und in den Erfahrungen, die es macht. So bevorzugt es in seinem Spiel je nach seinem Entwicklungsstand bestimmte Gegenstände. Wenn sich der Pinzettengriff mit neun bis zwölf Monaten ausbildet, zeigt das Kind eine große Vorliebe für kleine Dinge. Es pickt mit Eifer und Geduld Brosamen und Fäden vom Boden auf. Je kleiner die Gegenstände sind, um so besser. Niemand hat das Kind dazu aufgefordert, im Gegenteil, manche Eltern sind besorgt, weil es sich alles in den Mund steckt. Nach einigen Wochen hört das Kind damit auf, es hat ausreichend Erfahrungen mit dem Pinzettengriff gesammelt.

Wie selektiv die Interessen eines Kindes sind, zeigt sich auch darin, daß es mit dem gleichen Objekt je nach Entwicklungsstand anders umgeht. Im ersten Lebensjahr erkundet es einen Löffel mit dem Mund, dann mit den Händen und schließlich mit den Augen. Im zweiten Lebensjahr beginnt es den Löffel funktionell zu gebrauchen und ißt selbständig mit dem Löffel. Im dritten Lebensjahr füttert es damit seine Puppen.

Das Kind erlebt vom ersten Lebenstag an eine Vielzahl zwischenmenschlicher Verhaltensweisen bei seinen Eltern und Geschwistern. Es nimmt diese jedoch nicht beliebig auf, sondern eignet sich jedes Verhalten in einem bestimmten Entwicklungsalter an. So vermag der mehrwöchige Säugling mit seiner Mimik Freude, Erstaunen oder Befremden auszudrücken. Je nachdem, wie die Bezugspersonen darauf reagieren, ändert er seine mimischen Reaktionen. Mit sechs bis acht Wochen beginnt er sein Lächeln auf seine Bezugspersonen abzustimmen. Mit neun bis zwölf Monaten winkt das Kind beim Abschied und mit zwölf bis 15 Monaten verteilt es Küßchen.

Das selektive Verhalten eines Kindes spiegelt auf jeder Altersstufe seine jeweiligen entwicklungsspezifischen Interessen wider.

Der eigenen Entwicklungslinie folgen

Da das Kind nicht irgendwelche Erfahrungen verarbeitet, sondern überwiegend solche, die seinen Interessen und Neigungen entsprechen, tritt die Individualität eines Kindes in der Entwicklung immer deutlicher in Erscheinung: Das Kind wird immer mehr es selbst. Belege dafür lieferten verhaltensgenetische Studien und vor allem die Zwillingsforschung (Wilson 1983, Plomin 1990, Scarr 1992).

	Anlage	Umwelt
Eineiige Zwillinge		
wachsen gemeinsam auf	100 %	gleich
wachsen getrennt auf	100 %	verschieden
Zweieiige Zwillinge		
wachsen gemeinsam auf	50 %	gleich
Zwillinge und Geschwister		
wachsen gemeinsam auf	50 %	ähnlich

Übereinstimmung von Anlage und Umwelt bei Zwillingen und ihren Geschwistern

Die Frage, die sich die Forscher gestellt haben, war folgende: Wie entwickeln sich Kinder, die unterschiedlich nahe miteinander verwandt sind und in gleicher oder verschiedener Umgebung leben? Dabei wurden nur Kinder berücksichtigt, die in guten familiären Verhältnissen aufwuchsen. Keines war durch äußere Umstände in seiner Entwicklung offensichtlich benachteiligt.

Als Maß für den Grad der Übereinstimmung diente die intellektuelle Leistungsfähigkeit. Die sogenannten Entwicklungs-

und Intelligenzquotienten (EQ und IQ) können zuverlässiger erhoben werden als andere psychische Größen wie etwa Persönlichkeitsmerkmale. Die größtmögliche Übereinstimmung ist aber auch beim EQ/IQ-Test nicht hundertprozentig. Wenn dieselbe Person zweimal getestet wird, kann eine Übereinstimmung von 80–90 Prozent erzielt werden (Korrelationskoeffizient 0,9–0,95). Dies sollte im folgenden immer bedacht werden.

In der folgenden Graphik sind die Ergebnisse, die auf den Untersuchungen von Wilson (1983) beruhen, zusammengestellt. Eine hohe Übereinstimmung (links) bzw. ein hoher Korrelationskoeffizient (rechts) zeigt eine vergleichbare intellektuelle Leistungsfähigkeit unter den Kindern an. Sind Übereinstimmung und Korrelationskoeffizient niedrig, ist die Leistungsfähigkeit der Kinder verschieden. Der Grad der Übereinstimmung bzw. die Höhe des Korrelationskoeffizienten sagt nichts darüber aus, ob die Kinder hohe oder tiefe intellektuelle Leistungen erbringen.

Eineiige Zwillinge, die gemeinsam aufwachsen, weisen von allen Kindern die größtmögliche Ähnlichkeit bezüglich Anlage und Umwelt auf. Sie haben – mindestens theoretisch – eine identische Erbanlage und wachsen im selben Milieu heran. Unterschiede können sich ergeben, wenn ihre vorgeburtliche Entwicklung nicht gleich verlaufen ist oder die Eltern mit den Kindern verschieden umgehen.

Die Übereinstimmung der intellektuellen Leistungsfähigkeit beträgt im ersten Lebensjahr lediglich 50 Prozent, nimmt aber bis in die Adoleszenz auf 80 Prozent zu. Das heißt, eineiige Zwillinge werden sich während der Kindheit in ihrer intellektuellen Leistungsfähigkeit immer ähnlicher. Inwieweit diese Übereinstimmung auf die gemeinsame Veranlagung bzw. gemeinsame Umwelt zurückzuführen ist, läßt sich nicht entscheiden.

Die folgende Konstellation kann uns weiterhelfen: eineiige Zwillinge, die getrennt aufwachsen. Es kommt vor, daß eineiige Zwillinge getrennt und von zwei verschiedenen Familien adoptiert werden. Obwohl sie in unterschiedlichen Familien leben und sich nie begegnet sind, verläuft ihre intellektuelle Entwicklung im wesentlichen so, als ob sie gemeinsam aufgewachsen wären.

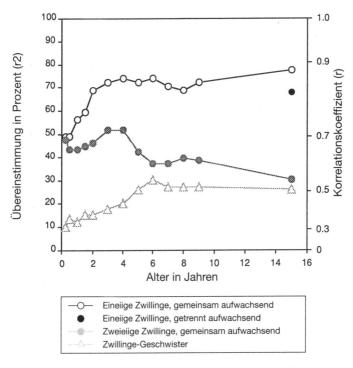

Übereinstimmung der intellektuellen Entwicklung von ein- und zweieiigen Zwillingen sowie Geschwistern. (Nach Wilson 1983, Scarr 1992) Auf der linken Seite ist die Übereinstimmung der Entwicklungs-/Intelligenzquotienten in Prozent und auf der rechten als Korrelationskoeffizient dargestellt. Je höher die Punkte liegen, desto größer ist die Übereinstimmung zwischen den Kindern.

Sie werden sich bis ins Erwachsenenalter immer ähnlicher, wenn auch nicht ganz so ähnlich, als wenn sie in derselben Familie gelebt hätten (Übereinstimmung 56–72 Prozent; Korrelationskoeffizient 0,75–0,85). Die Übereinstimmung ist jedoch immer noch deutlich größer als bei zweieiigen Zwillingen und Geschwistern, die gemeinsam aufwachsen.

Ihre identische Erbanlage bewirkt nach Sandra Scarr, daß eineiige Zwillinge die gleichen Interessen und Neigungen haben. Sie suchen in verschiedener Umgebung nach ähnlichen Erfahrungen, sofern die Umwelt diese auch anbietet und zuläßt. Sie beeinflussen mit ihrer Persönlichkeit und ihrem Verhalten die Umgebung auf eine ähnliche Weise, was sich wiederum auf den Umgang der Bezugspersonen mit ihnen auswirkt.

Zweieiige Zwillinge verfügen zu je 50 Prozent über gemeinsame Erbanlagen. Sie sind sich damit nicht ähnlicher als Geschwister. Ihre Besonderheit liegt darin, daß sie gleich alt sind und im selben Milieu aufwachsen. Dieser Umstand führt anfänglich zu einer Übereinstimmung in der intellektuellen Entwicklung von etwa 50 Prozent, die damit gleich groß ist wie bei eineiigen Zwillingen. In den folgenden Jahren weisen zweieiige Zwillinge zunehmend Unterschiede auf. In der Adoleszenz beträgt die Übereinstimmung nur noch 35 Prozent.

Dieser Verlauf mag überraschen, wenn man bedenkt, daß die Kinder zur selben Zeit in derselben Familie aufwachsen und zumeist auch dieselben Schulen besuchen. Sie entwickeln sich mit den Jahren immer mehr auseinander, weil sie – genauso wie Geschwister – unterschiedliche Interessen und Begabungen haben. Dies führt, obwohl sie gemeinsam im selben Milieu groß werden, zu verschiedenen Entwicklungen.

Zwillinge und ihre Geschwister weisen ebenfalls zu 50 Prozent die gleiche Anlage auf und leben in derselben Familie. Sie sind aber verschieden alt und erleben daher die Familie unterschiedlich. Dies wirkt sich vor allem in den ersten Lebensjahren aus: Die Übereinstimmung in ihrer intellektuellen Entwicklung beträgt lediglich 10 Prozent und ist damit deutlich niedriger als bei zweieiigen Zwillingen. Da sie zu 50 Prozent gemeinsame Erbanlagen haben, werden sich die Zwillinge und ihre Geschwister im Verlauf der Entwicklung immer ähnlicher. In der Adoleszenz ist ihre Übereinstimmung etwa gleich groß wie diejenige von zweieiigen Zwillingen.

Die verhaltensgenetischen Studien zeigen, daß sich die individuellen Fähigkeiten und Verhaltenseigenschaften in der Entwicklung immer mehr durchsetzen. Die Umwelt bestimmt das Angebot an Erfahrungen, die ein Kind machen kann. Sie hat aber kaum Einfluß, welche Erfahrungen sich das Kind auswählt und verinnerlicht. Dies bestimmt das Kind.

Eigenregulation

Es kommt immer wieder vor, daß sich ein Kind wegen ungünstiger äußerer Bedingungen langsamer entwickelt. Was geschieht, wenn die Benachteiligung wegfällt? Das Kind zeigt eine Aufholentwicklung, die es auf seine vorbestimmte Entwicklungslinie zurückführt.

Ein solches Aufholwachstum zeigt die folgende Graphik. Samuel wurde im Alter von 32 Monaten wegen einer schweren Wachstumsstörung ins Kinderspital eingewiesen. Sein Gewicht, seine Länge und auch sein Kopfumfang hatten während mehr als einem Jahr nicht zugenommen. Bei Spitaleintritt wog er lediglich 5,2 Kilogramm und war 75 Zentimeter groß. Er konnte noch nicht frei gehen und sprach nur einige wenige Wörter. Er wurde von der Mutter die ganze Zeit herumgetragen und zeigte kaum Interesse an seiner Umgebung.

Ausführliche medizinische Untersuchungen ergaben keine Anhaltspunkte für ein körperliches Leiden. Die Ursache der Wachstumsstörung und des Entwicklungsrückstandes konnte schließlich geklärt werden, als eine aufmerksame Krankenschwester eines Tages beobachtete, wie die Mutter, anstatt ihr Kind zu füttern, die Mahlzeit selber verspeiste. Nachforschungen ergaben, daß die Mutter an einer schweren neurotischen Krankheit litt. Ihre Beziehungsstörung hatte bei Samuel zu einer ausgeprägten Unterernährung und einem Erfahrungsmangel (sensorische Vernachlässigung) geführt. Eine Normalisierung der Ernährung, eine zeitlich befristete Milieuänderung und eine psychotherapeutische Betreuung der Mutter führten bei Samuel zu einem ausgeprägten Aufholwachstum in den folgenden Wochen und Monaten. Er konnte nach wenigen Wochen frei gehen und holte seinen geistigen und sprachlichen Entwicklungsrückstand innerhalb von anderthalb Jahren auf. Er besuchte die Volksschule und absolviert derzeit eine Berufslehre.

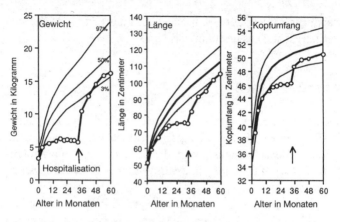

Ausgeprägte Wachstumsverzögerung bei einem Jungen, der an unzureichender Ernährung und Vernachlässigung gelitten hat. Normalisierung der Ernährung und Milieuänderung führten zu einem ausgeprägten Aufholwachstum und vollständiger Kompensation des Wachstumsdefizits. Die Mittellinie (50 Prozent) beschreibt den Mittelwert, die Linien von 3 Prozent und 97 Prozent geben den Streubereich des jeweiligen Körpermaßes an.

Die Wachstumskurven von Samuel zeigen uns, mit welcher hohen Genauigkeit die Eigenregulation das Defizit ausgleicht. Das Wachstum verlief nur so lange beschleunigt, bis diejenigen Körpermaße wieder erreicht waren, die der vorbestimmten Entwicklungslinie von Samuel entsprachen. Das beschleunigte Wachstum setzte sich nicht beliebig fort und war nicht einmal vorübergehend überschießend.

Sie erinnern sich an Köbi und Röbi aus dem Kapitel »Vielfalt« (S. 25). Ihre Sprachentwicklung kam in den ersten Lebensjahren sehr langsam in Gang. Die Eltern hatten nur wenig Zeit für die Zwillinge, da sie sich auch noch um die beiden älteren Geschwister kümmern mußten. Erschwerend kam hinzu, daß die Mutter portugiesisch und der Vater schweizerdeutsch sprach. Den Zwillingen mangelte es wohl an sprachlicher Anregung durch die Eltern, ihr Kommunikationsdefizit war aber kleiner, als es auf den ersten Blick den Anschein machte. Die Zwillinge blieben nicht untätig, sondern schufen sich ihre eigene Sprache. Sie verwendeten eigene Laut- und Wortschöpfungen und Gebärden, um sich einander mitzuteilen. Diese Form der Kommunikation kann sich unter Zwillingen so eigenständig entwickeln, daß sie von Außenstehenden nicht und von Familienangehörigen nur noch teilweise verstanden wird. Die sogenannte Zwillingssprache spiegelt die Eigenaktivität der Kinder wider. Wenn den Kindern gewisse Erfahrungen vorenthalten werden, werden sie nicht einfach passiv, sondern suchen aktiv nach Erfahrungen (eine Voraussetzung ist allerdings, daß das körperliche und das psychische Wohlbefinden der Kinder nicht beeinträchtigt ist).

Beim Eintritt in den Kindergarten waren Köbi und Röbi sprachlich noch immer verlangsamt. Ihre Eltern hatten große Bedenken, ob die Zwillinge diesen Rückstand jemals aufholen würden. Doch die elterlichen Sorgen waren unberechtigt.

Sobald Köbi und Röbi mehr mit anderen Kindern Kontakt hatten und kommunizieren konnten, holten sie den Sprachrückstand auf. Im frühen Schulalter war ihr Sprachvermögen bereits durchschnittlich und nach dem neunten Lebensjahr überdurchschnittlich.

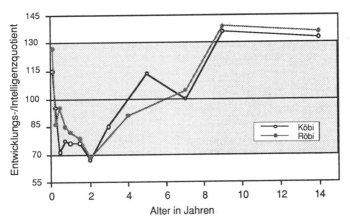

Sprachentwicklung von Köbi und Röbi in den ersten 14 Lebensjahren. Die Nullinie (Sprach-EQ/IQ 100) stellt die durchschnittliche Entwicklung und die schraffierte Fläche den normalen Streubereich dar (Sprach-EQ/IQ 70–130). (Zweite Zürcher Longitudinalstudie)

Eine verzögerte Sprachentwicklung stellt sich oft auch bei Kindern ein, die zwei- oder mehrsprachig erzogen werden. Sie weisen in den ersten Lebensjahren einen Sprachrückstand auf im Vergleich mit Kindern, die einsprachig aufwachsen. Im Schulalter holen sie den Rückstand auf und haben im späteren Leben den großen Vorteil, zwei oder mehr Sprachen zu sprechen.

Die Eigenregulation kann beim Wachstum, bei der sprachlichen und der intellektuellen Entwicklung zuverlässig erfaßt werden (Largo 1993). Sie ist in anderen Bereichen wie dem Bindungs- oder dem Sozialverhalten schwieriger nachzuweisen. Wissenschaftliche und klinische Beobachtungen sprechen dafür, daß auch diese Entwicklungsbereiche über eine Eigenregulation verfügen, wenn auch mit gewissen Einschränkungen (Clarke 1976):

- Ungünstige Lebensbedingungen wirken sich je nach Bereich verschieden stark aus, und Entwicklungsverzögerungen können unterschiedlich wettgemacht werden. Beeinträchtigungen des Wachstums und der intellektuellen Entwicklung werden eher kompensiert als solche des Bindungs- und des Sozialverhaltens (Kagan 1984).
- Entwicklungsverzögerungen können nicht beliebig lange aufgeholt werden. Je älter ein Kind ist und je länger seine Entwicklung beeinträchtigt war, desto geringer wird die Aufholentwicklung ausfallen.

Entlastung

Was für eine Entlastung: Das Kind ist aktiv und will sich entwickeln! Wir Eltern und Erzieher müssen das Kind nicht ständig antreiben, ihm Fähigkeiten antrainieren und Wissen eintrichtern. Es genügt, wenn wir ihm Erfahrungen ermöglichen, die seinem Entwicklungsstand entsprechen. Das Kind wird sich davon nehmen, was es für seine Entwicklung benötigt. Die innere Bereitschaft des Kindes, sich Fähigkeiten anzueignen, gewährleistet seine Entwicklung.

An alle, die trotzdem »fördern« möchten: Das Kind kann nur

so viele Erfahrungen aufnehmen, wie es ihm von seinem Entwicklungsstand her möglich ist. Angebote, die über seine Bedürfnisse hinausgehen, bleiben ungenutzt oder behindern gar seine Entwicklung. Ein Kind, das überfüttert wird, wird nicht größer, sondern nur dick.

Das Wichtigste in Kürze

1. Das Kind ist aktiv: Es entwickelt sich aus sich heraus.
2. Das Kind ist selektiv: Es sucht bestimmte Erfahrungen. Seine Interessen und Neigungen richten sich nach seinem Entwicklungsstand. Das Kind ist kein Gefäß, das sich mit beliebigem Inhalt bzw. Erfahrungen füllen läßt.
3. Die individuellen Fähigkeiten und Verhaltenseigenschaften setzen sich während der Entwicklung immer mehr durch:
   - Die Umwelt bestimmt das Angebot an Erfahrungen, die das Kind machen kann.
   - Das Kind bestimmt, was es aufnimmt.
4. Das Kind kann nur so viel von der Umwelt aufnehmen, wie es ihm von seinem Entwicklungsstand her möglich ist. Ein Angebot, das über seine Bedürfnisse hinausgeht, bleibt ungenutzt oder behindert gar seine Entwicklung.
5. Die Entwicklung eines Kindes wird dann beeinträchtigt, wenn seine Grundbedürfnisse nicht befriedigt oder ihm entwicklungsspezifische Erfahrungen vorenthalten werden.
6. Die Eigenregulation ermöglicht es dem Kind, eine Entwicklungsverzögerung aufzuholen. Die Aufholentwicklung fällt um so vollständiger aus, je jünger das Kind ist und je kürzer die Beeinträchtigung gedauert hat.
7. Eine Beeinträchtigung des Wachstums oder der intellektuellen Entwicklung kann eher aufgeholt werden als eine des Bindungs- und des Sozialverhaltens.

III. Grundbedürfnisse und Bindungsverhalten

Geborgenheit und Zuwendung

Tobias ist ein zufriedener und aktiver Säugling, der sich überdurchschnittlich gut entwickelt. Als er zwei Jahre alt wird, trennen sich seine Eltern und lassen sich etwas später scheiden. Tobias kommt in mütterliche Obhut. Ein halbes Jahr nach der Scheidung erkrankt seine Mutter an Brustkrebs und verbringt wiederholt Wochen und Monate im Krankenhaus. Sie stirbt, als Tobias sechs Jahre alt ist. Zwischen dem dritten und siebten Lebensjahr ist Tobias bei verschiedenen Pflegefamilien und in einem Heim untergebracht. Mit sieben Jahren wirkt er sehr traurig und passiv. Seine Entwicklung ist deutlich verzögert.

Ein Kind will umsorgt sein, sich geborgen und angenommen fühlen, damit es gedeihen und sich seinen Möglichkeiten entsprechend entwickeln kann. Was aber hat Tobias zwischen dem zweiten und siebten Lebensjahr genau gefehlt? Was verstehen wir unter Geborgenheit und Zuwendung? In diesem Kapitel wollen wir herausfinden, welche psychischen Grundbedürfnisse befriedigt werden müssen, damit ein Kind gedeiht und sich entwickeln kann. Wichtige Hinweise liefern uns Studien über Kinder, die unter einem offensichtlichen Mangel an Fürsorge, Geborgenheit und Zuwendung gelitten haben.

Ungeliebt und vernachlässigt

Kinder werden seit Menschengedenken und in den unterschiedlichsten Kulturen vernachlässigt und sich selbst überlassen (Ariès 1992). Am Ende dieses Jahrtausends erleiden immer noch Millionen von Kindern auf der ganzen Welt dieses Schicksal. Vor einigen Jahren führten uns die Medien – in einem europäischen Land! – die dramatischen Auswirkungen einer hochgradigen körperlichen und psychischen Vernachlässigung vor Augen, als das diktatorische Regime von Nicolae Ceaușescu in Rumänien zusammenbrach. Tausende von Kindern waren in Heimen über Jahre hinweg dermaßen vernachlässigt worden, daß sie an schwersten Wachstumsstörungen, geistiger Rückständigkeit und Verhaltensauffälligkeiten litten.

Die Menschen, und vor allem die Mütter, haben zu allen Zeiten gespürt, daß körperliches Wohlbefinden, Geborgenheit und Zuwendung für das Gedeihen und die Entwicklung ihrer Kinder unentbehrlich sind. Sie haben sich auch immer bemüht, den Kindern – soweit ihnen dies möglich war – die notwendige Fürsorge, emotionale Wärme und Sicherheit zu geben. Was es genau mit dem körperlichen Wohlbefinden, der Geborgenheit und Zuwendung auf sich hat, wurde aber erst durch die systematische Erforschung der frühkindlichen Deprivation (Mangel) erkannt und in das öffentliche Bewußtsein gerückt.

Nach dem Zweiten Weltkrieg nahmen sich Kinderärzte, Psychiater und Psychologen der Kinder in Waisenhäusern und Heimen an (eine kritische Würdigung dieser Arbeiten wurde von Ernst und von Luckner [1985] verfaßt). Sie untersuchten die Lebensbedingungen, den Gesundheitszustand, die psychische Verfassung und die Entwicklung dieser Kinder. Sie stellten dabei übereinstimmend fest, daß die Kinder bei einer ungenügenden Betreuung nicht nur an Krankheit, Mangel- und Fehlernährung litten, sondern auch in ihrer psychischen Entwicklung beeinträchtigt waren. Im Vergleich zu Kindern, die in guten Verhältnissen aufwuchsen, fingen vernachlässigte Kinder später an zu greifen und zu gehen. Ihre Sprachentwicklung war verzögert und ihr Spielverhalten weniger differenziert. Die Kinder waren kontaktarm oder gar beziehungsunfähig und litten an depressiven Verstimmungen.

Die Auswirkungen der Deprivation wurden auch bei Menschenaffen in – aus heutiger Sicht ethisch fragwürdigen – Experimenten untersucht (Harlow 1971). So hat man Rhesusäffchen ohne ihre Mütter und in sozialer Isolation aufgezogen. Die Wärter haben sie mechanisch gefüttert und gewährten ihnen keinerlei Zuwendung. Die Folgen waren genauso fatal wie bei den Menschenkindern: Die Äffchen zeigten sich in ihrem Wachstum beeinträchtigt und wiesen ein verkümmertes, stereotypes Bewegungs- und Haltungsmuster auf. Sie waren überängstlich und legten zwanghafte Verhaltensweisen an den Tag. Im Umgang mit

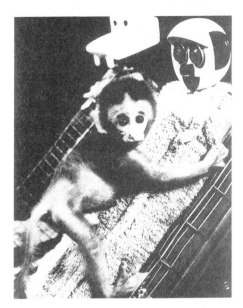

Harlows »Ersatzmütter«: Ein junges Rhesusäffchen klammert sich an die Stoffattrappe. Im Hintergrund die Drahtattrappe, von der es Milch erhält.

Gleichaltrigen waren sie unbeholfen. Ihr Sexualverhalten war gestört; wurde ein Weibchen ausnahmsweise trächtig, war es unfähig, seine Jungen aufzuziehen.

Welche Anteile des mütterlichen Verhaltens vermitteln dem Jungtier Geborgenheit? Um diese Frage zu beantworten, hat Harlow (1958) junge Rhesusäffchen mit zwei Mutterattrappen aufgezogen. Die eine Attrappe bestand aus Draht, und die Äffchen konnten aus einer Flasche Milch beziehen. Die andere war mit einem Frotteetuch überzogen, strahlte Wärme ab und führte Schaukelbewegungen aus.

Die folgende Graphik zeigt, daß die Äffchen die meiste Zeit auf der Stoffattrappe verbrachten. Sie vermittelte ihnen mit der weichen, angenehmen Oberfläche, der Wärme und den Schaukelbewegungen Geborgenheit. Die Drahtattrappe suchten sie nur auf, wenn sie hungrig waren.

In detaillierten Beobachtungen fanden die Forscher heraus, welche mütterlichen Verhaltensweisen für das psychische Wohlbefinden eines Jungtieres von Bedeutung sind. Wenn ein Junges

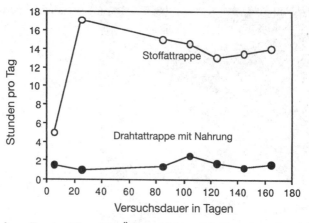

Harlows Ersatzmütter: Die Äffchen hielten sich überwiegend auf der Stoffattrappe auf. Die Drahtattrappe diente lediglich als Nahrungsquelle.

in Bedrängnis geriet, klammerte es sich an die Mutter, wollte von ihr gestreichelt und geschaukelt werden sowie an ihr schnuppern. Die wichtigsten Elemente, die dem Jungtier Geborgenheit und Sicherheit vermitteln konnten, waren Körperkontakt, rhythmische Bewegungen, Berührung, Wärme und Körpergeruch. Wesentliche Verhaltenszüge der Mutter waren ihre Verfügbarkeit, wenn das Junge nach Zuwendung verlangte, und ihre Bereitschaft, als Zufluchtsort zu dienen, wenn sich das Junge bedroht fühlte. Als unbedeutend für das psychische Wohlbefinden stellte sich ihre Funktion als Nahrungsspenderin heraus.

Dies alles gilt auch für Menschenkinder. Es ist nicht die mütterliche Brust, wie aus psychoanalytischer Sicht ursprünglich angenommen wurde, die dem Kind ein Gefühl von Geborgenheit und Zuwendung gibt. Dieses Gefühl vermitteln vielmehr Körperkontakt, rhythmisches Schaukeln, Streicheln, Körperwärme und Körpergeruch sowie die Verfügbarkeit und Verläßlichkeit der Bezugsperson, wenn das Kind ein Bedürfnis befriedigt haben möchte oder nach Zuwendung und Schutz verlangt.

Die tierexperimentellen Studien haben noch etwas gezeigt: Vernachlässigte Jungtiere sind nicht nur in ihrem sozioemotionalen Verhalten gestört. Sie entwickeln sich auch langsamer. Sie sitzen lustlos in einer Ecke und zeigen keinen Spieldrang. Weil sie keine Anregung bekommen, sammeln sie auch kaum Erfahrungen. *Der Mangel an Geborgenheit und Zuwendung wirkt sich nicht nur nachteilig auf ihr psychisches Wohlbefinden, sondern auch auf ihr Erkundungs- und Lernverhalten und damit auf ihre gesamte Entwicklung aus.* Diese Beobachtungen entsprechen genau denjenigen von Kindern, die in Institutionen vernachlässigt worden sind.

Auch Erwachsene brauchen Geborgenheit

Nicht nur Kinder, auch Erwachsene brauchen für ihr Wohlbefinden Geborgenheit und Zuwendung. Erwachsene sind mehr von anderen Menschen emotional abhängig und auf zwischenmenschliche Kontakte angewiesen, als sie es wahrhaben wollen. Die negativen Auswirkungen, die Vereinsamung im Erwachsenenalter mit sich bringen kann, sind vielfältig belegt. Alleinstehende Erwachsene erkranken häufiger und sterben früher als gleichaltrig Verheiratete. Untersuchungen an 37 000 Menschen über zwei Jahrzehnte haben gezeigt, daß Vereinsamung das Sterbe- und das Erkrankungsrisiko verdoppelt (House 1988). Soziale Isolation ist für die Sterblichkeit mindestens so bedeutsam wie Rauchen, erhöhter Blutdruck, hoher Cholesterinspiegel, Fettleibigkeit oder Mangel an körperlicher Bewegung. Besonders häufig sterben vereinsamte Menschen an einer Verengung der Herzkranzgefäße (»gebrochenes Herz«) (Willi 1978). Krankmachend ist das subjektive Gefühl des vereinsamten Menschen, von den Mitmenschen abgeschnitten zu sein und keine vertrauten Personen zu haben, mit denen er über seine persönlichen Empfindungen reden und einen verläßlichen Kontakt haben kann.

Die Auswirkungen von Streßfaktoren wie finanzielle Schwierigkeiten, Arbeitsplatzverlust, gerichtliche Verfolgung oder

Scheidung wurden bei schwedischen Männern untersucht (Rosengren 1993). Das Vorliegen von drei oder mehr dieser Risikofaktoren im Jahr vor der Befragung sagte den Tod innerhalb der nächsten sieben Jahre zuverlässiger voraus als alle medizinischen Indikatoren wie hoher Blutdruck oder vermehrte Konzentration von Blutfetten und Cholesterin. Bemerkenswert an dieser Studie war, daß unter den Männern, die in einem verläßlichen Beziehungsnetz aufgehoben waren (Ehefrau, enge Freunde), kein Zusammenhang zwischen der Anzahl belastender Faktoren und der Sterberate nachgewiesen werden konnte. Tragfähige Beziehungen schützten das Individuum vor den negativen Auswirkungen von übermäßigem Streß.

Erwachsene brauchen, um sich wohl zu fühlen, den Umgang mit vertrauten Menschen und eine Umgebung, die ihnen Sicherheit gibt und auf die sie Einfluß nehmen können. Fühlen sie sich allein, verlassen und fremdbestimmt, werden sie passiv und schließlich depressiv. Das rasant wachsende Angebot an Psychotherapien, Selbsterfahrungsgruppen und esoterischen Zirkeln mag ein Indiz dafür sein, daß immer mehr Menschen sich verlassen fühlen und nach einem Ersatz für die Geborgenheit und Zuwendung suchen, die ihnen die Familie und die Gesellschaft nicht mehr geben können.

Thema Nummer eins

Was beschäftigt die Menschen am meisten? Worum geht es vor allem in Romanen und Gedichten, in Filmen und Theaterstücken, aber auch in Volksliedern, Schlagern und Opern? Die triviale und die gehobene Kunst befassen sich mit Themen wie Macht oder Ruhm, aber bei weitem am meisten und oft ausschließlich mit der Liebe. Es gibt kaum Romane, Theaterstücke oder Filme, die ohne eine Liebesgeschichte auskommen. In Deutschland werden jedes Jahr 25 Millionen Liebesromane verkauft. Ihre Auflage ist höher als diejenige aller anderen Buchsparten.

Allen großen Religionen ist die Liebe ein wichtiges, wenn

nicht das wichtigste Anliegen. Ein eindrückliches Bekenntnis zur Liebe steht im Ersten Korintherbrief, Kapitel 13:

Die Liebe hat Geduld, ist gütig; die Liebe strebt nicht eifrig; die Liebe prahlt nicht, ist nicht hochmütig. Sie benimmt sich nicht unanständig, sie verfolgt nicht das eigene Interesse, sie läßt sich nicht reizen, sie rechnet das Böse nicht ein, sie freut sich nicht über die Ungerechtigkeit, sondern freut sich sehr an der Wahrheit. Alles hält sie aus, alles glaubt sie, alles hofft sie, alles erträgt sie.

Die Liebe gilt als die mächtigste Kraft im Leben eines Menschen, weil jeder Mensch – unabhängig von seinen Stärken und Schwächen – sich geborgen und angenommen fühlen möchte. Jeder Mensch will vorbehaltlos geliebt werden.

Die vollständige Erfüllung der Liebe ist eine religiöse Vision. Ein Mindestmaß an Geborgenheit und Zuwendung ist eine biologische Notwendigkeit. Dieses Grundbedürfnis ist so elementar wie dasjenige, den Hunger und Durst zu stillen. Ein hungriger Mensch kann nicht die Leistungen erbringen, zu denen er fähig wäre. Genauso ist ein Mensch in jedem Alter in seinem psychischen Wohlbefinden und seiner Leistungsfähigkeit beeinträchtigt, wenn es ihm an Geborgenheit und Zuwendung mangelt.

Chips mit Emotionen

Wir wollen nicht nur geliebt werden, sondern auch Liebe geben. Wir haben ein Bedürfnis, anderen Menschen zu Wohlbefinden, Geborgenheit und Zuwendung zu verhelfen. Wir fühlen uns gut, wenn es uns gelingt, die Bedürfnisse eines Kindes zu befriedigen. Wenn ein Säugling nach der Mahlzeit wohlig in unseren Armen liegt und uns zufrieden anstrahlt, dann sind auch wir befriedigt. Wenn uns ein dreijähriger Knirps anlacht, wenn wir mit ihm Fußball spielen, freuen wir uns mit ihm. Als wenn es noch eines Beweises für unseren Fürsorgetrieb bedurft hätte, wurde das Tamagotchi (zu deutsch: »Liebe mich«) erfunden. Der

Erfolg dieser computerisierten Liebeseier – innerhalb eines Jahres wurden mehr als 40 Millionen Stück davon verkauft – wäre niemals so groß gewesen, würden sie nicht ein elementares Bedürfnis des Menschen ansprechen. Wenn das Tamagotchi rechtzeitig gefüttert, ausreichend gepflegt und regelmäßig mit ihm gespielt wird, steigt nicht nur sein Fröhlichkeitsmesser, sondern auch die Befriedigung der Halterin oder des Halters. Was das Tamagotchi als Fürsorge- und Liebesobjekt so einmalig macht: Es verläßt den Besitzer nie und ist auf Gedeih und Verderben auf ihn angewiesen. Bemerkenswerterweise kaufen sich nicht nur Mädchen und Frauen, sondern auch Jungen und Männer Tamagotchis!

Was ist Geborgenheit, was ist Zuwendung?

Das Bedürfnis nach Geborgenheit und Zuwendung ist eine treibende biologische Kraft. Es ist in jedem Alter vorhanden, will aber im Leben unterschiedlich befriedigt sein. Das Kleinkind hat nicht die gleichen Bedürfnisse wie der Säugling, der Jugendliche andere als das Schulkind.

Geborgenheit erleben wir dann, wenn unsere körperlichen Bedürfnisse befriedigt werden und uns vertraute Menschen ein Gefühl von Nähe geben. Ein Kind will regelmäßig und ausreichend ernährt werden. Es will gepflegt, umsorgt und vor Kälte und Wärme sowie vor Gefahren beschützt sein. Je älter ein Kind wird, desto besser kann es seine körperlichen Bedürfnisse selbst stillen. Sogar Erwachsene erleben aber die Befriedigung elementarer körperlicher Bedürfnisse immer noch als »Zuwendung«, etwa wenn der Mann seiner Frau das Frühstück ans Bett bringt.

Das psychische Wohlbefinden ist von Mensch zu Mensch verschieden stark von der Befriedigung der körperlichen Bedürfnisse abhängig. So reagieren bereits Säuglinge unterschiedlich auf Hunger und Durst. Der eine Säugling wird sofort verstimmt sein, wenn er nicht zur vorgesehenen Zeit seine Milchflasche bekommt, während ein anderer geduldig darauf wartet.

Das zweite wesentliche Element, das zur Geborgenheit beiträgt, ist die Nähe vertrauter Personen. Ein Einzelgänger bleibt nur ausnahmsweise psychisch gesund. Die meisten Menschen brauchen den Kontakt mit vertrauten Menschen, wobei das Bedürfnis nach Nähe wiederum unterschiedlich ausgeprägt sein kann. Manche Menschen fühlen sich am wohlsten, wenn sie oberflächliche Kontakte zu vielen Menschen pflegen. Andere ziehen eine tiefe Beziehung zu einigen wenigen, vielleicht auch nur zu einem einzigen Menschen vor. Unterschiedlich ist auch die Zeit, die eine Person mit anderen verbringen will. Es gibt Menschen, die wollen und können nie allein sein. Für andere sind gelegentliche Kontakte ausreichend.

In den ersten Lebensjahren bedeutet Nähe vor allem Körperkontakt. Je älter ein Kind wird, desto besser erträgt es die räumliche und zeitliche Trennung von vertrauten Personen und damit auch das Alleinsein. Der Umstand, daß es dabei sein Bedürfnis nach Nähe immer weniger durch einen unmittelbaren körperlichen Kontakt befriedigen muß, bedeutet aber nicht, daß es weniger auf vertraute Personen angewiesen wäre. Das Kind verinnerlicht während seiner Entwicklung seine Beziehungen, wird damit räumlich und zeitlich selbständiger, bleibt aber emotional abhängig. So vermag ein Brief oder ein Telefonanruf von einer geliebten Person ein tiefes Gefühl des Geborgenseins zu geben.

Zuwendung erleben wir dann, wenn vertraute Menschen uns ein Gefühl des Angenommenseins vermitteln. In jedem Alter möchten wir uns von den Mitmenschen angenommen fühlen. Dabei geht es nicht so sehr um Lob und Anerkennung. Akzeptanz und Ablehnung werden weniger mit Worten, als vielmehr durch die Körpersprache vermittelt (nichtverbale Kommunikation). Mit dem Körper bringen wir zum Ausdruck, wie wir uns fühlen und wie wir dem anderen gegenüber eingestellt sind. Die Körpersprache können wir nur beschränkt willentlich kontrollieren. So kann es geschehen, daß unser Körper Zuwendung oder Ablehnung ausdrückt, ohne daß wir uns dessen bewußt sind.

Ausdruck	Beispiel	Botschaft
Mimik	hochgezogene Augenbrauen	Wie spannend du erzählen kannst
Blickverhalten	anhaltender Blick	Du interessierst mich
Stimme	schmeichelnder Ton	Ich mag dich
Bewegung	wiederholtes Kopfnicken	Ich stimme dir zu
Körperhaltung	wie die PartnerIn	Ich mag dich
Berührung	streicheln	Ich mag dich
Distanzverhalten	hinrücken zur PartnerIn	Ich mag dich
Geruch	Parfüm	Finde mich anziehend

Nichtverbale Kommunikation. Körpersprache zweier Verliebter: Worte erübrigen sich.

Das Repertoire der Körpersprache ist vielfältig. Wir können einen anderen Menschen freundlich, gelangweilt oder feindselig anblicken, uns ihm zuneigen oder uns abwenden, ihn berühren und streicheln oder den Körperkontakt meiden, ihm interessiert oder gelangweilt zuhören, ihm differenziert oder einsilbig antworten. Ein wenig beachtetes, aber sehr wichtiges Element der Körpersprache ist das Distanzverhalten. Sobald zwei oder mehr Menschen zusammenkommen, nehmen sie eine Distanz zueinander ein, die je nach Situation Zuwendung, Neutralität oder Ablehnung signalisiert. So ist beim Anstehen am Postschalter die Entfernung zwischen den wartenden Personen immer etwa gleich groß; sie drückt Neutralität aus. Rückt eine Person einen Schritt auf, wird dies vom Nachbarn als zudringlich empfunden. Setzt sich dieselbe Person einen Schritt zurück, kann dies derselbe Nachbar als Ablehnung auslegen.

Während die Körpersprache in ihrem Ausdruck sehr vielfältig ist, bleibt ihre Botschaft immer die gleiche: Unablässig teilen wir unserem Gegenüber mit, in welchem Ausmaß wir es annehmen oder ablehnen. Ohne unser bewußtes Dazutun drücken wir mit Mimik, Blickverhalten, Körperhaltung und Distanzverhalten unsere Einstellung und den Grad der Wertschätzung, die wir ihm entgegenbringen, auf einer breiten Skala von totaler Sympathie bis totaler Antipathie aus.

Die Körperhaltung drückt den Grad der Übereinstimmung zwischen dem Kind und dem Erwachsenen aus.

Säuglinge haben keine, Kleinkinder nur beschränkte sprachliche Ausdrucksmöglichkeiten. Die Körpersprache ist ihre Mitteilungsform. Ein Säugling reagiert sensibel auf die Art und Weise, wie wir ihn ansehen, berühren und zu ihm sprechen. Er teilt sich mit Mimik, Haltung und Bewegung des Körpers sowie mit Schreien und Lauten seiner Umwelt mit.

Das Distanzverhalten entwickelt sich im ersten Lebensjahr. In den ersten Lebenswochen läßt sich ein Säugling von einer fremden Person aufnehmen, ohne daß er offensichtlich abwehrend reagiert. Im Alter von acht Monaten zeigt sich ein Kind, das auf dem Schoß der Mutter sitzt, interessiert an einem Fremden, der im Zugabteil gegenüber Platz genommen hat. Neigt sich der Fremde nach vorne und nähert sich langsam dem Kind, kehrt sich das freundliche Interesse des Kindes mit abnehmender Distanz in Ambivalenz und schließlich in offene Ablehnung.

Wenn ein Kind nach Nähe und Zuwendung verlangt, verwendet es die gleichen Körpersignale wie Schreien oder Strampeln, die auch ein körperliches Bedürfnis wie Hunger oder Durst ausdrücken könnten. Es ist daher für Eltern nicht immer einfach herauszufinden, nach was das Kind verlangt. Ist es hungrig und will die Milchflasche, oder möchte es auf den Arm genommen werden?

Im Kleinkindesalter tritt mit der sozialen Akzeptanz eine weitere Form der Zuwendung auf, die in den folgenden Jahren immer wichtiger wird. Darunter ist die Anerkennung zu verstehen, die ein Kind von den Eltern, anderen Bezugspersonen wie den Lehrern und von gleichaltrigen Kameraden erhält.

Übergangsobjekte, Heimat und Haustiere

Ein Gefühl von Geborgenheit können uns nicht nur Menschen, sondern in einem begrenzten Umfang auch vertraute Gegenstände geben. So tragen manche Kleinkinder den ganzen Tag eine Puppe, einen Teddybären oder ein Tüchlein mit sich herum. Diese sogenannten Übergangsobjekte vermitteln Geborgenheit. Das Kind fühlt sich weniger allein mit seinem Tüchlein. Der Teddy dient als Tröster und Schlafkumpel. Nicht wenige Erwachsene haben ebenfalls einen geliebten Gegenstand, etwa einen Edelstein, ständig bei sich. Der Talisman in der Tasche soll sie beschützen und gibt ihnen ein Gefühl der Sicherheit.

In einer vertrauten Umgebung fühlen wir uns geborgen. So ist uns das eigene Bett von allen anderen bei weitem das liebste. Ein Kind schläft nirgendwo besser als in seinem Bett, umgeben von seinen Puppen und Spielsachen.

Bei manchen Erwachsenen löst die Rückkehr in die Gegend, in der sie ihre Kindheit verbracht haben, ein starkes Daheim-Gefühl aus. Die Häuser, das Kirchenglockengeläut und der Geruch des Gewürzladens – falls es ihn noch gibt – vermitteln ein Gefühl von Vertrautheit und Geborgenheit. Der Schriftsteller Elias Canetti hatte viele Jahrzehnte im Ausland gelebt. Auf die Frage, weshalb er für seinen Lebensabend nach Zürich zurückgekehrt sei, antwortete er: In dieser Stadt habe ich eine glückliche Jugend verbracht.

Liebevolle Gefühle vermitteln auch Haustiere. Ihr anhängliches Verhalten erleben wir als Zuneigung. Wenn die Katze uns um die Beine streicht, fühlen wir uns geliebt – auch wenn wir wissen, daß sie lediglich um Futter bettelt. Manchen Menschen ist ihr Haustier so sehr ans Herz gewachsen, daß sie für hohe medizinische Kosten aufkommen, wenn ihrem Hund wegen einer Hüftarthrose ein künstliches Gelenk oder der Katze wegen eines grauen Stars eine Kunstlinse eingesetzt werden muß. In Altersheimen werden immer häufiger Katzen, Hamster oder Kaninchen gehalten, weil sich die alten Menschen durch den Kontakt mit ihnen weniger einsam fühlen.

Tobias

Kehren wir am Schluß dieses Kapitels noch einmal zu Tobias zurück. Zwischen dem zweiten und dem siebten Lebensjahr war Tobias bei verschiedenen Pflegefamilien und in einem Heim untergebracht. Obwohl sich alle sehr um ihn bemüht haben, litt er mit sieben Jahren an einer tiefen Depression und entwickelte sich verlangsamt. Mit einem Kind lieb und freundlich umzugehen genügt offensichtlich nicht. Woran hat es in der Betreuung von Tobias gefehlt? Die Leserin oder der Leser wird sich auch fragen, ob Tobias die Entwicklungsverzögerung je aufholen wird.

Um Antworten auf diese Fragen zu finden, wollen wir uns in den nächsten Kapiteln mit dem kindlichen Bindungsverhalten beschäftigen. Dabei kommt der Kontinuität und Qualität der Betreuung eine besondere Bedeutung zu.

Das Wichtigste in Kürze

1. Der Mensch ist in jedem Alter für sein psychisches Wohlbefinden auf Geborgenheit und Zuwendung angewiesen. Sich geborgen und angenommen zu fühlen, ist ein Grundbedürfnis von Kind und Erwachsenem.

2. Geborgenheit erlebt das Kind, wenn seine körperlichen Bedürfnisse befriedigt werden und wenn ihm vertraute Menschen ein Gefühl von Nähe und Sicherheit geben.
3. Zuwendung, ein Gefühl des Angenommenseins, wird vor allem durch die Körpersprache (nichtverbale Kommunikation) vermittelt. Für ein Kind besonders wichtig sind Körper- und Augenkontakt, Mimik und Distanzverhalten.
4. Je älter ein Kind wird, desto bedeutsamer wird die soziale Anerkennung, die es für Person, Verhalten und Leistung erhält.
5. Ein Kind muß sich geborgen und angenommen fühlen, damit es sich seinen Möglichkeiten entsprechend entwickeln kann.
6. Ein Mangel an Geborgenheit und Zuwendung beeinträchtigt das psychische Wohlbefinden, das Gedeihen und die Entwicklung eines Kindes.

Bindungsverhalten

Kaiserpinguine paaren sich im Winter. Das Weibchen legt ein einziges Ei, welches es nach der Ablage dem Männchen zwischen die Füße schiebt. Darauf begibt es sich mit den anderen Weibchen der Kolonie auf eine wochenlange Reise zum Meer. Das Männchen befördert das Ei in eine Hautfalte an seinem Unterleib und brütet es in den folgenden zwei Monaten aus. Während dieser Zeit nimmt es keine Nahrung zu sich, erträgt Temperaturen von bis zu 40 Grad unter Null und erduldet eisige Schneestürme. Bewegen kann sich das Pinguinmännchen kaum, da es bei jedem Schritt das Ei von einem Fuß auf den anderen rollen muß. Wenn das Weibchen zurückkehrt, übernimmt es die Aufzucht des Jungen, und der Vater geht nun auf Nahrungssuche.

de la Fuenta 1971

Woher kommt die Bereitschaft des Pinguinmännchens, für seinen Nachwuchs wochenlang ohne Nahrung im antarktischen Winter auszuharren? Wieso watschelt es nicht wie sein Weibchen zu den reichen Fischgründen am Meer? Irgend etwas hält das Männchen zurück und bringt es dazu, das Ei auszubrüten. Wieso kehrt das Weibchen nach einer Reise, die viele Wochen gedauert hat und Hunderte von Kilometern lang war, zu einem Jungen zurück, das es noch nie gesehen hat, und ist bereit, dieses Junge über Monate hinweg zu ernähren, zu pflegen und zu beschützen?

Zahlreiche Tierarten vollbringen wie die Kaiserpinguine bei der Aufzucht ihrer Nachkommen wirkliche Großtaten. So auch der Mensch: Während 15 und mehr Jahren kümmern sich die Eltern, seit jeher vor allem die Mutter, um ihre Kinder. Diese Bereitschaft, während vieler Jahre und mit großem Aufwand an Zeit und Energie für seine Nachkommen zu sorgen, braucht eine solide biologische Grundlage: das Bindungsverhalten.

Zweck des Bindungsverhaltens

Längst nicht alle Tierarten haben in der Evolution ein Bindungsverhalten entwickelt. So weisen die meisten Insektenarten keine Bindungsbereitschaft auf. Ihr Überleben ist auch so gewährleistet. Unter allen höherentwickelten Tierarten aber, vor allem bei Vögeln und Säugetieren, haben sich komplexe Bindungssysteme herausgebildet. Tragfähige und langandauernde Bindungen zwischen Eltern und Kind gehören zu den Grundvoraussetzungen, damit sich differenzierte Lebensformen überhaupt entwickeln konnten.

Der folgende kleine Exkurs (die Angaben sind de la Fuenta [1971] und Schmid [1985] entnommen) zeigt, wie wichtig bei höheren Tierarten und beim Menschen die gegenseitige Bindung für das Aufziehen der Nachkommen ist. Die Bindung zwischen Kind und Eltern dient im wesentlichen zwei Aufgaben: Sie stellt die Brutpflege sowie die Weitergabe von Fertigkeiten und Wissen sicher.

Brutpflege

Zahlreiche Tierarten kümmern sich nicht um ihren Nachwuchs. Bei den Wasserschildkröten gräbt das Weibchen am Meeresstrand mehrere Löcher, legt etwa 400 Eier hinein, deckt sie mit Sand zu und überläßt das Ausbrüten der wärmenden Sonne. Es ist Hunderte von Kilometern entfernt, wenn die Jungen nach 40 bis 72 Tagen schlüpfen und sich an die Oberfläche buddeln. Sie sind beim Schlüpfen so weit entwickelt, daß sie sich selbständig fortbewegen und ernähren können. Sie krabbeln sofort mit traumwandlerischer Sicherheit zum Meer, das ihnen Lebensraum und Schutz vor dem Gefressenwerden durch Vögel bietet. Sollten die Jungen irgendwann einmal zufälligerweise ihren Eltern begegnen, werden sie einander nicht erkennen.

Bei den höheren Tierarten sind die Jungen zunächst so unreif und hilflos, daß sie ohne Fürsorge nicht überleben. Sie müssen von ihren Eltern über Wochen, Monate und oftmals Jahre ernährt, gepflegt, beschützt und herumgetragen werden.

Ernährung. Jungvögel sind Wachstumsmaschinen. Das Rotkehlchen wiegt beim Schlüpfen 2 Gramm. Es erreicht in weniger als zwölf Tagen ein Körpergewicht von 20 Gramm. Der Kuckuck nimmt als fremder Kostgänger innerhalb von drei Wochen von 2 Gramm auf 100 Gramm zu. Die Eltern müssen bei der Aufzucht der Jungen Schwerstarbeit leisten. Die Kohlmeise bringt bis zu 900mal am Tag oder bis zu 60mal in der Stunde Insekten zum Nest. Ein Mehlschwalbenpaar versorgt seine vier Jungen während der 30tägigen Nestlingszeit mit etwa 150 000 Insekten.

Bei den Säugetieren wachsen die Jungen weit langsamer heran. Ein Kaninchenjunges schafft es noch, sein Geburtsgewicht innerhalb von zwölf Tagen zu verdoppeln. Ein Pferdefohlen braucht dazu bereits 60 und ein menschlicher Säugling sogar 150 Tage. Damit verlängert sich die Zeit erheblich, in der das Junge von der Mutter versorgt werden muß. Da die Nahrung in Form von Milch ausschließlich von der Mutter kommt, ist eine dauerhafte Beziehung zwischen dem Jungen und der Mutter lebenswichtig.

In der psychoanalytischen Literatur wurde dem Stillen und vor allem der mütterlichen Brust eine große Bedeutung für die Entstehung der Mutter-Kind-Bindung zugeschrieben. Die Bindung wird jedoch nicht durch die Ernährungsform bestimmt. Wenn eine Mutter ihr Kind mit der Flasche ernährt, stellt sich ebenfalls eine bleibende Bindung ein. Eher ist es so, daß eine starke und stabile Mutter-Kind-Bindung die Ernährung des Kindes sichert.

Pflege. Viele Jungtiere sind bei der Geburt blind, nackt und motorisch hilflos. Sie können ihre Körpertemperatur nur ungenügend regulieren und sind auf eine regelmäßige Wärmezufuhr durch die Eltern angewiesen. Zahlreiche Singvögel, die offene Nester bauen, schirmen ihre Jungen gegen heiße Sonne, Regen und Kälte ab, indem sie ihre Schwingen über sie ausbreiten. Vogeleltern, deren Jungen nach dem Ausschlüpfen im Nest bleiben, besitzen einen ausgesprochenen Sinn für Reinlichkeit. Sie säubern regelmäßig das Nest von Kot und Nahrungsresten. Vergleichbare Verhaltensweisen sind auch bei Säugetieren zu beobachten. Die Katzenmutter wärmt ihre Jungen, reinigt deren Fell, entfernt den Kot und hält die Lagerstätte sauber. Affenmütter verbringen viel Zeit damit, das Fell der Jungen zu säubern. Aus der Fellpflege ist in der Evolution eine wichtige Form der Zuwendung entstanden.

Auch unsere Kinder kommen nackt und ohne ausreichende Temperaturkontrolle auf die Welt. Sie müssen gegen Kälte, Hitze und Nässe geschützt und mehrmals pro Tag gewickelt werden. Ihre Motorik ist so wenig entwickelt, daß sie nicht einmal fähig sind, ihre Körperlage selbst zu verändern. Portmann (1969) empfand das Menschenkind als derart unreif, daß er es als eine physiologische Frühgeburt bezeichnete.

Schutz. Viele Tiere beschützen ihren Nachwuchs nicht. Insekten, Amphibien und die meisten Fischarten legen ihren Nachwuchs so reichlich an, daß immer noch genügend Nachkommen überleben, selbst wenn der größte Teil der Jungtiere gefressen wird oder sonstwie umkommt. Tierarten, die nur wenig Nachwuchs haben, müssen ihm besonderen Schutz angedeihen lassen. Sogar das wehrhafte Krokodil hat anfänglich den mütterlichen Schutz nötig. Um ihre Nachkommenschaft gegen Räuber wie Warane oder Fischreiher zu verteidigen, bewacht ein Nilkrokodilweibchen drei Monate lang das Nest Tag und Nacht. Es gräbt das Gelege sofort aus, sobald die Jungen mit einem feinen Quäken anzeigen, daß sie vor dem Schlüpfen stehen. Es schubst die frischgeschlüpften Kleinen sorgsam auf ihre Schnauze oder packt sie in ihr riesiges Maul und bringt sie ins Wasser. In den nächsten Wochen muß das Muttertier ihre Jungen vor Räubern schützen, da sie keine angeborenen Fluchtreaktionen besitzen und sich nicht ausreichend wehren können.

Säuglinge und Kleinkinder sind ausgesprochen auf Schutz angewiesen. Sie müssen davor bewahrt werden, herunterzufallen, sich zu verletzen oder sich anderen Gefahren auszusetzen. In der westlichen Welt haben wir eine Wohnkultur entwickelt, in der viele natürliche und Hunderttausende Jahre alte Bedrohungen wie Schmutz, Ungeziefer oder gefährliche Tiere selten geworden sind oder überhaupt nicht mehr vorkommen. Dafür hat uns der technische Fortschritt eine Reihe neuer Gefahren wie die elektrische Steckdose oder den Straßenverkehr beschert.

Ungeachtet des zivilisatorischen Fortschritts ist der Beschützerinstinkt in unserer Kultur ungebrochen vorhanden. Eltern verbringen sehr viel Zeit damit, ihr Kind zu beaufsichtigen. Instinktiv wollen sie wissen, wo sich das Kind befindet und was es gerade tut. Geht ein Kind in einem Warenhaus verloren, kann dies nicht nur die Eltern, sondern auch die Angestellten und die Kunden in Aufregung versetzen. Eltern und die meisten Erwachsenen haben ein tiefes Bedürfnis, Kinder zu beaufsichtigen und zu beschützen.

Weitergabe von Fähigkeiten und Wissen

Sehr viele Tiere wie etwa Insekten oder niedrige Fischarten reichen weder Fähigkeiten noch Wissen an ihre Nachkommen weiter. Bei den höheren Tierarten ist eine solche Weitergabe die Regel. Junge Schimpansen lernen mit Gegenständen funktionell umzugehen, indem sie den erwachsenen Tieren beim Hantieren zusehen und sie nachahmen. Das Verwenden von Blättern als Schwamm oder das Zerschlagen von Nüssen mit einem Steinbrocken wird durch imitatives Lernen von einer Generation zur nächsten weitergegeben. In Deprivationsstudien wurde bei Menschenaffen nachgewiesen, daß sich ein adäquates Sozialverhalten nur im Zusammenleben mit erwachsenen und gleichaltrigen Tieren ausbilden kann (Harlow 1971). Was beim Menschenaffen in kleinem Umfang geschieht, wird bei den Menschen zu einem Wesensmerkmal: Das Kind entwickelt sich am Vorbild der Bezugspersonen und unter deren Anleitung.

Sozialisation. Ein Kind braucht einen intensiven Umgang mit Eltern und Geschwistern, um sich das komplexe Sozialverhalten aneignen zu können, das der Mensch in seiner Stammesgeschichte entwickelt hat. Ebenso notwendig sind im Schulalter und in der Adoleszenz ausgedehnte Erfahrungen mit außerfamiliären Bezugspersonen und gleichaltrigen Kameraden.

Sprache. Sprache kann das Kind nur im gemeinschaftlichen Erleben erwerben. Dabei geht es nicht nur darum, daß das Kind Sprache hört. Es muß die Sprache in einem unmittelbaren Zusammenhang mit Personen, Gegenständen und Handlungen erleben. So wiederholt die Mutter, wenn sie ihr einjähriges Kind füttert, immer wieder Wörter wie »Essen«, »Brei« oder »Löffel«. Indem das Kind die Wörter nach und nach mit den Gegenständen und Handlungen in Beziehung bringt, vermag es deren Sinn allmählich zu erfassen.

Kulturtechniken. Damit sich ein Kind die Kulturtechniken seiner Gesellschaft wie Lesen und Schreiben aneignen kann, braucht es Lehrmeister. In den ersten Lebensjahren sind dies die Eltern. Danach übernehmen immer mehr andere Bezugspersonen, vor allem die Lehrer, diese Aufgabe. Das Kind ist innerlich darauf vorbereitet, sich nach einem Lehrmeister auszurichten und von ihm zu lernen.

Die Bereitschaft der Kinder, auch von Erwachsenen außerhalb der Familie zu lernen und sich damit an sie zu binden, ist eine wesentliche Voraussetzung dafür, daß kulturelle Errungenschaften an die nächste Generation weitergegeben werden können. Wären die Eltern mit ihren begrenzten Fähigkeiten und ihrem relativen Wissen die einzigen Vermittler, hätte sich unsere Kultur

Zulutanz in Natal, Südafrika

kaum in einem solchen Ausmaß und derart differenziert entwickeln können.

Wertvorstellungen. Seine Bereitschaft, so zu werden wie Eltern und Bezugspersonen, macht das Kind auch empfänglich für deren Wertvorstellungen. Ethische Überzeugungen, religiöse Vorstellungen und politische Ansichten übernimmt das Kind im vorpubertären Alter weitgehend kritiklos von den Eltern und Bezugspersonen.

Das Kind will 15 und mehr Jahre lang ernährt, umsorgt und beschützt sein. Es würde ohne diese Fürsorge nicht überleben. Für den Erwerb von Fähigkeiten und Wissen braucht es Bezugspersonen, die ihm als Vorbilder dienen und es unterweisen. Damit die Fürsorge gewährleistet ist und der über viele Jahre andauernde Bildungsprozeß erfolgreich verlaufen kann, ist eine starke gegenseitige Bindung zwischen Kind, Eltern und anderen Erwachsenen notwendig.

Formen des Bindungsverhaltens

Wie kommt es, daß sich ein Kind bedingungslos an seine Eltern bindet? Was macht Eltern innerlich bereit, für das Kind während 15 und mehr Jahren zu sorgen? Wir sind noch weit davon entfernt, das menschliche Bindungsverhalten umfassend zu verstehen. Immerhin gibt es einige verhaltensbiologische Beobachtungen bei Mensch und Tier, die uns Hinweise darauf geben, wie Bindungen entstehen, aufrechterhalten und auch wieder gelöst werden.

Prägung

Das Bild ist uns wohlvertraut: Entenküken watscheln in Einerkolonne hinter ihrer Mutter her. Manche Eltern mögen eine Entenmutter wohl schon beneidet und sich gefragt haben, wie diese es bloß fertigbringt, eine solche Disziplin bei ihrer Kinderschar herzustellen. Die Entenmutter vollbringt aber keine besondere Leistung; eigentlich tut sie gar nichts. Die Natur hat sich einen Trick ausgedacht, damit die Küken zuverlässig ihrer Mut-

Konrad Lorenz mit seinen Graugänsen

ter folgen und nicht verlorengehen. Sie stattet jedes Küken mit folgendem Befehl aus: Folge ohne Wenn und Aber demjenigen Lebewesen, welches du nach dem Schlüpfen als erstes siehst und hörst. Unter natürlichen Bedingungen ist dieses Lebewesen die Entenmutter. Ist es aber ein Mensch, wie dies bei Konrad Lorenz und seinen Graugansküken der Fall war, so wird der Mensch zur Ersatzmutter. Die Küken binden sich bedingungslos an den Menschen. Sie können unter keinen Umständen mehr dazu gebracht werden, sich ihrer biologischen Mutter anzuschließen.

Dieser Vorgang wurde von Konrad Lorenz (1972) Objektprägung genannt: In einer sensiblen Altersperiode (nach dem Schlüpfen) kommt es innerhalb kürzester Zeit zu einer irreversiblen Bindung an einen Auslöser (Entenmutter). Wallhäuser und

Scheich (1987) konnten bei Hühnerküken zeigen, daß die Prägung mit zellulären Veränderungen im Gehirn einhergeht. Sie fanden im Vorderhirn von ungeprägten Küken große Nervenzellen mit zahlreichen Fortsätzen, den sogenannten Spines. Die Prägung auf den Lockruf der Glucke führte zu einer deutlichen Verminderung der Fortsätze. Das Küken wird durch diese strukturellen Veränderungen an den Nervenzellen auf den individuellen Ruf der Glucke festgelegt.

Gibt es einen vergleichbaren Vorgang beim menschlichen Neugeborenen? Glücklicherweise nicht, denn sonst könnten weder Geburtshelfer noch Hebammen ihren Beruf ausüben. Eine unmittelbare Prägung ist beim Menschen auch nicht notwendig. Das Neugeborene muß ja nicht seiner Mutter folgen. Das Kind zeichnet sich geradezu durch eine Offenheit aus, sich an jede Person zu binden, die sich um seine körperlichen und psychischen Bedürfnisse kümmert.

Prägung ist nicht nur bei den Jungen bestimmter Tierarten sondern auch bei ihren Müttern nachgewiesen worden. Bei Huftieren wie etwa Schafen und Ziegen bindet sich die Mutter in den ersten 15 Minuten nach der Geburt an ihr Junges. Wird das Junge unmittelbar nach der Geburt der Mutter weggenommen und ihr nach mehr als einer Stunde zurückgegeben, ist die Mutter nicht mehr bereit, das Junge anzunehmen. Andererseits akzeptiert die Mutter ein fremdes Junges, wenn es ihr zugeführt wird, während sie gebärt. Hormonelle Mechanismen, vor allem der Anstieg des Oxytocins während der Geburt, lösen den Prägungsvorgang aus.

Diese Beobachtungen haben einige Autoren zum Anlaß genommen, der Geburt auch beim Menschen eine prägende Bedeutung für das mütterliche Bindungsverhalten zuzuschreiben (Klaus und Kennell 1976). Ein solcher Analogieschluß berücksichtigt jedoch nicht, daß sich das Bindungsverhalten bei jeder Tierart aus ihren spezifischen Lebensbedingungen heraus entwickelt hat. Eine sofortige individuelle gegenseitige Bindung zwischen dem Jungen und der Mutter ist für Herdentiere, die ständig unterwegs sind, lebenswichtig (Svejda 1982). Nur sie kann verhindern, daß das Junge verlorengeht oder sich Gefahren aussetzt.

Beim Menschen gibt es keine »Mutterliebe« auf den ersten Blick. Die Bindung von Mutter und Vater an ihr Kind ist kein zeitlich fixiertes Reflexgeschehen. Die ersten Stunden nach der Geburt haben für die Eltern eine außergewöhnliche emotionale Qualität. Die Erfahrungen der ersten Lebensstunden spielen aber keine Schlüsselrolle in dem Sinne, daß, wenn der Kontakt zwischen Eltern und Kind nach der Geburt ausbleibt, eine dauernde Beeinträchtigung der Eltern-Kind-Beziehung zu befürchten wäre. Dies ist ein Glück für alle Eltern und Kinder, denen ein gegenseitiges Kennenlernen nach der Geburt aus äußeren Gründen verwehrt ist, beispielsweise weil das Kind durch Kaiserschnitt entbunden oder als Frühgeburt in ein anderes Krankenhaus verlegt werden muß.

Die Geburt und die Zeit danach ist für Eltern und Kind ein bewegendes, aber kein grundlegend prägendes Erlebnis. Die Bindung zwischen Eltern und Kind entwickelt sich aus den unzähligen kleinen und großen Erfahrungen, die sie über Monate und Jahre hinweg miteinander machen werden.

Angeborene Verhaltensmuster

Um die Ernährung der Jungen sicherzustellen, sind die höheren Tierarten mit einem Fütterungstrieb ausgestattet, der durch Auslöser, spezifische Reize der Jungen, verstärkt wird. Wenn Jungvögel um Nahrung betteln und ihre Schnäbel aufsperren, wird ein artspezifisches Muster an den Schnabelrändern und im Rachen sichtbar. Die Nestlinge von Krähen etwa haben einen leuchtend rosafarbenen Rachen, diejenigen der Bartmeisen Reihen von weißen, stiftartigen Vorsprüngen, die sich von der roten Umgebung des Rachens abheben. Darüber hinaus regen die Jungvögel mit ihren Rufen und hilflosen Bewegungen die Eltern zum Füttern an.

Beim Menschenkind stellen angeborene Verhaltensmuster wie der Such-, Saug- und Schluckreflex die Nahrungsaufnahme sicher. Das Schreien ihres Kindes ist für die Mutter ein starker psychischer Anreiz, ihm die Brust zu geben. Es führt bei ihr auch zu einer vermehrten Milchproduktion, indem es ihre Hormonausschüttung erhöht und die Durchblutung ihrer Brust verstärkt.

Es ist sicherlich berechtigt, auch dem Menschen einen Fütterungstrieb zuzuschreiben. Wie stark das Bedürfnis der Eltern ist, ihr Kind zu ernähren, wird dann offensichtlich, wenn das Kind wegen einer banalen Krankheit die Nahrung verweigert. Die elterliche Angst, das Kind könnte Schaden nehmen, ist oft weit größer als die tatsächliche Gefährdung.

Angeborene Verhaltensmuster bestimmen auch das frühe Beziehungsverhalten mit. So hat der Säugling ein spezifisches Interesse für das menschliche Gesicht.

Er nimmt anfänglich lediglich die Kopfform einer Person wahr. Als nächstes erweitert sich das kindliche Interesse auf die Augen- und Mundregion. Dann beginnt es auf den mimischen Ausdruck zu achten. Mit vier bis sechs Monaten kann der Säug-

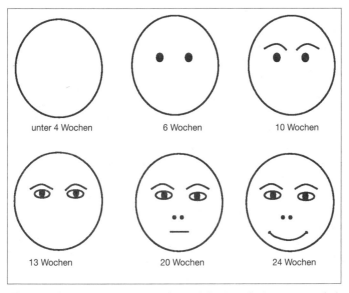

Elemente des menschlichen Gesichts und der Mimik, die im ersten halben Lebensjahr beim Säugling ein Lächeln auslösen. (Ahrens 1954)

ling die individuellen Besonderheiten eines Gesichts erkennen und damit vertraute von fremden Gesichtern unterscheiden. Mit etwa acht Monaten lächelt er nur noch vertraute Menschen an.

Das erste Lächeln ist ebenfalls angeboren, was sich daran zeigt, daß auch blinde Säuglinge lächeln. Ein Lächeln tritt frühestens mit zwei bis vier Wochen, oftmals spontan, ohne äußeren Anlaß auf. Man hat den Eindruck, daß das Kind lächelt, weil es sich wohl fühlt. Mit etwa sechs bis acht Wochen erscheint die erste soziale Form des Lächelns: Der Anblick eines menschlichen Gesichts ruft beim zufriedenen Kind zuverlässig ein Lächeln hervor. Dieses Lächeln erleben vor allem die Eltern als eine Belohnung für ihre Fürsorge.

Angeborene Verhaltensweisen sind nicht nur bei Kindern, sondern auch bei Erwachsenen zu beobachten. Der bloße Anblick eines Säuglings im Kinderwagen löst bei Frauen und Männern ein Gefühl von Zuwendung aus. Konrad Lorenz (1972) hat die Auslöser, die dieses Verhalten hervorrufen, unter der Bezeichnung »Kindchenschema« zusammengefaßt: ein großer Kopf im Vergleich zum Körper, eine große Stirn und ein kleines Gesicht, fehlende Augenbrauen, runde Augen und dicke Wangen. Das Kindchenschema macht nicht nur Säuglinge, sondern auch viele Jungtiere für Erwachsene anziehend. Ein Umstand, den Werbeleute ausnützen, um beispielsweise mit putzigen jungen Kätzchen die Fernsehzuschauer für ein Produkt einzunehmen.

Nicht nur das Aussehen des Säuglings, sondern auch sein Verhalten löst bei Erwachsenen fürsorgliches Verhalten aus. Ein Säugling kann seine Körperhaltung kaum verändern, seine Bewegungen sind ungerichtet und wirken unkontrolliert. Sein hilfloses Gestrampel weckt beim Erwachsenen die Bereitschaft, sich des Kindes anzunehmen.

Der Reiz, auf den Erwachsene am stärksten reagieren, ist das Schreien. Schreit ein Kind, haben Erwachsene und größere Kinder einen unwiderstehlichen Drang nachzusehen, was dem Kind fehlt und ihm beizustehen. Ein Kind schreien zu lassen ist wider die Natur des Erwachsenen – auch der Männer. Schreien ist, selbst wenn es von einem Erwachsenen kommt, ein sehr wir-

Kindchenschema

kungsvolles Signal, um die Hilfsbereitschaft der Mitmenschen zu wecken. Diese Wirkung wird ausgenützt, indem beispielsweise die Signalhörner der Ambulanzen auf die Frequenz des kindlichen Schreiens eingestellt werden.

Angeborene Verhaltensmuster spielen auch im Erwachsenenalter eine bedeutsame Rolle (Morris 1986). So wird das Sexualverhalten durch Auslöser wie Lippenrot, Körperkonturen oder aufreizende Hüftbewegungen erheblich beeinflußt. Diese Auslöser sind so wirkungsvoll, daß sie in der Werbung intensiv eingesetzt werden, selbst in Bereichen, die mit Sexualität wenig zu tun haben, wie etwa in der Auto- oder der Getränkereklame.

Bindung durch gegenseitiges Vertrautwerden

Beim Menschen kommt die Bindung zwischen Eltern und Kind nicht durch Objektprägung zustande. Angeborene Verhaltensmuster spielen auch nur eine untergeordnete Rolle. Wie also binden sich Kind und Eltern aneinander?

Bindung des Kindes an die Eltern. Das Kind hat eine angeborene Bereitschaft, sich an Personen zu binden, die ihm vertraut werden. Die Bindung entsteht aus den Erfahrungen, die das Kind mit Personen macht, wenn sie seine Bedürfnisse befriedigen, mit ihm zusammen sind und sich ihm zuwenden. Wenn sich das Kind an eine Person gebunden hat, sucht es bei ihr Geborgenheit und Zuwendung. Ihre Anwesenheit gibt dem Kind Sicherheit und macht es aktiv, beispielsweise im Spiel. Wenn sich die Bezugsperson vom Kind entfernt, reagiert es mit Nachlaufen und Verlassenheitsängsten.

Bowlby (1969, 1975) spricht dem kindlichen Bindungsverhalten eine instinktive Qualität zu: Das Kind bindet sich an die Eltern und andere Bezugspersonen unabhängig davon, wie gut und zuverlässig sie seine Bedürfnisse befriedigen. Die Natur erwartet, daß Personen, die tagtäglich mit dem Kind zusammen sind, auch für das Kind sorgen – was ja zumeist auch zutrifft.

Die Stärke der kindlichen Bindung hängt also nicht davon ab, wie liebevoll und einfühlsam die Eltern mit dem Kind umgehen. Wird ein Kind von seinen Eltern vernachlässigt oder abgelehnt, führt dies im vorpubertären Alter nicht zu einer Schwächung der kindlichen Bindung. Im Gegenteil: Elterliche Gleichgültigkeit und Ablehnung ängstigen das Kind so sehr, daß es sich um so mehr um ihre Nähe und Zuwendung bemüht. Das Kind ist biologisch darauf angelegt, bei vertrauten Personen Schutz zu suchen, selbst dann, wenn diese die Aggressoren sind. Diese emotionale Abhängigkeit wirkt sich für Kinder fatal aus, die von den Eltern oder anderen Bezugspersonen mißhandelt und mißbraucht werden.

Das Kind bindet sich nicht an die Eltern, weil sie liebevoll, sondern weil sie ihm – im Guten wie im Schlechten – vertraut sind. Es kündigt ihnen nie die Beziehung auf und sucht sich keine anderen Eltern. Es hat keine Alternative. Es ist den Eltern vorbehaltlos zugetan und ihnen damit auch auf Gedeih und Verderb ausgeliefert. Dies sollten wir als Eltern immer wieder bedenken. Das Kind liebt uns nicht nur, weil wir so großartige Eltern sind.

Die Stärke der Bindung hängt nicht von der Qualität der Eltern-Kind-Beziehung ab. *Die Art und Weise, wie die Eltern mit dem Kind umgehen, hat aber gleichwohl allergrößte Auswirkungen auf das Kind. Die Qualität des elterlichen Verhaltens ist entscheidend für sein psychisches Wohlbefinden und sein Selbstwertgefühl* (vgl. Kapitel »Selbstwertgefühl« und »Fit«).

Das Kind kann nicht nur im ersten Lebensjahr starke Bindungen eingehen, wie dies in der Vergangenheit immer wieder behauptet wurde. Die Bereitschaft sich zu binden, ist auch im Kleinkindesalter und selbst im Kindergarten- und Schulalter noch vorhanden, wenn auch nicht mehr so vorbehaltlos und ausgeprägt wie in den ersten zwei Lebensjahren. Die Bindungsbereitschaft hängt davon ab, wieviel Geborgenheit und Zuwendung das Kind bis dahin erhalten hat, und wie groß die Bereitschaft der zukünftigen Bezugspersonen ist, sich auf eine Beziehung mit dem Kind einzulassen.

Weil das Kind auf die Nähe einer vertrauten Person angewiesen ist, löst jede Trennung Angst aus. In den ersten Lebensjahren braucht es den ständigen Kontakt mit wenigstens einer Bezugsperson. Wird es von ihr verlassen, reagiert es mit Angst und Verzweiflung und versucht, sich an die Bezugsperson zu klammern. Es will sie nicht fortgehen lassen.

Neben der Trennungsangst bindet das Fremdeln das Kind an die Bezugsperson. Mit der Hinwendung zu vertrauten Menschen stellt sich ein zurückhaltendes Verhalten gegenüber Fremden ein. Im Alter von sechs bis zehn Monaten beginnt das Kind unbekannte Personen abzulehnen. Das Fremdeln ist im zweiten und dritten Lebensjahr besonders ausgeprägt. Es schwächt sich in dem Maße ab, wie das Kind emotional selbständiger und fähiger wird, Kontakt mit anderen Erwachsenen und Kindern aufzunehmen.

Trennungsangst und Fremdeln setzen in dem Alter ein, in dem das Kind beginnt, sich fortzubewegen. Beides sorgt dafür, daß es in der Nähe vertrauter Personen bleibt und sich nicht ständig Gefahren aussetzt. Trennungsangst und Fremdeln schwächen sich in der weiteren Kindheit ab, verschwinden aber nie ganz. Trennungsangst und eine vorsichtig abwartende Haltung gegenüber fremden Menschen bestehen noch im Erwachsenenalter fort, wenn auch von Individuum zu Individuum verschieden ausgeprägt.

Die Bindung der Eltern an das Kind ist nicht so bedingungslos wie diejenige des Kindes an die Eltern. Sie ist aber immer noch mächtig und nicht nur von den individuellen Eigenschaften des Kindes abhängig. Für die elterliche Bindung haben angeborene und hormonell unterstützte Verhaltensweisen eine Sicherungs- und Starterfunktion. Sie helfen den Eltern, sich in den ersten Lebenswochen auf das Kind einzustellen und verstärken ihr fürsorgliches Verhalten. So ruft sich das Kind den Eltern mit seinem Schreien immer wieder in Erinnerung. Mit seinem Lächeln belohnt es die Eltern für ihre Fürsorge und erhöht ihre Neigung, sich ihm zuzuwenden. Es zeigt den Eltern mit seiner Zufriedenheit, daß es sich wohl fühlt, wenn sie es in ihrer Nähe halten, seine Bedürfnisse befriedigen und sich mit ihm beschäftigen. Die Eltern freuen sich an seiner Erscheinung und seinem Verhalten und fühlen sich als Erzieher bestätigt, wenn das Kind ihnen nacheifert und ihr Verhalten nachahmt. Die Zuwendung, die die Eltern von ihrem Kind erhalten, und die Erfahrungen, die sie tagtäglich mit ihm machen, verstärken und erhalten ihre Bereitschaft, sich um das Kind zu kümmern.

Unterschiedlich ausgeprägt

Manche Eltern und selbst Fachleute nehmen an, daß die Bindungen und die emotionalen Bedürfnisse bei allen Kindern etwa gleich ausgeprägt sind. Die Bindungsbereitschaft ist aber wie jede andere Verhaltenseigenschaft von Kind zu Kind anders angelegt. Gleichaltrige Kinder sind unterschiedlich stark gebunden und emotional unterschiedlich abhängig. So gibt es Kinder, eher Mädchen, die sich im Alter von zwei bis drei Jahren innerhalb weniger Stunden in einer Spielgruppe wohl fühlen. Andere, eher Jungen, haben selbst mit vier bis fünf Jahren noch Mühe, Beziehungen zur Spielgruppenleiterin und zu anderen Kindern aufzunehmen und ohne ihre Mutter auszukommen. Die einzelnen Bereiche des Bindungsverhaltens, die körperlichen Bedürfnisse, das Bedürfnis nach Nähe und Sicherheit sowie dasjenige nach Zuwendung, können ebenfalls unterschiedlich ausgeprägt sein. Das eine Kleinkind braucht ständig eine Bezugsperson in Sichtweite, um sich wohl zu fühlen. Ein anderes ist selbständiger, verlangt aber mehr Zuwendung und gemeinsame Aktivitäten.

Zeitlich begrenzt

In der Kind-Eltern-Beziehung stellt sich nie ein stabiler Zustand ein. Das kindliche Bindungsverhalten wandelt sich ständig. Die Eltern und Bezugspersonen müssen ihre Fürsorge und ihr Verhalten laufend dem Kind anpassen. Manche Eltern hören es ungern: Genauso wie sich das Kind in den ersten Lebensjahren bedingungslos an sie bindet, löst es diese Bindung in der Adoleszenz auch wieder auf. Die Kind-Eltern-Bindung ist zeitlich begrenzt.

Bei allen höherentwickelten Tierarten wird die Bindung zwischen dem Jungen und der Mutter spätestens in der Adoleszenz aufgelöst oder zumindest stark abgeschwächt. Das Junge ist nicht mehr auf die Nähe und Zuwendung der Mutter angewiesen. Die enge Bindung an die Mutter hat ihren Zweck erfüllt und wird hinfällig. Die Mutter verliert das Interesse an ihrem Jungen, oft verstößt sie es. Das nunmehr geschlechtsreife Individuum ist für neue Beziehungen bereit, die den Fortbestand der Art gewährleisten.

Auch beim Menschen kommen elterliche Fürsorge und Weitergabe von Fähigkeiten und Wissen in der Adoleszenz weitgehend zum Abschluß. Die emotionale Abhängigkeit von den Eltern schwächt sich so weit ab, daß der junge Erwachsene stabile Beziehungen mit fremden Menschen eingehen und schließlich eine eigene Familie gründen kann. Er sucht nun Nähe, Geborgenheit und Zuwendung nicht mehr bei den Eltern, sondern bei Gleichaltrigen anfänglich in Cliquen und später in partnerschaftlichen Beziehungen.

Wie sich das elterliche Bindungsverhalten in dieser Lebensphase verändert, ist noch wenig untersucht. Die meisten Eltern verhalten sich reaktiv, das heißt, sie passen sich mit Widerstand und Verzögerung dem Verhalten des jungen Erwachsenen an. Es kommt aber auch vor, daß die Eltern aktiv werden und ihre Tochter oder ihren Sohn auffordern, die Familie zu verlassen.

Die Adoleszenz ist für den jungen Erwachsenen und die Eltern eine schwierige Lebensphase. In manchen Kulturen wird ihnen die Neuorientierung mit einem Pubertätsritual erleichtert. So werden bei den Buschleuten der Kalahariseppe die Mädchen in einer abgeschiedenen Hütte von einer alten Frau über die Rechte und die Pflichten einer Frau aufgeklärt sowie über Geburt und Säuglingspflege unterrichtet. Der Pubertätsritus für die jungen Männer besteht aus Entbehrungen wie Kälte und Hunger sowie Mutproben, die sie im Busch ablegen müssen. Als Initiationszeichen werden ihnen Ziernarben in die Stirn geschnitten (Eibl-Eibesfeldt 1995). In der jüdischen Tradition wird dem Mädchen mit zwölf und dem Knaben mit 13 Jahren die Verantwortung für die Einhaltung der Verbote und der Gebote übertragen. Während bisher die Eltern für die Vergehen ihrer Kinder vor Gott geradestehen mußten, sind die Jugendlichen nun selbstverantwortlich. Am Sabbat, der auf den 13. Geburtstag folgt, darf der Junge erstmals vor der ganzen Gemeinde aus der Thora vorlesen. Anschließend wird der Vater zur Lesung aufgerufen und spricht für seinen Sohn vor der versammelten Gemeinde den folgenden Segensspruch: »Baruch schepatrani me'onscho schel se!« (»Gelobt sei, der mich gelöst hat vor der Strafe von dem da!«) Der etwas abschätzig klingende Ausspruch zeigt dem jungen Erwachsenen und der Gemeinde an, daß nun nicht mehr der Vater für den Sohn, sondern der Sohn für sich selbst verantwortlich ist. (Persönliche Mitteilung von S. Holtz)

Ein Pubertätsritual signalisiert dem jungen Erwachsenen und den Eltern, daß sich ihre sozialen Rollen wie auch Rechte und Pflichten nun verändern und ihre Beziehung in Zukunft eine andere sein wird. In unserer laizistischen Gesellschaft erfüllt ein öffentlicher Akt wie eine Konfirmationsfeier oder Jungbürgerfeier leider die Aufgabe nur unzureichend, dem Jugendlichen und den Eltern das Erreichen des Erwachsenenstatus anzuzeigen und ihnen die soziale Neuorientierung zu erleichtern.

Grundlage der Erziehung

Die Bindung des Kindes an Eltern und Bezugspersonen ist die Grundlage der Erziehung. Die emotionale Abhängigkeit richtet das Kind auf die Eltern und andere Bezugspersonen aus und macht es lenkbar. Dem Bindungsverhalten und der Befriedigung der Grundbedürfnisse des Kindes sollten wir daher größte Aufmerksamkeit schenken.

Das Wichtigste in Kürze

1. Die Bindung zwischen Eltern und Kind stellt Ernährung, Pflege und Schutz des Kindes sicher und ermöglicht die Weitergabe von Fähigkeiten und Wissen.
2. Die Kind-Eltern-Bindung wird durch folgende verhaltensbiologische Mechanismen gewährleistet:
   - *Bereitschaft, sich an vertraute Personen zu binden:* Sie bildet die Grundlage des menschlichen Bindungsverhaltens.
   - *Angeborene Verhaltensmuster:* Sie stellen lebenserhaltende Funktionen sicher (Saug- und Schluckreflex), erleichtern soziale Kontakte (soziales Lächeln) und lösen Zuwendung aus (Kindchenschema).
3. Das kindliche Bindungsverhalten besteht in einem Anhänglichkeitsverhalten: Das Kind sucht Nähe, Schutz und Zuwendung bei vertrauten Personen. Trennungsangst und Fremdeln binden das Kind zusätzlich an Bezugspersonen.

4. Die Bindungsbereitschaft sowie die Grundbedürfnisse sind von Kind zu Kind verschieden.
5. Das Kind bindet sich *bedingungslos* an diejenigen Personen, die ihm vertraut werden.
6. *Die Stärke der kindlichen Bindung hängt nicht von der Qualität der elterlichen Fürsorge und ihres Beziehungsverhaltens ab. Die Art und Weise, wie die Eltern mit dem Kind umgehen, ist aber von größter Bedeutung für sein psychisches Wohlbefinden und sein Selbstwertgefühl.*
7. Das kindliche Bindungsverhalten wandelt sich ständig. Die Eltern müssen ihre Fürsorge und ihr Verhalten dem Kind laufend anpassen. In der Adoleszenz löst sich die Bindung an die Eltern und Bezugspersonen weitgehend auf.
8. *Die Bindung des Kindes an die Eltern ist die Grundlage der Erziehung.* Die emotionale Abhängigkeit richtet das Kind auf die Eltern und andere Bezugspersonen aus und macht es lenkbar.

Entwicklung des Bindungsverhaltens

Der Vater von Anna versteht die Welt nicht mehr: Seine 13jährige Tochter lehnt ihn ab. Dabei ist sie viele Jahre lang ein so anhängliches und zutrauliches Kind gewesen. Seit einigen Wochen hält sie den Vater auf Distanz und ist sehr einsilbig. Sie blickt ihn kaum mehr an, schlimmer noch, sie weicht seinem Blick aus. Der Vater hat sie mehrmals auf ihr ablehnendes Verhalten angesprochen. Anna war erstaunt und meinte: Sie habe an ihm nichts auszusetzen.

Eltern neigen dazu, einmal erreichte Beziehungsformen erhalten zu wollen. Da sich das kindliche Bindungsverhalten ständig verändert, hat das Kind die etwas mühselige Aufgabe, die Eltern mit seinem Verhalten immer wieder darauf aufmerksam zu machen, daß es sich weiterentwickelt hat und sie – bitte – mit ihm anders umgehen mögen. Der Vater von Anna muß sich umstellen. Seine Tochter ist dabei, ihre enge Bindung zu den Eltern, und damit auch zu ihm, zu lösen und sich Gleichaltrigen zuzuwenden.

In diesem Kapitel wollen wir uns mit dem Wandel der Bindungen zwischen Kind, Eltern, anderen Bezugspersonen und Gleichaltrigen befassen.

Kindliches Bindungsverhalten im Säuglingsalter

Der Säugling will zunächst vor allem seine körperlichen Bedürfnisse befriedigt haben. Je älter er wird, desto größer wird sein Verlangen nach Nähe und Zuwendung.

Körperliche Bedürfnisse. In den ersten Lebenswochen wird der Säugling mit den Personen vertraut, die ihn füttern, pflegen, auf den Arm nehmen, mit ihm plaudern und spielen. Er macht die Erfahrung, daß seine Bedürfnisse zuverlässig befriedigt werden. Wenn er Hunger hat und schreit, bekommt er zu trinken. Wenn er sich unwohl fühlt, nicht mehr allein sein will oder nicht einschlafen kann, steht ihm jemand bei. Zu diesen Personen, für die mei-

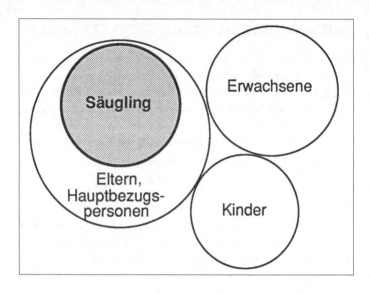

Bindungen im Säuglingsalter

sten Kinder die Eltern und vor allem die Mutter, entwickelt das Kind eine bedingungslose Bindung.

Vertraut werden bedeutet immer auch, Fremdes wahrzunehmen. Bereits im Alter von einem Monat spürt der Säugling, wenn er von einer fremden Person aufgenommen, gewickelt oder gefüttert wird. Zunächst äußert er dabei lediglich Erstaunen, das sich mit vier bis sechs Monaten zu einer leichten Ablehnung und mit sechs bis zehn Monaten zu einem offensichtlichen Fremdeln steigert.

Das Gefühl von Nähe und Sicherheit ist für das Kind in den ersten Lebensmonaten eine körperliche Erfahrung: gehalten, getragen und bewegt zu werden. Mit drei bis vier Monaten beginnt das Kind, vom Körperkontakt unabhängiger zu werden. Es vermag den Kopf im Liegen und Sitzen anzuheben und einige Zeit hochzuhalten. Sein Sehvermögen hat sich so weit entwickelt, daß es die Eltern aus der Entfernung wahrnehmen und mit den Augen verfolgen kann, wenn sie herumgehen. Mit die-

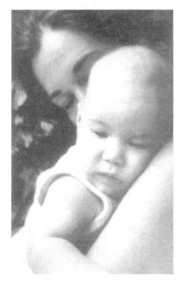 

Häufigste Körperbeziehung zwischen Kind und Mutter vor dem sechsten Lebensmonat: Das Kind ist der Bezugsperson zugewandt (links); und danach: Das Kind orientiert sich zur Umwelt hin (rechts).

sen neu erworbenen Fähigkeiten kann sich das Kind auch ohne direkten Körperkontakt den Eltern nahe fühlen.

Etwa im gleichen Alter beginnt das Kind nach Gegenständen zu greifen. Es kann sich nun allein beschäftigen und ist nicht mehr ausschließlich auf eine Bezugsperson als Spielpartner angewiesen. Das Kind braucht aber nach wie vor die Nähe der Mutter oder einer anderen Bezugsperson. Es erwartet, daß diese jederzeit verfügbar ist.

Robben und Kriechen ermöglichen es dem Kind im Alter von sechs bis zwölf Monaten, seine Umgebung zu erkunden. Trennungsangst und Fremdeln binden das Kind an Bezugspersonen, die ihm fortan als sichere Basis dienen, von der aus es seine nähere Umwelt erforschen kann.

In den ersten sechs Lebensmonaten gilt das Interesse des Säuglings vor allem seinen Hauptbezugspersonen. Danach richtet es sich immer mehr auf andere Personen und die gegenständliche Umgebung. Die Eltern stellen sich intuitiv auf sein erweitertes Neugierverhalten ein. Bisher haben sie das Kind so auf dem Arm gehalten, daß es ihnen zugewandt war. Nun tragen sie das Kind so und halten es so auf dem Schoß, daß es die Umgebung betrachten und mit ihr Kontakt aufnehmen kann. Sie ersetzen den Kinderwagen, in dem sie das Kind liegend angeblickt hat, durch einen Buggy, in dem das Kind auf die Umwelt orientiert sitzt.

Wieviel Körperkontakt braucht ein Kind? Bis vor 150 Jahren wurden die Säuglinge in Europa von Eltern und Bezugspersonen herumgetragen, wie heutzutage noch Millionen von Kindern in Afrika und Asien. Mit dem Einzug ins Industriezeitalter veränderten sich die Lebensbedingungen und damit auch der Umgang mit dem Säugling. Neue Arbeitsformen erzwangen eine Trennung zwischen dem Lebensraum der Familie, dem Arbeitsort des Vaters und oft auch demjenigen der Mutter. Für Säuglinge und Kleinkinder war, im Gegensatz zu Haus und Feld, in den Fabriken kein Platz. Eine ständige körperliche Nähe zwischen Kind und Mutter war oft nicht mehr möglich.

Der technische Fortschritt hat den Wohnraum sauberer und sicherer gemacht, so daß ein Säugling ohne Gefährdung in einem Bettchen abgelegt und ein Kleinkind in einem Zimmer sich selbst überlassen werden kann.

Wie aber steht es mit dem psychischen Wohlbefinden der Kinder? Wirkt sich die größere körperliche Distanz zu den Bezugspersonen allenfalls nachteilig aus? Wieviel Nähe braucht ein Kind? Ein Säugling, der sich verlassen und unwohl fühlt, kann sich nur auf eine Weise bemerkbar machen: Er schreit. Unsere Babys schreien viel – weit mehr als Kinder in Afrika oder Mittelamerika, die von ihren Müttern herumgetragen werden (Bell 1972, Barr 1987, 1990). Die kinderärztlichen Praxen und Erziehungsberatungsstellen sind voll von Eltern, die sich von ihren schreienden Babys überfordert fühlen. Daß Säuglinge in den ersten Lebenswochen erheblich weniger schreien, wenn sie häufiger herumgetragen werden (Hunziker 1986), ist ein deutlicher Hinweis darauf, daß die Kinder mehr Körperkontakt brauchen.

Kind im Tragetuch.

Heutzutage spüren viele Eltern, daß die körperliche Nähe wesentlich zum Wohlbefinden ihrer Kinder beiträgt. Tagsüber tragen die Mütter, und immer häufiger auch die Väter, ihre Kinder je nach Alter vorne, auf dem Rücken oder seitlich mit sich herum. Snugglys und Tragetücher ersetzen zunehmend den Kinderwagen. Die Eltern sind im Umgang mit ihren Kindern körperorientierter geworden.

Über Hunderttausende von Jahren hinweg und in vielen Kulturen auch heute noch schlafen Säugling und Kleinkind bei den Eltern, zumeist bei der Mutter. Einen Säugling allein in einem Zimmer schlafen zu lassen ist eine Erfindung des Industriezeitalters. In unserer Gesellschaft hat sich die Vorstellung breitgemacht, daß ein Säugling in einem eigenen Zimmer am besten schläft. Dies scheint aber weder dem Kind noch den Eltern gut zu bekommen. In der Schweiz leiden 20 bis 30 Prozent der Kinder im Vorschulalter an Durchschlafstörungen (Largo 1984). Die Kinder wachen nachts auf, schreien, rufen nach Mutter oder Vater und suchen das elterliche Bett auf. Allein zu schlafen ist für manche, wenn auch nicht für alle Säuglinge und Kleinkinder, eine Überforderung. Sie brauchen nicht eine ungestörte Nachtruhe im eigenen Zimmer, sondern das Gefühl von Geborgenheit, das ihnen nur die Nähe vertrauter Personen geben kann. Gemeinsames Schlafen ist für einen Säugling vielleicht sogar eine physiologische Notwendigkeit. Neuere Studien deuten darauf hin, daß der plötzliche Kindstod bei Kindern, die bei ihren Eltern schlafen, weniger häufig vorkommt als bei solchen, die allein schlafen (McKenna 1993).

Erfreulicherweise weist die Schlafsituation in manchen Familien heutzutage mehr Nähe zwischen Kind und Eltern auf als in der Vergangenheit. Das Kind braucht, um sich geborgen zu fühlen, nicht im elterlichen Bett zu liegen, sondern nur im selben Zimmer wie die Eltern zu sein. Vor allem stillende Mütter lassen den Säugling neben sich schlafen. Auch Einzelkinder schlafen häufiger im elterlichen Schlafzimmer. Geschwister, die gemeinsam in einem Zimmer schlafen, geben sich gegenseitig das Gefühl von Nähe und ersparen ihren Eltern viele unruhige Nächte.

Um einem Mißverständnis und einer möglichen Überforderung vorzubeugen: Ein Säugling muß, damit er sich wohl fühlt, nicht Tag und Nacht Körperkontakt mit einer vertrauten Person haben. Sich nicht verlassen fühlen heißt für ein Kind: *Wenn ich es brauche, werden meine körperlichen Bedürfnisse sowie mein Verlangen nach Nähe und Zuwendung zuverlässig und angemessen befriedigt.* So erlebt das Kind, daß es der Umwelt nicht hilflos ausgeliefert ist und daß diese ein ausreichendes Maß an Beständigkeit und Voraussagbarkeit hat. Diese frühen Erfahrungen sind die Wurzeln einer positiven Kind-Eltern-Bindung. Sie sind die ersten Bausteine für Vertrauen in diese Welt. Erikson (1971) spricht hier vom Urvertrauen.

Zuwendung. Wenn sich die Eltern mit dem Kind beschäftigen, beim Füttern oder bei der Pflege, kommt es immer auch zu einem Austausch von Zärtlichkeiten. Die Mutter lächelt den

Säugling an, er lächelt zurück. Die Mutter plaudert mit ihm, der Säugling antwortet mit Lauten. Sie streichelt und liebkost ihn, der Säugling strampelt vor Freude. Das soziale Spiel gibt dem Kind ein intensives Gefühl von Vertrautheit und Angenommensein.

Kindliches Bindungsverhalten im Kleinkindesalter

Zwischen dem zweiten und fünften Lebensjahr erwirbt das Kind ein erstes großes Stück innerer und äußerer Selbständigkeit.

Körperliche Bedürfnisse. Sobald das Kind greifen kann, will es die Milchflasche selber halten. In der Zeit von zwölf bis 18 Monaten beginnt es mit dem Löffel zu essen. Im zweiten Lebensjahr zieht es Kleidungsstücke wie Socken oder Mütze aus. Ein bis zwei Jahre später kann es sich selbständig an- und auskleiden. Im Alter von zwei bis fünf Jahren reifen die Blasen- und Darmfunktionen so weit heran, daß das Kind aus einem inneren Bedürfnis heraus sauber und trocken werden will. Es verweigert die Windeln und will die Toilette benützen. Jeder Schritt hin zur Selbständigkeit stärkt das Selbstwertgefühl des Kindes.

Nähe und Sicherheit. Die Veränderungen, die das Bindungsverhalten im Alter von zwei bis fünf Jahren erfährt, werden wesentlich durch die Selbstwahrnehmung sowie ein sich ständig erweiterndes Raum- und Zeitverständnis ermöglicht.

Im Alter von 18 bis 24 Monaten beginnt das Kind sich als Person wahrzunehmen und von anderen Menschen abzugrenzen (vgl. Kapitel »Individualität« S. 45). Damit verdichten sich seine Gefühle von Geborgenheit oder Verlassensein zu bewußten Vorstellungen. Das Kind realisiert, daß es allein ist, wenn es nachts aufwacht. Trennungs- und Verlassenheitsängste werden in seiner Phantasie zu Schreckgestalten, die in Ecken und hinter Vorhängen des dunklen Kinderzimmers lauern. Im Alter von zwei bis fünf Jahren sucht manches verängstigte Kind nachts Nähe und Schutz im Bett der Eltern.

Ein zweijähriges Kind verfügt über ein differenziertes räumli-

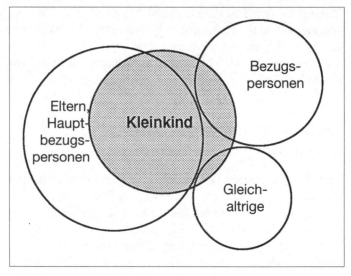

Bindungen im Kleinkindesalter

ches Vorstellungsvermögen. Es kann allein in einem Zimmer spielen, weil es sich in der Wohnung auskennt. Wenn es die Mutter in der Küche hantieren hört, weiß es, wo die Mutter ist und fühlt sich geborgen. Es kann, wenn ihm danach ist, zu ihr gehen oder sie herbeirufen.

Das Zeitverständnis entwickelt sich langsamer als die Raumvorstellung. In den ersten drei Lebensjahren hat das Kind keine konkrete Zeitvorstellung. Die Mutter kann daher ihrem Kind nicht begreiflich machen, daß sie nur einige Minuten wegbleibt, wenn sie im Keller etwas holen möchte. Erste Zeitvorstellungen entwickeln sich im vierten Lebensjahr. Das Kind versteht nun einfache zeitliche Angaben wie: »Nach dem Mittagsschlaf gehen wir auf den Spielplatz.« Bis zum Schulalter dehnt sich das kindliche Vorstellungsvermögen auf immer größere Zeitspannen aus. Ein fünfjähriges Kind, das einige Tage im Krankenhaus verbringen muß, versteht, was die Mutter meint, wenn sie abends beim Abschied zu ihm sagt: »Morgen nach dem Frühstück bin ich wieder bei dir.«

Gemeinsame Aktivitäten

Die Fähigkeit, Beziehungen zu anderen Personen aufzunehmen, nimmt vom zweiten bis zum fünften Lebensjahr deutlich zu. Das Kind ist aber immer noch auf die Unterstützung von Bezugspersonen angewiesen, wenn es in Kontakt mit Erwachsenen und Kindern treten will. So braucht es anfänglich noch den Rückhalt der Mutter, wenn es eine Spielgruppe besucht. Es muß mit der Gruppenleiterin und den anderen Kindern zuerst vertraut werden, bevor es sich ohne die Mutter wohl fühlen kann.

Die zeitliche und räumliche Abhängigkeit von Bezugspersonen bleibt im ganzen Vorschulalter bestehen: *Das Kind ist auf die ständige Anwesenheit einer vertrauten Person, die auf seine Bedürfnisse eingeht, angewiesen.* Es ist das Alter, in dem das Kind am Rockzipfel der Mutter oder anderer Bezugspersonen hängt. Es fühlt sich nur wohl, wenn es jederzeit einen unmittelbaren Zugang zu einer Bezugsperson hat.

Geborgenheit können sich Kleinkinder untereinander, etwa in einer Spielgruppe, kaum geben. Ihre Fähigkeiten, sich emphatisch zu verhalten, sind noch zu beschränkt. Sie interessieren sich aber für das Verhalten und das Tun der anderen Kinder. Ein erstes antizipierendes Verhalten zeigt sich im Alter von drei bis fünf Jahren im Rollenspiel.

Zuwendung. Im Alter von ein bis fünf Jahren verlangt das Kind viel Zuwendung, nicht nur in Form von Körperkontakt und sprachlichem Austausch. Gemeinsame Erfahrungen werden zu einer wichtigen Form der Zuwendung. Spielen und Singen und vor allem gemeinsame Erlebnisse mit Bezugspersonen im Haus und im Freien geben dem Kind ein Gefühl des Angenommenseins und der Zugehörigkeit.

Kindliches Bindungsverhalten im Schulalter

Im Schulalter kann das Kind selbständig Kontakt zu Erwachsenen und Gleichaltrigen aufnehmen. Diese Beziehungen werden für das Kind in dieser Altersstufe so wichtig, daß sich ein Mangel nachteilig auf sein Wohlbefinden und sein Selbstwertgefühl auswirkt. Die Eltern und die anderen Hauptbezugspersonen können seine sozialen Interessen nicht mehr ausreichend befriedigen.

Körperliche Bedürfnisse. Weil das Schulkind weitgehend für sich selbst sorgen kann, werden seine emotionalen Bedürfnisse von den Eltern leicht unterschätzt. Das Kind möchte auch in diesem Alter noch umsorgt werden. Das Essen zubereitet zu bekommen und die Mahlzeiten gemeinsam einzunehmen sind wichtige Formen der Zuwendung. Ein Schulkind kann sich zwar selbständig an- und auskleiden sowie waschen. Wenn sich die Eltern aber beim Aufstehen und beim Zubettgehen immer noch etwas seiner annehmen, gibt ihm dies das Gefühl von Geborgenheit.

Nähe und Sicherheit. Das Schulkind ist nicht mehr auf die unmittelbare Nähe vertrauter Erwachsener angewiesen. Es braucht aber die Gewißheit, daß es jederzeit Zuwendung und Schutz von einer Bezugsperson erhalten kann. Wie sehr sich ein Schulkind noch ängstigt, wenn es eine Nacht allein in der Wohnung verbringen muß, hat Zoë Jenny in ihrem Buch *Blütenstaubzimmer* beschrieben: Die Mutter hat Tochter und Vater verlassen. Der Vater arbeitet als Nachtfahrer. Die Tochter erinnert sich:

Nachts fiel ich in einen unruhigen Schlaf, in dem die Träume zerstückelt an mir vorbeischwammen wie Papierschnipsel in einem reißenden Fluß. Dann das klirrende Geräusch, und ich war hellwach. Ich blickte an die Decke zu den Spinnengeweben empor und wußte, daß mein Vater jetzt in der Küche stand und den Wasserkessel auf den Herd gesetzt hatte. Sobald das Wasser kochte, ertönte ein kurzes Pfeifen aus der Küche, und ich hörte, wie Vater den Kessel hastig vom Herd nahm. Noch während das Wasser tropfenweise durch den Filter in die Thermoskanne sickerte, zog der Geruch von Kaffee durch die Zimmer. Darauf folgten rasch gedämpfte Geräusche, ein kurzer Moment der Stille; mein Atem begann schneller zu werden, und ein Kloß formte sich in meinem Hals, der seine volle Größe erreicht hatte, wenn ich vom Bett aus sah, wie Vater, in seine Lederjacke gehüllt, leise die Wohnungstür hinter sich zuzog. Ein kaum hörbares Klack, ich wühlte mich aus der Bettdecke und stürzte ans Fenster. Langsam zählte ich eins, zwei, drei; bei sieben sah ich, wie er mit schnellen Schritten die Straße entlangging, eingetaucht in das dumpfe Gelb der Straßenlaterne; bei zehn war er stets beim Restaurant an der Ecke angelangt, wo er abbog. Nach weiteren Sekunden, in denen ich den Atem anhielt, hörte ich den Motor des Lieferwagens, der laut ansprang, sich entfernend immer leiser wurde und schließlich ganz verstummte. Dann lauschte ich in die Dunkelheit, die langsam, wie ein ausgehungertes Tier, aus allen Ecken kroch. In der Küche knipste ich das Licht an, setzte mich an den Tisch und umklammerte die noch warme Kaffeetasse. Suchte den Rand nach den braunen, eingetrockneten Flecken ab, das letzte Lebenszeichen, wenn er nicht mehr zurückkehrte. Allmählich erkaltete die Tasse in meinen Händen, unaufhaltsam drang die Nacht herein und breitete sich in der Wohnung aus. Sorgfältig stellte ich die Tasse hin und ging durch den schmalen hohen Gang in mein Zimmer zurück.

Vor dem Fensterrechteck, von dem aus ich zuvor meinen Vater beobachtet hatte, hockte jetzt das Insekt, das mich böse anglotzte.

Ich setzte mich auf die äußerste Kante des Bettes und ließ es nicht aus den Augen. Jederzeit konnte es mir ins Gesicht springen und seine knotigen, pulsierenden Beine um meinen Körper schlingen. In der Mitte des Zimmers tobten Fliegen um die Glühbirne. Ich starrte in das Licht und auf die Fliegen, und aus den Augenwinkeln beobachtete ich das Insekt, das schwarz und regungslos vor dem Fenster kauerte.

Die Gewißheit, eine vertraute Person um sich zu haben, fehlt auch dem »Schlüsselkind«. Es muß oft viele Stunden ohne die Eltern auskommen und hat nur sporadisch oder gar keinen Zugang zu anderen vertrauten Personen. Es erstaunt nicht, daß ein solches Kind nach Geborgenheit sucht, und dabei in fragwürdige Gesellschaft geraten kann. Schlechte Gesellschaft ist immer noch besser als gar keine.

Das Schulkind hat eine innere Bereitschaft, sich auf fremde Erwachsene einzustellen und von ihnen zu lernen. Es braucht – im Gegensatz zum Kleinkind – seine Eltern oder andere Bezugspersonen nicht mehr als Vermittler. Es möchte mit Erwachsenen zusammensein, erfahren, was sie machen, und allenfalls mittun, etwa auf dem Bauernhof oder in der Werkstatt eines Nachbarn.

Die Institution Schule ist nur möglich, weil Kinder mit sechs und sieben Jahren bereit sind, von fremden Erwachsenen zu lernen, oder etwas überspitzt gesagt: Lehrerin und Lehrer gibt es nur, weil Kinder nach ihnen verlangen. Ein Erstkläßler ist innerlich bereit, sich an seine Lehrerin zu binden und von ihr unterrichtet zu werden. Er will der Lehrerin gefallen und macht sie zu seiner Autoritätsperson: Die Lehrerin weiß alles und kann alles. Eltern können durchaus eifersüchtig auf eine Lehrerin oder einen Lehrer werden, wenn ihr Kind eine Meinungsverschiedenheit etwa mit der Begründung zu beenden versucht: »Die Lehrerin ist da anderer Meinung als du, und die wird es wohl wissen!«

Eine Lehrerin kann sich der Bindungsbereitschaft der Kinder nicht entziehen. Wenn sie sich auf eine vertrauensvolle Beziehung zu ihren Schülern einläßt, verfügt sie über das mächtigste Erziehungsmittel, das es gibt: Die Bereitschaft der Kinder, sich

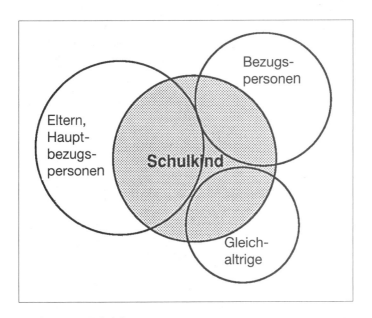

Bindungen im Schulalter

auf sie einzustellen und von ihr zu lernen. Schüler gehen für ihre Lehrerin durchs Feuer, wenn sie sich bei ihr aufgehoben und von ihr akzeptiert fühlen. Begegnet die Lehrerin den Kindern mit Gleichgültigkeit oder gar Ablehnung, reagieren sie mit Enttäuschung und können schwierig werden. Läßt sich die Lehrerin nicht auf die Kinder ein und hält sie auf Distanz, bleiben ihr nur Lob und Strafe, um die Kinder zu disziplinieren; eine für Schüler und Lehrerin mühselige und wenig befriedigende Art, miteinander umzugehen.

Im Schulalter können sich die Kinder gegenseitig ein Gefühl von Nähe und Sicherheit geben. Zum erstenmal werden nun tiefe und tragfähige Freundschaften möglich. Anna Freud hat von einer Gruppe von Kindern berichtet, die im Zweiten Weltkrieg weitgehend sich selbst überlassen war (Freud 1949). Kein Erwachsener hat sich um sie gekümmert. Sie haben, indem sie sich gegenseitig Geborgenheit und Zuwendung gaben, schwie-

Lehrerin und Schüler

rige Jahre ohne wesentliche psychische Beeinträchtigung überstanden. Straßenkinder in Großstädten würden wohl ohne den Zusammenhalt und die Unterstützung, die sie in den Kinderbanden finden, kaum überleben.

Zuwendung und soziale Anerkennung. Das Schulkind braucht nicht nur Zuwendung und Anerkennung von seinen Eltern und anderen Bezugspersonen wie der Lehrer, sondern immer auch diejenige seiner Kameraden. Es ist darauf angewiesen, daß seine Fähigkeiten und seine Leistungen von ihnen geschätzt werden, denn nur so kann es sich die Zugehörigkeit zu einer Gruppe sichern.

Kindliches Bindungsverhalten in der Adoleszenz

In der Adoleszenz macht die Entwicklung zum Abschluß einen großen Sprung. Ein hormonell ausgelöster Reifungsprozeß bewirkt einen Wachstumsschub, einen Gestaltwandel und das Auftreten der sekundären Geschlechtsmerkmale. Die kognitiven Fähigkeiten erweitern sich um neue Denkkategorien und ermöglichen breitere Sichtweisen (vgl. auch das Kapitel »Geistige Kompetenzen«). Der Heranwachsende beginnt sich für soziale Zusammenhänge, die über seinen Verwandten- und Bekanntenkreis hinausgehen, zu interessieren. Er beschäftigt sich mit gesellschaftlichen, politischen und ökologischen Fragen. Das erweiterte Denken erlebt er als eine innere und äußere Befreiung:

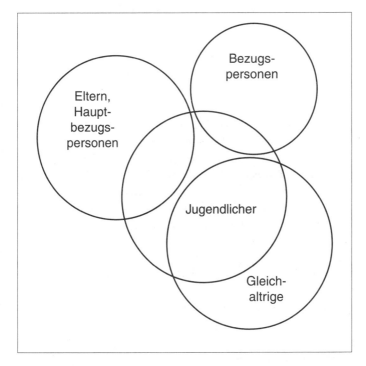

Bindungen in der Adoleszenz

Er will in die Welt hinaus und sich ihr stellen. Er neigt zu realitätsfernen Erwartungen, vorschnellen Urteilen und Selbstüberschätzung. Seine Allmachtsvorstellungen schlagen, wenn sie auf die Realität treffen, in Sekundenschnelle in Ohnmachtsgefühle um. Friedrich Schiller hat den Sturm-und-Drang-Charakter dieser Altersperiode in seinem ersten Theaterstück *Die Räuber* festgehalten. Er prangert darin die sozialen Mißstände seiner Zeit an und setzt sich für eine moralische Erneuerung der Gesellschaft ein. Er war gerade mal 19 Jahre alt, als das Stück auf die Bühne kam, ihm den Unwillen des Herzogs Karl Eugen von Württemberg und eine kurze Gefängnishaft eintrug (19 Jahre damals entspricht heutzutage einem Alter von etwa 15 Jahren).

Die tiefstgreifende Veränderung in der Adoleszenz betrifft das Bindungsverhalten. Dieses erfährt einen richtigen Bruch, der in seinem Ausmaß genauso entscheidend ist wie das Eingehen einer bedingungslosen Bindung in den ersten Lebensjahren. Die Bindung an die Eltern und andere Hauptbezugspersonen löst sich weitgehend auf, so daß eine emotionale Abhängigkeit beim jungen Erwachsenen nur noch geringfügig weiterbesteht oder ganz entfällt.

Diese Änderung im Bindungsverhalten wird von den Eltern als Ablösung erlebt. Das Bindungsbedürfnis des Jugendlichen verschwindet aber nicht, sondern orientiert sich neu: *Der Jugendliche stellt sich in seinem Bindungsverhalten nicht mehr auf die Eltern, sondern auf Gleichaltrige ein.* Sie sollen ihm nun die Geborgenheit und die Zuwendung geben, die er bisher von den Eltern erhalten hat. Die Erwartungen, die er dabei an seine Kameraden stellt, sind kaum kleiner als diejenigen, die er bisher an die Eltern gerichtet hat: bedingungslose Treue und unzerstörbare Beziehungen.

Diese Neuorientierung wirkt sich auf die verschiedenen Bereiche des Bindungsverhaltens folgendermaßen aus:

Körperliche Bedürfnisse. Was er ißt und trinkt und wie er sich kleidet, will der Jugendliche nun selbst entscheiden. Er lehnt die Fürsorge der Eltern ab – sie ist ihm hinderlich geworden. Was nicht ausschließt, daß er sie durchaus in Anspruch nimmt, wenn er sich nicht mehr anders zu helfen weiß. Ob sein Verhalten sinn-

Popkonzert. Mädchen mit einem Büschel Gras in den Händen. Die Vorstellung, daß auf diesem Büschel Gras der Beatles-Schlagzeuger Ringo Starr gestanden hat, rührt es zu Tränen.

voll und seinem Körper zuträglich ist, kümmert ihn wenig. Was zählt, ist, daß er über seinen Körper verfügen kann. Mit dieser Haltung geht eine Risikobereitschaft (Alkoholexzeß, Drogen etc.) einher, die individuell unterschiedlich ausgeprägt ist und verschieden lange dauern kann.

Nähe und Sicherheit. Bis zur Pubertät ist das Kind so fest an die Eltern gebunden, daß es sie nie verlassen würde. In der Adoleszenz schwächt sich die Bindung so weit ab, daß der junge Mensch frei wird, um neue Beziehungen einzugehen und nach einigen Jahren selbst eine Familie zu gründen. Wie radikal die emotionale Neuorientierung ist, wird bei jedem Popkonzert offensichtlich: Die Verehrung und die Hingabe, die vor allem weibliche Teenager ihren Idolen entgegenbringen, übertreffen bei weitem jenes Ausmaß an Zuwendung, das sie ihren Eltern zu geben bereit sind.

Die innerliche Neuorientierung des Jugendlichen äußert sich auch in seiner Körpersprache. Die körperliche Distanz zu den Eltern, insbesondere zum anderen Geschlecht, wird größer. Anna schmiegt sich nicht mehr wie früher an ihren Vater. Es würde ihr nicht mehr einfallen, dem Vater auf den Knien zu sitzen; selbst zufällige, leichte Berührungen können ihr bereits ein Zuviel an Nähe sein. Sie zeigt ein Blickvermeidungsverhalten, indem sie ihren Vater nur noch flüchtig oder überhaupt nicht mehr anblickt. An einem Meinungsaustausch mit den Eltern ist sie kaum mehr interessiert. Clarisse, fünfzehneinhalbjährig, beschreibt die Beziehung zu ihren Eltern folgendermaßen (aus Dolto 1989):

Seit ich erwachsen werde, gibt es Probleme zwischen meinen Eltern und mir. Wir haben den Eindruck, daß wir uns nicht mehr verstehen. Meine Eltern wollen das Beste für mich, aber manchmal wissen sie gar nicht, was ich wirklich brauche oder wozu ich wirklich Lust habe. Ich glaube nicht, daß mein Verhältnis zu meinen Eltern besonders gut ist, vor allem das Verhältnis zu meiner Mutter, denn mit ihr habe ich oft Streit. Ich glaube nicht, daß sie mich versteht, übrigens erzähle ich ihr nichts von dem, was mich betrifft. Ich glaube nicht, daß sie mir da helfen oder mich verstehen könnte. Es käme mir nie in den Sinn, zu ihr zu gehen und mit ihr zu sprechen.

Die Verhaltensänderungen, die der Jugendliche durchmacht, sind nicht nur für die Eltern verwirrend. Der Jugendliche ist oft genauso verstört: »Nichts stimmt mehr, aber man weiß eigentlich nicht genau, warum und wieso. Man fühlt sich wie auf einer abschüssigen Bahn, auf der einem die Kontrolle entgleitet.« (Aus Dolto 1995)

Mit der Ablösung von den Eltern hat der Jugendliche nur noch wenig oder überhaupt keine Angst mehr vor einem Liebesentzug, wenn er sich den Eltern entgegenstellt. Er ist immer weniger bereit, sein Verhalten nach ihnen auszurichten. Er läßt sich von den Eltern emotional nicht mehr kontrollieren.

Die Ablösung bedeutet aber auch, daß die Eltern dem Jugendlichen nicht mehr Nähe und Sicherheit wie früher geben können. Der elterliche Schutz, den das Kind als absolut empfunden und nie in Frage gestellt hat, ist abhanden gekommen. Der Eintritt in die Adoleszenz ist die Vertreibung aus dem sicheren Hort der Kindheit. Auf der Suche nach Geborgenheit und Nähe außerhalb der Familie betritt der Heranwachsende Neuland. Er wendet viel Kraft und Zeit dafür auf, sich einen Platz in einer Gruppe Gleichaltriger zu sichern, Freundschaften zu schließen und zu erhalten, und schließlich einen Lebenspartner zu finden. Das Bemühen um Nähe und Anerkennung kann einen Jugendlichen so sehr beschäftigen, daß er alles andere – wie etwa die Schulpflichten – vernachlässigt. Er kann wochen- und monatelang über das eigene Verhalten und dasjenige der anderen nachgrübeln. Er wünscht sich Kameraden und Kameradinnen, denen er bedingungslos vertrauen kann und die zu ihm halten, genauso wie es früher seine Eltern getan haben. Da die Kameraden ähnlich hohe Ansprüche an Beziehungen stellen, aber gleichermaßen emotional labil sind, ist der Umgang unter den Jugendlichen oft geprägt von höchsten Erwartungen und tiefsten Enttäuschungen.

Zuwendung und soziale Anerkennung. Der Jugendliche will nicht nur mit Gleichaltrigen zusammensein. Er will auch als Person mit seiner Erscheinung, seinen Fähigkeiten und seinen Leistungen akzeptiert werden. Er reagiert überaus empfindlich auf die Einschätzung seiner Stärken und seiner Schwächen durch die Kameraden. Um von ihnen angenommen zu werden, ist er bereit, Risiken einzugehen (beispielsweise durch Imponiergehabe ausgelöstes, aggressives Autofahren). Gute Leistungen in der Schule, im Beruf oder im Sport, die seine Stellung unter den Kameraden festigen, tragen zu seinem Wohlbefinden bei.

Die meisten Jugendlichen sind auf Gedeih und Verderb darauf angewiesen, Anerkennung von Gleichaltrigen zu erhalten. Sie sind ständig bemüht zu gefallen und reagieren überempfindlich auf Ablehnung und Verlust (»James-Dean-Syndrom«). Das Schlimmste, was einem Heranwachsenden zustoßen kann, ist, von den Kameraden nicht akzeptiert zu werden. Das Ausmaß seiner Verzweiflung ist durchaus mit dem Verlassenheitsgefühl eines Kindes vergleichbar, das sich von den Eltern abgelehnt fühlt. Wie schwerwiegend der Beziehungsnotstand vieler Jugendlicher ist, zeigt der sprunghafte Anstieg psychosomatischer

Störungen wie Magersucht oder die Selbstmordrate in der Adoleszenz (»Beziehungstod«).

Die Häufigkeit der Selbsttötungen nimmt in der Adoleszenz erheblich zu und erreicht ein Ausmaß, das deutlich über der mittleren Häufigkeit in der Gesamtbevölkerung liegt. Junge Männer bringen sich dabei in jeder Altersklasse zwei- bis dreimal häufiger um als junge Frauen. Es wäre falsch, daraus abzuleiten, daß Mädchen in der Adoleszenz weniger gefährdet seien als Jungen. Das Gegenteil scheint sogar der Fall zu sein: Mädchen unternehmen mehr Selbsttötungsversuche als Jungen. Sie überleben aber häufiger, weil sie zu weniger lebensbedrohlichen Mitteln, vor allem Tabletten, greifen als die jungen Männer, die sich mit einer Waffe, einem Strick oder einem Sprung in die Tiefe umzubringen versuchen. Gewaltdelikte, die von Jugendlichen begangen werden, weil sie von Gleichaltrigen, Mitschülern oder einer begehrten Person abgelehnt werden, haben in den letzten Jahren ebenfalls zugenommen.

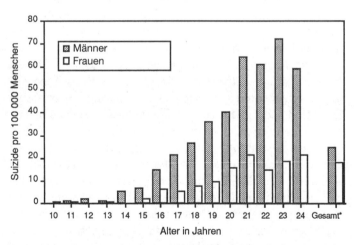

Selbsttötungen in der Adoleszenz. Die Häufigkeit wird in Anzahl Selbsttötungen pro 100 000 Menschen einer Altersklasse angegeben; * bezeichnet die mittlere Häufigkeit in der Gesamtpopulation. (Modifiziert nach Ladame 1996)

Diese Bedrohungen der Jugendlichen sollten Eltern und Fachleute, bei aller Ablehnung, die sie von ihnen immer wieder erfahren, bedenken. Der Jugendliche ist in seinem Streben nach Unabhängigkeit auf die Unterstützung der Eltern und anderer Bezugspersonen (Lehrer!) angewiesen. Er braucht das Gespräch mit vertrauten Erwachsenen, die aber nicht versuchen sollten, ihn in seinem Denken und seinen Gefühlen zu beeinflussen.

Den Jugendlichen kann die Gesellschaft den Übergang ins Erwachsenenleben erheblich erleichtern, wenn sie ihnen geeignete Begegnungsstätten zur Verfügung stellt. Sie brauchen Freiräume, wo sie sich, unbeobachtet von Erwachsenen, auf ihre Weise kennenlernen können. Solche Orte sind Experimentierfelder, wo sie ihre sozialen und anderen Fähigkeiten erproben. Sieht die Gesellschaft keine Kontaktmöglichkeiten vor, schaffen sie sich die Jugendlichen selbst – oftmals zum Ärger der Erwachsenen. Konsum und Unterhaltung sind für Jugendliche vor allem Gelegenheiten, um Gleichaltrige zu treffen. Was für sie zählt, sind gemeinsames Erleben und gegenseitiges Kennenlernen.

Elterliches Bindungsverhalten

Die Beziehung der Eltern zum Kind beginnt nicht erst mit dessen Geburt. Die Wurzeln reichen sogar weit vor die Schwangerschaft zurück. Die ersten elterlichen Vorstellungen fußen auf den eigenen Kindheitserfahrungen. Wie die Eltern ihre Kindheit erlebt haben, wie ihre Eltern mit ihnen als Kinder umgegangen sind und welchen Wert ihre Eltern ihnen als Kindern zugeschrieben haben – das alles bestimmt ihre Grundhaltung zum Kind und zur Familie. Ein weiterer wesentlicher Anteil der frühen Eltern-Kind-Beziehung geht aus der Partnerschaft hervor: Das Kind ist Teil des gemeinsamen Lebensentwurfes.

In den ersten drei Schwangerschaftsmonaten spürt die angehende Mutter das Kind nicht. Sie erlebt aber die körperlichen Auswirkungen der Schwangerschaft und muß sich mit der Vorstellung vertraut machen, daß sie in einigen Monaten Mutter sein wird. Wird mein Kind normal entwickelt sein? Werde ich meine

Arbeit und meine Arbeitskolleginnen vermissen? Ähnliche Gedanken beschäftigen den Vater: Wie sehr wird mich das Kind in Anspruch nehmen? Wie wird sich das Kind auf unsere Partnerschaft auswirken? Wiederkehrende Ängste und Zweifel bei den Eltern gehören, genauso wie freudige Erwartungen, zu jeder Schwangerschaft. Sie sind Ausdruck der großen inneren Umstellung, die angehende Eltern gedanklich und gefühlsmäßig zu bewältigen haben.

Mit dem Auftreten der ersten Kindsbewegungen in der 16. bis 20. Schwangerschaftswoche nimmt die Mutter das ungeborene Kind erstmals als ein unabhängiges Wesen wahr. Einige Wochen später kann auch der Vater das Kind spüren. Die Eltern beginnen, dem Kind bestimmte Charakterzüge zuzuschreiben. Sie sprechen von einem ruhigen oder einem lebhaften, einem kräftigen oder einem zarten Kind. Je weiter die Schwangerschaft fortschreitet, desto konkreter versuchen die Eltern, sich ihr zukünftiges Familienleben vorzustellen und sich darauf einzurichten.

In der ganzen Schwangerschaft bleibt das Kind für die angehenden Eltern ein imaginäres Wesen, was sie aber nicht davon abhält, sich an ihr Kind zu binden. Sie haben ihm einen festen Platz in ihrem Leben eingeräumt und sind innerlich bereit, für das Kind zu sorgen. Wie sehr sich Eltern in der Schwangerschaft an das Ungeborene gebunden haben, wird dann offensichtlich, wenn das Kind während oder kurze Zeit nach der Geburt stirbt. Manche Eltern trauern um ein totes Neugeborenes genauso wie um ein älteres Kind.

Die Geburt ist für die Eltern und alle Anwesenden ein schicksalhaftes Ereignis. Die erste Begegnung mit dem Kind hat für die Eltern etwas Unwiderstehliches. Eine Mutter erinnert sich: »Ich hatte mich auf eine intensive Berufskarriere eingestellt. Kaum war das Kind auf der Welt, bekam ich gewissermaßen Scheuklappen. Ich sah nur noch mein Kind. Mein ganzes Interesse galt nur noch meinem Kind.« Ein Vater erinnert sich an die Geburt seines ersten Kindes: »Ich war überwältigt. Ich wußte in dem Augenblick, als sein Kopf erschien: Dies ist mein Kind. Ich mußte es ganz einfach gern haben!«

Eltern wenden sehr viel Zeit und Kraft für Aufsicht, Ernährung und Pflege des Kindes auf. Ein Kind, das kräftig ißt und prächtig gedeiht, erfüllt die Eltern mit Stolz. Sie sind besorgt, wenn das Kind ungenügend zunimmt oder krank wird. Selbst eine harmlose Erkältung des Kindes kann sie sehr beunruhigen. Eltern setzen alles daran, damit dem Kind so rasch wie möglich geholfen wird. Wie sehr ihr Bemühen um das körperliche Gedeihen des Kindes Teil ihres Bindungsverhaltens ist, zeigt sich daran, daß ihre Ängste oft weit größer sind als das objektive Risiko der Krankheit.

Das Kind soll nicht nur gesund und kräftig sein. Die Eltern wollen auch, daß es zufrieden und fröhlich ist. Ein Kind, das bei seinem Spiel lustlos ist und wenig Interesse an seiner Umwelt zeigt, beunruhigt die Eltern. Am wichtigsten ist für sie eine gesunde Entwicklung. Das Kind soll so gut wie möglich heranwachsen und sich voll entfalten, damit es in dieser Welt bestehen kann. Die Eltern wollen ihre Erwartungen mit kleineren und größeren Fortschritten immer wieder bestätigt sehen. So freuen sie sich, wenn ihr Kind aufrecht gehen kann und die ersten Wörter spricht. Der Schuleintritt ist für Kind und Eltern ein wichtiges Ereignis. Was das Kind in der Schule leistet, ist für die Eltern von existentieller Bedeutung. Eine erfolgreiche Schulkarriere ist für sie eine Bestätigung, daß sich das Kind später bewähren wird.

Die elterliche Bindung wird neben der Fürsorge um das körperliche und psychische Wohl des Kindes durch eine Vielzahl kleiner und großer gemeinsamer Erfahrungen gefestigt, die die Eltern mit dem Kind jeden Tag, vom Aufstehen bis zum Zubettgehen, an Werk- und Sonntagen sowie in den Ferien machen.

In der Entwicklung wird das Kind immer selbständiger, und die Eltern müssen sich ständig seinem Verhalten anpassen. Das Ausmaß der Veränderungen, die das Verhalten des Jugendlichen in der Pubertät erfährt, trifft die meisten Eltern unvorbereitet. Sie stehen unter dem schockartigen Eindruck, ihr Kind habe sich über Nacht verwandelt. Sie sind nicht bereit, die Kontrolle über den Jugendlichen aufzugeben. Gelegentlich hat es den Anschein, als müsse sich der Heranwachsende garstig verhalten, damit die Eltern zur Einsicht kommen, daß sie ihn freigeben müssen.

Der Jugendliche geht zu den Eltern auf Distanz. Er grüßt sie kaum mehr, vermeidet das Gespräch und empfindet ihre Äußerungen als Einmischung. Die elterliche Meinung gilt ihm nichts mehr. An familiären Aktivitäten will er sich nicht mehr beteiligen. Er läßt die Eltern spüren, daß er ihre Fürsorge als lästig empfindet. Die Eltern sind nicht mehr gefragt bzw. nur dann, wenn sich der Jugendliche nicht mehr anders zu helfen weiß. Manche Eltern fühlen sich ohnmächtig und hilflos. Sie sind tief gekränkt und beschuldigen den Jugendlichen, undankbar zu sein. Bei den Eltern entstehen Ängste und gelegentlich Panik: Sie haben die Kontrolle über ihr Kind verloren und können es nicht mehr beschützen.

Wenn ihr Kind in die Adoleszenz eintritt, erleiden die Eltern einen emotionalen Verlust. Sie haben für ihr Kind nicht nur viel getan, sie haben auch viel von ihm erhalten. 15 Jahre lang ist ihnen das Kind freundlich begegnet, hat ihre Nähe gesucht und ihnen zu verstehen gegeben, daß es sie braucht, sich bei ihnen wohl fühlt und sie mag. So wie den Eltern das Kind bei der Geburt geschenkt wurde, wird es ihnen jetzt genommen. Sie müssen Abschied nehmen und Trauerarbeit leisten.

Wenn sich die Eltern auch zurückgestoßen und unnütz fühlen, sollten sie dem Jugendlichen ihre Unterstützung nie verweigern. Sie sollten ihm die Tür offenhalten, ohne ihn festzuhalten. Der Heranwachsende braucht einen sicheren Hort, den er jederzeit aufsuchen kann, wenn etwas schiefläuft. Mancher Jugendliche überfordert sich in seinem Selbständigkeitsdrang und braucht Rückzugsmöglichkeiten, wenn er ins Niemandsland gerät. Die Eltern sollten ihm so lange Unterschlupf gewähren, bis er wieder Mut gefaßt hat, sich erneut der Welt zu stellen. Er mag viele Male zurückkehren; er wird und muß auch wieder fortgehen. Die Eltern sollten sich bei dem Heranwachsenden nicht anbiedern und im Wettbewerb mit seinen Kameraden nicht um seine Zuneigung buhlen. Sie sollten zu sich selbst stehen und ihre eigene Meinung entschieden zum Ausdruck bringen – ohne aber zu erwarten, daß sich der Jugendliche danach richten wird.

Lernerfahrungen

Das Kind ist in seiner Entwicklung in Beziehungen eingebunden und emotional abhängig. Die Bindungen zu den Eltern, anderen Bezugspersonen und Gleichaltrigen wandeln sich ständig und beeinflussen sich wechselseitig.

Aus den Erfahrungen, die das Kind in der Beziehung zu seinen Eltern, anderen Bezugspersonen und Gleichaltrigen macht, entstehen Erwartungen, wie die Menschen zukünftig mit ihm umgehen werden. Ein Säugling, dessen Bedürfnisse zuverlässig befriedigt werden und der sich angenommen fühlt, wird als Kleinkind offener auf Kinder und Erwachsene zugehen, als wenn er in seinem Geborgenheitsgefühl verunsichert worden ist. Gestalten sich die Beziehungen auch im Kleinkindesalter vertrauensvoll, wird das Kind im Schulalter seinen Kameraden und Lehrern mit Selbstvertrauen und innerer Sicherheit begegnen. Ein Jugendlicher schließlich, der in seiner ganzen Kindheit die Er-

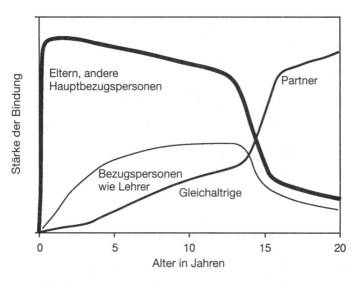

Wandel und Stärke der Bindungen während der Entwicklung

fahrung machen konnte, daß ihn seine Mitmenschen annehmen, wird mit einer positiven emotionalen Grundhaltung ins Erwachsenenleben eintreten.

Die Bindungen, die ein Kind in jeder Entwicklungsperiode eingeht, sind immer auch Lernerfahrungen (Fremmer-Bombik und Grossmann 1993). Sie bestimmen seine Erwartungen, die es in zukünftige Beziehungen setzen wird. Sie beeinflussen seine Einstellung zu anderen Menschen und seinen Umgang mit ihnen. Wie wir als Eltern und Erzieher mit einem Kind umgehen, wirkt sich auf seine zukünftige Bindungsbereitschaft, sein Sozialverhalten und sein Selbstwertgefühl aus.

Das Wichtigste in Kürze

1. Das Kind geht in den ersten Lebensjahren eine bedingungslose Bindung zu den Personen ein, die seine körperlichen und psychischen Bedürfnisse befriedigen.
2. Im Alter von sechs bis zwölf Monaten treten Trennungsangst und Fremdeln auf, die das Kind zusätzlich an die Bezugspersonen binden.
3. Die Bindung stellt die Befriedigung der folgenden Bedürfnisse sicher: Körperliche Bedürfnisse, Bedürfnis nach Nähe und Sicherheit sowie Bedürfnis nach Zuwendung und sozialer Anerkennung. Jedes Bedürfnis ist von Kind zu Kind unterschiedlich ausgeprägt und verändert sich ständig während der Entwicklung.
4. *Körperliche Bedürfnisse:*
   - Sie bestimmen beim Säugling die Bindung (Ernährung, Pflege).
   - Kleinkind und Schulkind werden selbständig in der Ernährung und Pflege. Sie bleiben aber von der Fürsorge emotional abhängig.
   - Der Jugendliche will über seinen Körper selbst verfügen.

5. *Bedürfnis nach Nähe und Sicherheit:*
   - Besteht für den Säugling vor allem im Körperkontakt.
   - Das Kleinkind braucht Bezugspersonen, die unverzüglich erreichbar und verfügbar sind.
   - Das Schulkind benötigt die Gewißheit, jederzeit Zugang zu Bezugspersonen zu haben.
   - Der Jugendliche braucht die Nähe und den Rückhalt der Gleichaltrigen.
6. *Bedürfnis nach Zuwendung und sozialer Anerkennung:*
   - Der Säugling bekommt Zuwendung durch den Austausch von Zärtlichkeiten und im sozialen Spiel.
   - Für das Kleinkind sind gemeinsame Erlebnisse mit Bezugspersonen eine wichtige Form der Zuwendung.
   - Das Schulkind braucht für seine Person, sein Verhalten und seine Leistungen die Anerkennung der Erwachsenen und Gleichaltrigen.
   - Der Jugendliche ist vor allem auf die Anerkennung der Gleichaltrigen angewiesen.
7. In der Adoleszenz löst sich die Bindung zu den Hauptbezugspersonen. Der Jugendliche wendet sich in seinem Bindungsverhalten Gleichaltrigen zu.
8. Die Bindungen, die das Kind in jeder Entwicklungsperiode eingeht, sind Lernerfahrungen, die sein zukünftiges Bindungsverhalten und seinen Umgang mit anderen Menschen mitbestimmen.
9. Die Eltern-Kind-Bindung hat ihre Wurzeln in den eigenen Kindheitserfahrungen und in der Partnerschaft der Eltern. Sie wird geprägt durch die Fürsorge für das körperliche und psychische Wohlbefinden des Kindes, die Zuwendung, die sie von ihm erhalten, und die gemeinsamen Erfahrungen, die sie mit ihm machen.

Bezugspersonen

Der vierjährige Kurt tollt mit seinem heißgeliebten Onkel herum. Als sie hintereinander herjagen, fällt Kurt hin und verletzt sich leicht am Knie. Der Onkel versucht, ihn aufzuheben und in die Arme zu nehmen. Kurt wehrt ab und läuft schreiend zu seiner Mutter. Er will nur von ihr getröstet werden.

»Nur die leibliche Mutter kann für ihr Kind sorgen.« Diese Ansicht teilten in den 60er Jahren breite Bevölkerungskreise und namhafte Fachleute. Der frühen Mutter-Kind-Beziehung schrieben Psychiater und Psychologen eine zentrale Bedeutung zu für die sozioemotionale Entwicklung des Kindes und seine spätere Beziehungsfähigkeit. Bowlby (1969, 1975), ihr prominentester Vertreter, ging davon aus, daß das Kind in den ersten Lebensmonaten – später erweiterte er diese Zeitspanne auf die ersten drei bis vier Lebensjahre – in einer Art Prägung an die Mutter gebunden wird. Weite Verbreitung fanden auch die Vorstellungen von Erikson (1971) und Mahler (1979). Von Erikson stammt der Begriff des Urvertrauens. Er verstand darunter die innere Sicherheit, die ein Kind für sein ganzes weiteres Leben erhält, wenn seine körperlichen und psychischen Bedürfnisse in den ersten Lebensjahren zuverlässig befriedigt werden. Mahler postulierte für die ersten neun Lebensmonate eine symbiotische Beziehung zwischen Kind und Mutter, aus der sich das Kind in den folgenden Jahren langsam löst.

In diesen vorwiegend psychoanalytisch orientierten Sichtweisen, die Erkenntnisse der Verhaltensforschung (Lorenz 1965) miteinbezogen, war das Wohlbefinden des Kindes untrennbar mit der Mutter als einzig möglicher Bezugsperson verbunden. Der frühen Kindheit kam dabei im Sinne einer kritischen Periode eine ausschlaggebende Bedeutung für die spätere emotionale Entwicklung zu.

Nach 30 Jahren Forschung steht fest: die leibliche Mutter ist nicht die einzig mögliche Bezugsperson für ein Kind (Lamb 1977, Field 1978, Parke 1978, Scarr 1990). Untersuchungen, die in Kinderheimen und bei Adoptivfamilien durchgeführt wurden, belegen: Aus der Sicht des Kindes kann jede Person, die sich ausreichend um es kümmert, zu einer Bezugsperson, ja selbst zur Hauptbezugsperson für das Kind werden (Tizard 1977, 1978). *Nicht die biologische Herkunft bindet, sondern die Vertrautheit, die durch Fürsorge, Nähe und Zuwendung entsteht.* So kann ein Säugling zum Vater und zu jeder anderen Person eine Bindung eingehen, die ebenso tragfähig ist wie diejenige zur Mutter. Die Voraussetzung allerdings ist, daß das Kind mit dieser Person regelmäßige, zeitlich ausreichende und beständige Erfahrungen machen kann.

Was ist eine Bezugsperson?

Wenn es nicht mehr ausschließlich die leibliche Mutter sein muß, die sich um das Kind kümmert: Welche Anforderungen soll eine Bezugsperson erfüllen? Eine Bezugsperson
- befriedigt die körperlichen Bedürfnisse des Kindes (körperliches Wohlbefinden),
- gibt ihm Geborgenheit und Zuwendung (psychisches Wohlbefinden),
- gestaltet seine Umgebung so, daß sich das Kind Fähigkeiten und Wissen aneignen kann (Entwicklung).

Wie wir sehen werden, vermag eine Bezugsperson ein Kind in diesen drei Bereichen oft nur teilweise zu versorgen. Selbst die Hauptbezugspersonen, zumeist die Eltern, können nur während einer begrenzten Altersperiode die Bedürfnisse eines Kindes umfassend befriedigen.

Damit jemand für ein Kind zur Bezugsperson wird, ist gegenseitiges Kennenlernen notwendig, das je nach Alter und Persönlichkeit des Kindes wie auch Kompetenz und Erfahrung der Bezugsperson verschieden viel Zeit beanspruchen kann. Es gibt Kinder, die nehmen leicht Kontakt mit einer fremden Person auf, andere verhalten sich abwartend und zögerlich. Gewisse Kinder sind sehr vertrauensvoll, andere wollen mehrmals und über längere Zeit hinweg bestätigt bekommen, daß der Erwachsene zuverlässig ist. Auch Erwachsene brauchen mehr oder weniger viel Zeit, um das Verhalten, die individuellen Bedürfnisse und Eigenheiten des Kindes kennenzulernen.

Die Zeit und der Aufwand, die aufgebracht werden müssen, um miteinander vertraut zu werden, wird häufig unterschätzt, wie das folgende Beispiel aus dem Familienalltag zeigt. Die Eltern stellen einen Babysitter für ihren dreijährigen Mark ein, damit sie ab und zu abends ausgehen können. Im ungünstigsten Fall führen sie den Babysitter überhaupt nicht in die Familie ein. Sie bringen ihren Sohn zu Bett, bevor der Babysitter kommt und sie weggehen. Sie versichern dem Babysitter, daß Mark, einmal eingeschlafen, bis zum Morgen nicht mehr aufwachen wird. Der Babysitter hat eine reine Nachtwächterfunktion: Für den Fall, daß es brennt, soll er das Kind außer Haus bringen. Sollte Mark wider Erwarten doch aufwachen und nach den Eltern rufen, kommt es zu einer kleinen Katastrophe: Statt der vertrauten Eltern erscheint eine wildfremde Person. Beide, der verstörte Mark und der überforderte Babysitter, sind unwillentlich in eine unangenehme Situation geraten. In den folgenden Tagen und Wochen wird Mark nur ungern einschlafen, weil er jeden Abend befürchtet, daß er von den Eltern verlassen wird.

Idealerweise geben die Eltern Mark und dem Babysitter ausreichend Gelegenheit, sich gegenseitig kennenzulernen. Der Babysitter kommt so oft vorbei und verbringt so viel Zeit in der Familie, bis die beiden eine tragfähige Beziehung aufgebaut haben. Dazu gehört, daß sich Mark vom Babysitter trösten und zu Bett bringen läßt. Die Eltern sind ein wichtiges Bindeglied zwischen Mark und dem Babysitter. Sie beeinflussen mit ihrer Haltung ihren Sohn in seiner Bereitschaft, mit dem Babysitter Beziehung aufzunehmen. Das Kind spürt, ob die Eltern dem Babysitter mit Sympathie oder Zurückhaltung begegnen, und verhält sich dementsprechend. Wenn die Eltern den Babysitter offensichtlich mögen, ist Mark eher bereit, sich auf ihn einzulassen.

Auch der Babysitter muß sich wohl fühlen, damit er dem Kind die notwendige Geborgenheit und Sicherheit zu geben vermag. Er macht sich deshalb zusätzlich mit dem Haus und der näheren Umgebung vertraut.

Erst wenn diese Bedingungen erfüllt sind, denken die Eltern ans Ausgehen. Der Babysitter kommt zeitig, damit Mark sich an ihn gewöhnen kann, bevor die Eltern weggehen. Die Eltern verabschieden sich von ihrem Sohn, auch wenn er sich nur widerstrebend von ihnen trennt. Da Mark sich beim Babysitter aufgehoben fühlt, wird er bald wieder zufrieden sein.

Das gegenseitige Vertrauen bleibt nur erhalten, wenn das Kind und der Babysitter ausreichend Kontakt haben. Wie häufig und wie lange sie sich jeweils sehen, hängt von der individuellen Persönlichkeit des Kindes und der Bezugsperson sowie von den familiären Gegebenheiten ab. So bleibt der eine Babysitter dem Kind nur dann vertraut, wenn sie sich mindestens einmal pro Woche sehen. Bei einem anderen Babysitter und einem anderen Kind können monatliche Kontakte dafür ausreichend sein.

Wodurch zeichnet sich eine »ideale« Bezugsperson aus? *In ihrer Gegenwart fühlt sich das Kind wohl und geborgen. Es ist interessiert und aktiv, sucht bei ihr Geborgenheit und Schutz, die sie ihm auch zu geben vermag. Die Bezugsperson ist für das Kind vertraut, verläßlich und voraussagbar. Sie kennt die individuellen Eigenheiten und Bedürfnisse des Kindes und geht angemessen darauf ein.*

Hierarchie der Bezugspersonen

Zutiefst vertraut ist ein Kind nur mit wenigen, oft nur mit ein bis zwei Personen, zumeist den Eltern. Wer diese Hauptbezugspersonen sind, wird immer dann offensichtlich, wenn ein Kind Schmerzen hat, müde oder verängstigt ist: Als der vierjährige Kurt hinfiel, wollte er nicht vom Onkel, sondern von der Mutter getröstet werden. Schutz und Trost sucht ein Kind bei einer Hauptbezugsperson, weil sie ihm das größte Maß an Geborgenheit zu geben vermag. Eine Hauptbezugsperson zeichnet sich auch dadurch aus, daß sie mit dem Kind jederzeit Körperkontakt aufnehmen kann. Ihr gegenüber zeigt das Kind kein Distanzverhalten, was darauf zurückzuführen ist, daß seine primären

Bedürfnisse (Ernährung und Pflege) von dieser Person befriedigt werden.

Die meisten Bezugspersonen genügen dem Kind nur in einem begrenzten Lebensbereich und während einer bestimmten Zeit. Dabei kann es durchaus sein, daß sie gewisse Bedürfnisse des Kindes besser befriedigen als die Eltern. Weil aber ihre gemeinsame Vertrauensbasis eingeschränkt ist, kann es zu unliebsamen Überraschungen kommen:

- Jeden Tag darf der vierjährige Robert einen älteren Nachbarn auf seinem Spaziergang begleiten. Auf einem Bauernhof, bei dem sie vorbeikommen, beobachten sie die Tiere und der alte Mann erklärt dem Knaben deren Verhalten. Robert genießt diese Spaziergänge. Er geht besonders gern mit dem Nachbarn auf den Bauernhof, weil der alte Mann geduldiger ist und mehr über die Tiere zu berichten weiß als seine Eltern.

Eines Tages, bereits in Sichtweite des Bauernhofes, reißt sich Robert plötzlich los, läßt seinen verdutzten Begleiter stehen und rennt nach Hause zurück. Er hat Durchfall und muß dringend auf die Toilette. Dieses Geschäft hat er bisher nur bei der Mutter verrichtet.

- Die Großmutter hütet die dreijährige Irene, wenn die Eltern abends ausgehen. Sie nimmt sich beim Bettzeremoniell etwas mehr Zeit als die Eltern. Sie erzählt ihr Geschichten oder singt ihr Lieder vor, die Irene von den Eltern nicht zu hören bekommt. Irene liebt es, von der Großmutter zu Bett gebracht zu werden.

Eines Abends sind die Eltern in Eile. So überlassen sie es der Großmutter, das Kind zu baden und das Nachtgewand anzuziehen. Irene mag dies aber nicht und protestiert. Sie ist bisher nur von der Mutter gebadet worden. Mit etwas Geduld und gütigem Zureden bekommt die Großmutter die Enkelin in die Badewanne. Von diesem Tag an ist Irene bereit, sich auch von der Großmutter baden zu lassen.

Das Vertrauen, das ein Kind einer Bezugsperson entgegenbringt, ist konkret und begrenzt, weil es auf gemeinsamen Erfahrungen beruht. Je umfassender diese Erfahrungen sind und je besser seine Bedürfnisse befriedigt wurden, desto vertrauensvoller ist ihre Beziehung.

Bezugspersonen pro Kind

Tizard (1978) hat in Langzeitstudien das Verhalten und die Entwicklung von Kindern untersucht, die in Heimen aufwuchsen. Sie machte dabei die folgende Beobachtung: Kinder, die eine freundliche Betreuung und ausreichend Anregungen bekamen, aber einem häufigen Wechsel der Betreuungspersonen ausgesetzt waren, verhielten sich als Erwachsene unstet und distanzlos in ihrem Beziehungsverhalten.

Mit einem Kind freundlich umzugehen reicht nicht aus. Damit sich das Kind wohl und geborgen fühlt, müssen ihm die Personen, die es betreuen, vertraut sein. Eine Vertrauensbeziehung aufzubauen und zu erhalten braucht Zeit. Die Anzahl der Bezugspersonen, die für ein Kind sorgen können, ist daher beschränkt.

Je jünger ein Kind ist, desto mehr Zeit benötigt es, um eine Bindung einzugehen, und desto kleiner ist demzufolge der Kreis der möglichen Bezugspersonen. Der Beziehungsfähigkeit eines Säuglings sind durch seine noch wenig entwickelte Wahrnehmung enge Grenzen gesetzt. Er benötigt viel Zeit, um Informationen über seine Sinnesorgane aufzunehmen. Ein Reiz wird ihm nur vertraut, wenn derselbe wiederholt und über längere Zeit auf ihn einwirkt. Ein Säugling braucht daher langandauernde und stabile Erfahrungen, um eine Person kennenzulernen. Bereits ein Säugling ist aber fähig, sich an mehrere Personen zu binden.

Ein Kind ist in jedem Alter fähig, sich auf das unterschiedliche Verhalten von Mutter, Vater und anderen Bezugspersonen einzustellen. Die Großmutter kann durchaus ein anderes Bettzeremoniell veranstalten als die Eltern. Irene ist von der Großmutter begeistert. Ein Kind kann sehr wohl mit verschiedenen Erziehungsstilen umgehen. Es weiß genau, wie es sich bei welcher Person zu verhalten hat.

Die Bereitschaft, sich anderen Menschen zuzuwenden, hängt vom Alter und von der Persönlichkeit des Kindes, aber auch vom sozialen Umfeld ab, in dem das Kind aufwächst. Lebt ein Kind in einer Großfamilie zusammen mit Erwachsenen und Kindern verschiedenen Alters, wird es ein anderes Beziehungs- und Bindungsverhalten entwickeln, als wenn es als Einzelkind einer alleinstehenden Mutter in einer kleinen Stadtwohnung aufwächst. Wird ein Kind von mehr als einer Bezugsperson betreut und hat es regelmäßig Kontakt mit verschiedenen Erwachsenen und Kindern, ergeben sich die folgenden Vorteile:

- Das Kind wird anpassungsfähiger und offener anderen Menschen gegenüber, was sich positiv auf sein zukünftiges Beziehungsverhalten auswirken wird.
- Dem Kind stehen unterschiedliche Verhaltensstile und Beziehungsformen bei Erwachsenen und Kindern als Vorbilder zur Verfügung.
- Das Kind hat mehr Erfahrungsmöglichkeiten, weil die Bezugspersonen verschiedene Interessen haben und verschiedenen Tätigkeiten nachgehen.

Kinder pro Bezugsperson

Wie viele Kinder kann eine Erzieherin in einer Krippe oder einem Hort betreuen? Wie viele Kinder kann eine Tagesmutter aufnehmen? Vor- und Nachteile der außerfamiliären Betreuung werden seit vielen Jahren kontrovers diskutiert (Belsky 1988, Belsky und Steinberg 1978, Pechstein 1990, Scarr 1993). Wenn die Klassengrößen in Kindergärten und Schulen festgelegt werden müssen, ist die Frage, wie viele Kinder eine Kindergärtnerin oder eine LehrerIn betreuen kann, oft heftig umstritten. Verschiedene Studien haben gezeigt, daß die Anzahl Kinder, die eine ErzieherIn oder eine LehrerIn betreuen kann, wesentlich von ihrer sozialen und fürsorglichen Kompetenz, ihrer Belastbarkeit und ihren bisherigen Erfahrungen mit Kindern abhängt (Belsky 1988, Belsky und Steinberg 1978).

Wenn wir von den Grundbedürfnissen der Kinder ausgehen, ist der entscheidende Faktor die Verfügbarkeit der Bezugsperson. Wenn sich die Kinder wohl und geborgen fühlen sollen, dann wird die Anzahl Kinder, die eine Erzieherin betreuen kann, durch ihre Verfügbarkeit begrenzt. Die Kinder erwarten, daß sie jederzeit Zugang zu der Erzieherin haben und von ihr die notwendige Nähe und Zuwendung bekommen. Die individuellen Ansprüche, welche die Kinder an sie stellen, sind dabei sehr verschieden. So gibt es unter drei- bis fünfjährigen Kindern solche, die die Erzieherin immer wieder für einen kurzen oder einen längeren Körperkontakt aufsuchen, während anderen gelegentliche Blicke und aufmunternde Worte von ihr ausreichen.

Kinder verlangen nicht, daß sich die Erzieherin ständig mit ihnen abgibt, sie soll aber jederzeit verfügbar sein. In einer Spielgruppe beschäftigen sich die Kinder die meiste Zeit miteinander oder für sich allein. Jedes Kind will aber irgendwann die ungeteilte Aufmerksamkeit der Erzieherin, das eine Kind häufiger als das andere. Sind die Kinder jünger als vier Jahre, kann eine Erzieherin je nach ihren Fähigkeiten und Erfahrungen bis zu fünf Kinder einige Stunden lang betreuen. Ist die Gruppe größer, vermag sie dem einzelnen Kind nicht mehr gerecht zu werden. Sie kann die Kinder lediglich noch beaufsichtigen und mit dem Nötigsten versorgen. Nach dem vierten Lebensjahr verringern sich die Ansprüche, welche die Kinder an eine Erzieherin stellen, weil sie immer fähiger werden, sich gegenseitig Geborgenheit und Zuwendung zu geben.

Schulkinder sind für ihr Wohlbefinden viel mehr auf ihre Bezugspersonen angewiesen, als manche Erwachsenen wahrhaben wollen. So kann sich ein Schüler nur wohl fühlen, wenn er spürt, daß der Lehrer ihn mag. Wird er vom Lehrer als Person nicht zur Kenntnis genommen, erlebt er jede schlechte Schulnote als Ablehnung. Am besten ist es, wenn der Schüler eine persönliche Beziehung zum Lehrer hat, die es ihm ermöglicht, ihn ohne Hemmungen um Hilfe zu bitten. Welche große Bedeutung ein Lehrer als Bezugsperson haben kann, zeigt sich immer wieder bei Kindern, die körperlich oder psychisch mißbraucht wurden. Sie vertrauen sich häufig nicht den Eltern sondern ihrem Lehrer an. Findet der Mißbrauch in der Familie statt, ist der Lehrer oder die Lehrerin der häufigste Ansprechpartner.

Verluste

Ein Kind trauert, wenn es eine Bezugsperson verliert, anders als ein Erwachsener. Für das Kind hat das Leben noch keine vergängliche Qualität. So sind seine Zeitvorstellungen bis ins Alter von etwa fünf Jahren sehr begrenzt. Das Kind lebt im Hier und Jetzt und kennt weder Vergangenheit noch Zukunft. Das Kind macht wiederholt die Erfahrung, daß eine Person, die weggeht, auch wiederkommt. Wieso sollte es nicht immer so sein? Und falls sie nicht zurückkehrt, wo ist sie geblieben? Erst im frühen Kindergartenalter beginnt das Kind zu begreifen, daß Menschen geboren werden, sich vom Kind zum Erwachsenen entwickeln, alt werden und schließlich sterben.

Es mag sich für manche Leserin und manchen Leser etwas überraschend und sogar schmerzhaft anhören: Beim Verlust einer Bezugsperson trauert das Kind weniger um eine bestimmte Person. Es leidet vielmehr darunter, daß gewisse Bedürfnisse nicht mehr befriedigt werden. Robert, der jeden Morgen mit dem älteren Nachbarn spazierenging, war sehr traurig, als sein Begleiter eines Tages starb. Er vermißte die gemeinsamen Spaziergänge zum Bauernhof. Besonders schwer wiegt für ein Kind der Verlust einer Hauptbezugsperson wie der Mutter. Ihre Fürsorge, Nähe und Zuwendung sind deshalb einmalig für das Kind, weil sie von keiner anderen Bezugsperson kurzfristig und in vollem Umfang ersetzt werden können.

Der Verlust von außerfamiliären Bezugspersonen wird häufig unterschätzt. Wenn ein Kind in einer Krippe über drei Jahre hinweg vor allem von einer einzigen Erzieherin betreut wird, entwickelt sich eine starke gegenseitige Bindung. Verläßt die Erzieherin die Krippe oder muß das Kind die Institution wechseln, wird das Kind einen Verlust erleiden und sich längere Zeit verlassen fühlen. Die emotionale Abhängigkeit kann so stark gewesen sein, daß selbst die Eltern den Verlust nicht oder nur teilweise ausgleichen können.

Wer will Bezugsperson sein?

Grundsätzlich kann jeder Erwachsene für ein Kind zur Bezugsperson werden. Ist aber jeder Erwachsene auch dazu bereit? Die Frage, die wir uns heutzutage stellen müssen, ist nicht mehr, ob sich ein Kind an jede beliebige Person binden kann, sondern: »Welcher Erwachsene ist bereit, eine vertrauensvolle Beziehung mit einem Kind einzugehen?«

Die Bindungsbereitschaft bei Erwachsenen ist unterschiedlich groß:

- Die fürsorglichen und sozialen Fähigkeiten sind bei den beiden Geschlechtern unterschiedlich ausgebildet (Brody 1993). Frauen haben eine größere soziale Kompetenz und eine höhere Sensibilität für die Bedürfnisse der Kinder als Männer. Auch wenn es viele – nicht nur Frauen, auch Männer – ungern hören: Frauen sind wegen ihrer biologischen Disposition besser geeignet, Kinder aufzuziehen, als Männer.
Dieser Geschlechtsunterschied sollte jedoch nicht so ausgelegt werden, daß sich nur die Frauen um die Kinder kümmern sollten. Die Variabilität der sozialen Kompetenz ist bei beiden Geschlechtern groß und überlappt sich deutlich. So gibt es Männer, die im Umgang mit Kindern genauso geschickt oder noch geschickter sind als Frauen. Und vor allem: Die sozialen und fürsorglichen Fähigkeiten der meisten Männer sind ausreichend, um ein Kind zu versorgen.
- Die Befriedigung, die ein Erwachsener aus der Fürsorge für ein Kind und aus den gemeinsamen Erfahrungen zieht, ist verschieden groß. Dem einen Mann kann es viel bedeuten, einem Säugling die Flasche zu geben oder mit einem Dreijährigen herumzutollen. Für einen anderen ist beides nicht mehr als eine Pflichtübung. Wahrscheinlich empfinden Frauen auch mehr Befriedigung als Männer, wenn sie ein Kind so umsorgen, daß es sich geborgen und angenommen fühlt.
- Kinder haben für Erwachsene eine verschiedene Bedeutung, je nach Lebensplanung, eigenen Kindheitserfahrungen und partnerschaftlicher Beziehung. Viele Ehepaare wollen Kinder, weil sie ihnen sehr viel bedeuten. Sie freuen sich an ihnen so

sehr, daß sie auch bereit sind, erhebliche finanzielle und berufliche Einbußen in Kauf zu nehmen. Andere Ehepaare – ihre Zahl scheint gegenwärtig zu steigen – wollen die vielfältigen Einschränkungen nicht auf sich nehmen, die eine Elternschaft mit sich bringt.

Für das Kind nehmen die Eltern zunächst keine Sonderstellung ein. Sie werden erst durch das gegenseitige Kennenlernen und Vertrautwerden zu Hauptbezugspersonen. Das Kind jedoch ist für die meisten Eltern von Beginn an etwas Besonderes. Wenn eine Frau und ein Mann Eltern werden, schenken sie einem Menschen das Leben und übernehmen für ihn während vieler Jahre die ausschließliche Verantwortung (Stern 1997). Die Bedeutung, die ein Kind damit für die Eltern und vor allem für die Mutter bekommt, kann es bei anderen Bezugspersonen nur ausnahmsweise erhalten.

Das Wichtigste in Kürze

1. Die leibliche Mutter ist nicht die einzig mögliche Bezugsperson für ein Kind. *Nicht die biologische Herkunft bindet, sondern die Vertrautheit, die durch Fürsorge, Nähe und Zuwendung entsteht.* Vertrautheit setzt gegenseitiges Kennenlernen sowie Kontinuität und Intensität der Beziehung voraus.
2. Eine Bezugsperson zeichnet sich dadurch aus, daß sich ein Kind in ihrer Gegenwart wohl und geborgen fühlt, interessiert und aktiv ist sowie bei ihr Geborgenheit, Zuwendung und Schutz findet.
3. Eine Bezugsperson
   - befriedigt die körperlichen Bedürfnisse des Kindes (körperliches Wohlbefinden);
   - gibt ihm Geborgenheit und Zuwendung (psychisches Wohlbefinden);
   - gestaltet seine Umgebung so, daß sich das Kind Fähigkeiten und Wissen aneignen kann (Entwicklung).

4. Die Anzahl Personen, an die sich ein Kind binden kann, ist durch sein begrenztes Anpassungsvermögen beschränkt. Bereits ein Säugling vermag sich aber an mehrere Personen zu binden.
5. Umfassend vertraut mit einem Kind sind nur wenige Personen, zumeist die Eltern. Neben diesen Hauptbezugspersonen gibt es Bezugspersonen, die die Bedürfnisse des Kindes in einem begrenzten Lebensbereich und während einer beschränkten Zeit befriedigen können.
6. Für ein Kind ist es vorteilhaft, wenn es von mehreren Bezugspersonen betreut wird. Seine Fähigkeit, Beziehungen aufzubauen, wird größer, es lernt von verschiedenen Vorbildern und hat mehr Erfahrungsmöglichkeiten.
7. Die Anzahl Kinder, die eine Bezugsperson betreuen kann, hängt von ihrer sozialen und fürsorglichen Kompetenz, ihrer Belastbarkeit und ihrer bisherigen Erfahrung mit Kindern ab. Die Anforderungen, die an sie gestellt werden, sind um so größer, je jünger die Kinder sind.
8. Beim Verlust einer Bezugsperson trauert ein Kind weniger um eine bestimmte Person; es leidet vielmehr darunter, daß seine Bedürfnisse nicht mehr oder nur noch ungenügend befriedigt werden. Besonders schwer wiegt der Verlust einer Hauptbezugsperson wie der Mutter, weil ihre Form der Fürsorge und des Umgangs mit dem Kind keine andere Bezugsperson in vollem Umfang und kurzfristig ersetzen kann.
9. In ihrer Bereitschaft, für ein Kind zu sorgen, nehmen die Eltern unter allen Bezugspersonen eine Sonderstellung ein: Sie haben dem Kind zum Leben verholfen und tragen für das Kind die hauptsächliche und umfassende Verantwortung.

IV. Entwicklung und Lernen

Intelligenz

Alle Menschen verlangen von Natur aus nach Wissen.
Aristoteles

IQ – der Intelligenzquotient: ein allgemeingültiges Maß für die menschliche Intelligenz? Um die Jahrhundertwende bemühten sich Psychologen, die intellektuelle Leistungsfähigkeit des Menschen zu messen. Den größten Erfolg hatten die beiden Franzosen Alfred Binet und Théodore Simon (1905). Sie haben die Standardform des Intelligenztests geschaffen. Ihre Absicht ging dahin, die intellektuelle Leistungsfähigkeit von Kindern zu bestimmen, um die schulischen Anforderungen besser an ihre individuellen Fähigkeiten anzupassen. Dabei ist es im wesentlichen geblieben: Die Resultate, die Kinder in einem Intelligenztest erbringen, stimmen mit ihren schulischen Leistungen weitgehend überein. Intelligenztests erfassen Wissen und Kompetenzen in Bereichen wie Sprach- und Zahlenverständnis, Form- und Raumerfassung, visuelle und auditive Merkfähigkeit.

Die menschliche Intelligenz leistet aber weit mehr, als der IQ mit einer Zahl auszudrücken vermag. Geistige Fähigkeiten wie Kreativität, musisches Talent oder Lernstrategien können mit einem Intelligenztest nicht beurteilt werden. Seine Aussage ist zudem kulturgebunden und damit zeitlich sowie örtlich beschränkt. Kinder sind heutzutage zu höheren Leistungen fähig als vor 30 Jahren, und Kinder im Nahen Osten erbringen andere Leistungen als solche, die in Mitteleuropa aufwachsen. Aber das wichtigste: Der Intelligenzquotient sagt wenig über die zukünftige Lebensbewältigung eines Menschen aus. Ein hoher IQ ist eine gute Voraussetzung, aber keine Garantie für eine erfolgreiche Lebensgestaltung.

Aristoteles' Aussage gilt nicht nur für den Menschen, sie trifft grundsätzlich auf alle Lebewesen zu. Tiere und Pflanzen haben die Fähigkeit, sich Informationen zu beschaffen, die ihre Überlebenschancen verbessern. *Intelligenz im weitesten Sinne hat sich im Verlauf der Evolution aus der Notwendigkeit heraus ent-*

wickelt, Eigenschaften und Zusammenhänge in der physischen und der sozialen Umwelt zu erkennen, um darauf in einer für die Organismen vorteilhaften Weise reagieren zu können. Beim Menschen und den höherentwickelten Tieren werden die Informationen über die Sinnesorgane aufgenommen, im Zentralnervensystem mit den bereits vorhandenen Informationen in Verbindung gebracht und, falls als bedeutungsvoll erachtet, gespeichert. Erscheint es dem Organismus nützlich, reagiert er darauf. Alle diese Prozesse dienen Mensch und Tier dazu, ihre Bedürfnisse zu befriedigen und sich in der physischen und sozialen Umwelt vorteilhaft zu verhalten. Dabei geht es nie um Erkenntnis an sich, sondern immer nur um Fähigkeiten und Kenntnisse, die sich für ein Lebewesen im Verlauf der Evolution als nützlich erwiesen haben. Die geistigen Fähigkeiten sind abgestimmt auf seine Lebensgewohnheiten und seine spezifischen Bedürfnisse. Die Ausbildung der entsprechenden Organe ist für jede Tierart – und damit auch für den Menschen – einmalig. So haben alle höheren Tierarten Organe zum Sehen und Hören. Die Informationen, die diese Organe verarbeiten, sind aber von Tierart zu Tierart verschieden. *Die* Intelligenz gibt es nicht. Jede Tierart hat ihre eigene, ihr angemessene Intelligenz.

Sind wir Menschen klüger als Tiere? Wir neigen dazu, unsere Intelligenz höher einzuschätzen. Keineswegs sind wir ihnen in jeder Hinsicht überlegen. Vieles können Tiere genauso gut – und einiges besser als der Mensch. So sind Wahrnehmungsfunktionen bei manchen Tieren besser ausgebildet, etwa das Sehvermögen bei Raubvögeln und die Geruchsdifferenzierung bei Hunden. Gewisse Tierarten haben Fähigkeiten entwickelt, die für ihre Lebensform besonders vorteilhaft sind und über die der Mensch nicht verfügt. So können Bienen Ultraviolettstrahlen wahrnehmen, was ihnen hilft, Blüten leichter aufzufinden. Einige Tierarten besitzen Informationssysteme, für die dem Menschen das entsprechende Sinnesorgan fehlt. Fledermäuse und Delphine können Ultraschallsignale aussenden oder empfangen, was sie befähigt, auch ohne Licht ihre physikalische Umwelt bis ins Detail zu erkennen.

Was den Menschen von anderen Tierarten unterscheidet, sind

nicht eine sehr leistungsfähige Wahrnehmung, eine überaus gute Merkfähigkeit oder ein überragendes Gedächtnis. Die Besonderheit der menschlichen Intelligenz, falls es diese überhaupt gibt, liegt in den Symbolfunktionen (Piaget 1975, Vigotsky 1987).

Was ist unter einer Symbolfunktion zu verstehen? Wenn die 15 Monate alte Johanna auf die Frage »Wo ist der Ball?« auf den vor ihr liegenden Ball deutet, ist dies noch keine Symbolleistung. Wenn sie im Alter von 24 Monaten aufgefordert wird, den Ball zu holen, der im Zimmer nebenan liegt, und sie der Bitte nachkommt, setzt dies symbolisches Denken voraus. Johanna kann mit einem Symbol, dem Wort »Ball«, die dazugehörige Vorstellung oder das Schema, wie es Piaget (1975) nannte, abrufen.

Symbole sind nicht bloße Erinnerungen. Sie sind losgelöst von den ursprünglich gemachten Erfahrungen und haben einen gewissen Abstraktionsgrad. Unter dem Begriff »Krug« verstehen wir einen Gegenstand, der von unterschiedlicher Form und Größe sein kann, aber bestimmte Eigenschaften aufweisen muß. So ist eine Flasche kein Krug, weil ihr der Henkel fehlt, und eine Tasse ebenfalls nicht, weil sie keinen Ausguß aufweist. Ein weiteres Merkmal von Symbolen ist, daß sie miteinander kombiniert und in einem immer neuen Zusammenhang verwendet werden können, beispielsweise in einem übertragenen Sinn: »Der Krug geht so lange zum Brunnen, bis er bricht.«

Symbole können weitgehend unabhängig von den äußeren Umständen sowie dem psychischen und dem körperlichen Befinden verwendet werden. Wir können mitten im Sommer über Weihnachten reden oder in einem Kochbuch ein Rezept nachlesen und uns ein Gericht vorstellen, auch wenn wir nicht hungrig sind. Eine besonders wichtige Eigenschaft symbolischen Denkens besteht darin, daß wir mit Hilfe von Symbolen Überlegungen anstellen und zu neuen Einsichten kommen können (z. B. in der Mathematik).

Symbolsysteme

Die Sprache ist nur eines, wenn auch das wichtigste der Symbolsysteme. Symbolsysteme haben eine Schlüsselrolle in der Evolution des Menschen gespielt. Sie haben unsere kulturellen Errungenschaften ermöglicht.

- Sprache
- bildliche Darstellungen
- Moral, Rechtssysteme
- Totenkult, Mythen, Religion
- Wissenschaft und Technik

Kulturelle Errungenschaften, die auf Symbolsystemen basieren

Sprache

Unsere Vorfahren haben seit Jahrmillionen miteinander kommuniziert, genauso wie dies höhere Tierarten und vor allem Menschenaffen noch immer tun. Es gibt zwei Hinweise, daß sie frühzeitig über ein differenziertes akustisches Kommunikationssystem verfügten. Beim Homo erectus, der vor etwa 1,5 Millionen Jahren die Erde bevölkerte, fand sich auf der Innenseite des Schädels eine Vertiefung, die einem Abdruck des Broca-Sprachzentrums entsprechen könnte (Leakey 1993; vgl. auch das Kapitel »Anlage« S. 53). Eine für den Menschen charakteristische Lage des Kehlkopfes wurde beim archaischen Homo sapiens, der vor 400 000 bis 300 000 Jahren lebte, nachgewiesen. Der tiefliegende Kehlkopf geht mit einer Vergrößerung des Nasen-Rachen-Raumes einher und ermöglicht dadurch eine differenzierte Lautbildung. Beide Beobachtungen, der Abdruck des Broca-Sprachzentrums und der tiefliegende Kehlkopf, machen eine hochentwickelte akustische Kommunikation wahrscheinlich. Beweisend für das Vorliegen von Sprache, das heißt einer Kommunikation mit Symbolcharakter, sind sie aber nicht.

Wir haben keine Hinweise darauf, seit wieviel tausend Jahren die Menschen Sprache verwendet, Erfahrungen ausgetauscht und an ihre Kinder weitergegeben, sich Geschichten und Mythen erzählt haben. Einige frühe Zeugnisse der geschriebenen Sprache haben dagegen überdauert. Eine Vorform der Schrift, symbolische Zeichen auf Tongefäßen, stammt aus der Zeit 5 500 Jahre vor unserer Zeitrechnung. Sie entstand in der Vinčakultur, die im heutigen Serbien und Siebenbürgen beheimatet war. Die erste Schrift, die sogenannte Keilschrift, wurde 3 500 Jahre v. Chr. von den Sumerern in Mesopotamien erschaffen. Sie setzt sich aus Zeichen zusammen, die mit einem Griffel in weiche Tontafeln eingedrückt wurden. Die Hieroglyphen sind von den Ägyptern etwa 3 000 Jahre v. Chr. entwickelt worden. In den folgenden 3 000 Jahren wurden verschiedene Schriftformen von den Völkern des Nahen Ostens, Phöniziern, Ägyptern und Griechen, entwickelt, was schließlich zum lateinischen Alphabet geführt hat.

Bildliche Darstellung

Die älteste erhaltene bildliche Darstellung, ein Ritzmuster auf einem polierten Tierknochen, ist 250 000 bis 300 000 Jahre alt. Sie besteht aus einer rhythmischen Abfolge von Strichen und geometrischen Mustern (Fundort Bilzingsleben in Thüringen). Jäger und Sammler schufen vor 40 000 bis 20 000 Jahren die ersten realistischen Ritzungen, Zeichnungen und Malereien auf Höhlenwänden und Felsblöcken. Bekannte Fundorte sind Lascaux in der Dordogne (Frankreich) und Altamira in Kantabrien (Spanien); ähnliche Funde wurden auch in Deutschland, Österreich und Rußland gemacht. Die Menschen jener Zeit schnitzten mit Hilfe von scharfkantigen Feuersteinwerkzeugen formvollendete Tier- und Menschenfiguren aus Mammutelfenbein und schufen Frauenfiguren aus Stein wie die Venus von Willendorf.

Die bildliche Darstellung hat sich bis in unser Jahrhundert kaum verändert. Die Impressionisten des 19. Jahrhunderts arbeiten nicht wesentlich anders als die Menschen, die vor 30 000 Jahren die Höhlenmalereien geschaffen haben. Innerhalb weniger Jahrzehnte haben Fotografie, Film, Fernsehen und

Videotechnik neue Möglichkeiten der Darstellung eröffnet und eine eigentliche Bilderflut ausgelöst.

Introspektion, Moral und Rechtssysteme

Wir sind fähig, uns als eigenständige Individuen wahrzunehmen, über uns selbst nachzudenken und uns unsere Empfindungen bewußt zu machen (vgl. Kapitel »Individualität«, S. 45). Wir können uns nicht nur in uns selbst einfühlen, sondern auch in unsere Mitmenschen. Wir spüren, ob sie fröhlich oder traurig sind. Wir nehmen wahr, wie wir mit unserem Verhalten auf sie einwirken. Wir fühlen uns für sie verantwortlich oder bekommen Schuldgefühle, wenn wir sie schlecht behandeln. Dieses Einfühlungsvermögen bildet neben dem intuitiv fürsorglichen Verhalten die Grundlage für unser moralisches Denken und Handeln. Die Achtung vor dem Mitmenschen entsteht aus dem empathischen Empfinden. Die goldene Regel »Tue den anderen nichts, von dem du nicht willst, daß man es dir tut« und Kants kategorischer Imperativ »Handle nur nach derjenigen Maxime, durch die du zugleich wollen kannst, daß sie ein allgemeines Gesetz werde« sind in allen großen Religionen, in den Sittenlehren und im Rechtsempfinden der Völker verankert worden.

Totenkult, Mythenbildung, Religion

Ich komme, ich weiß nicht, von wo?
Ich bin, ich weiß nicht, was?
Ich fahre, ich weiß nicht, wohin?
Mich wundert, daß ich so fröhlich bin.
(Überliefert von Heinrich von Kleist)

Der Mensch ist höchstwahrscheinlich das einzige Lebewesen, das eine Zeitvorstellung entwickelt hat. Seit mindestens 120 000 Jahren – aus dieser Zeit stammen die ersten Gräberfunde der Neandertaler – muß er sich mit der beunruhigenden Einsicht auseinandersetzen, daß sein Leben begrenzt ist. Seither versucht sich der Mensch vorzustellen, was nach dem Tode sein wird. Im

Rahmen seiner Kultur bemüht er sich, dem Leben und dem Tod einen Sinn zuzuschreiben. Religionsstifter und Dichter haben großartige Bilder, wie etwa Wiedergeburt und Erlösung oder Himmel und Hölle, geschaffen. Solche Vorstellungen und der rituelle Umgang mit dem Tod haben mitgeholfen, das Bewußtsein einer zeitlich begrenzten Existenz und die Ungewißheit über die Zeit nach dem Tode erträglicher zu machen.

Technik und Wissenschaft

Neben der Schrift haben Zahlensysteme und Werkzeuggebrauch entscheidend zum Fortschritt von Technik und Wissenschaft beigetragen.

Zahlen. Wann die Menschen zu zählen angefangen haben, wissen wir nicht. Schriftlich wurden Zahlen und Zahlenoperationen erstmals von den Sumerern um 3000 Jahre v. Chr. festgehalten. Ein senkrechter Keil galt als Einer, ein waagerechter als Zehner. Die ältesten Hinweise auf Algebra finden sich in einer ägyptischen Handschrift aus der Zeit um 1700 v. Chr. Darin enthalten ist die folgende Aufgabe: »Ein Haufen zusammen mit einem Siebtel seiner selbst ergibt 16. Wie groß ist der ursprüngliche Haufen?«

Zahlensysteme, logisches Denken und die Quantifizierung physikalischer Größen wie Gewicht oder Länge sind die wichtigsten Elemente naturwissenschaftlicher Vorgehensweisen. In Biologie, Chemie und Physik werden sie gezielt eingesetzt, um zu neuen Erkenntnissen zu gelangen. Wissenschaftler bilden Hypothesen, führen die entsprechenden Experimente durch und analysieren die gesammelten Daten nach mathematisch-statistischen Grundsätzen.

Werkzeuge. Die ältesten erhaltenen Steinwerkzeuge sind etwa 20 Millionen Jahre alt. Sie zeugen vom Verständnis, wie Gegenstände funktionell verwendet werden können, setzen aber keine Symbolfunktionen voraus. Der erste überzeugende Hinweis auf eine Tätigkeit mit Symbolcharakter ist der Einsatz von einem Werkzeug zur Herstellung eines anderen Werkzeugs. Die sogenannten Levalloiswerkzeuge wurden vor 250 000 Jahren geschaffen und zeigen Spuren einer gezielten Bearbeitung (Leakey 1993). Seit dieser Zeit hat sich die Herstellung von Werkzeugen sowie deren Gebrauch sehr stark ausgeweitet. Zahlreiche Berufe sind entstanden, welche die Herstellung und Benutzung der Werkzeuge immer weitergetrieben und überliefert haben.

Späterfindung der Evolution

Der Ursprung des Menschen, die Abspaltung von den Vorfahren, die wir mit den Menschenaffen gemeinsam haben, wird von den meisten Anthropologen vor etwa 4,5 Millionen Jahren angesetzt (Leakey 1993). Für mindestens 4 Millionen Jahre gibt es keinerlei Hinweise auf menschliche Aktivitäten, die auf Symbolfunktionen zurückzuführen wären. Dies mag daran liegen, daß die Zeugnisse symbolischer Leistungen aus der Frühzeit der Menschheitsgeschichte nicht überdauert haben.

Die Symbolfunktionen scheinen in der langen Menschheitsgeschichte eine sehr späte Erwerbung zu sein. Sie sind höchstens seit 250 000 Jahren nachweisbar. Um so erstaunlicher ist ihre rasante Ausbreitung. Seit ihrem Auftreten haben die symbolischen Aktivitäten exponentiell zugenommen. Das heißt, in jeder Zeitperiode waren die Fortschritte um ein Vielfaches größer als in der vorangegangenen. So entwickelten sich die Symbolsysteme in den 35 000 Jahren der Vorzeit und des Altertums weit stärker als in der viel längeren Zeitperiode des späten Neandertalers und des archaischen Homo sapiens (vor 250 000 bis 35 000 Jahren). In den 200 Jahren des 19. und 20. Jahrhunderts wiederum brachte der Mensch ein Vieltausendfaches an solchen Erzeugnissen hervor als in den 2 000 Jahren unserer Zeitrechnung und sogar in den gesamten 250 000 Jahren seit dem Auftreten der Symbolfunktionen.

Wie können wir uns diesen exponentiellen Anstieg symbolischer Aktivität erklären? Es wäre naheliegend, anzunehmen, daß eine Vergrößerung und/oder eine strukturelle Wandlung des Gehirns dazu geführt haben. Unser Gehirn ist aber immer noch so groß wie zur Zeit der Neandertaler. Auf eine Weiterentwick-

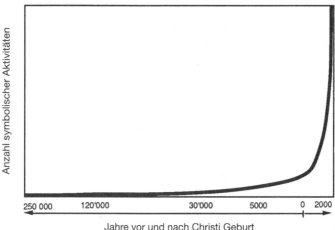

Exponentielle Zunahme der symbolischen Aktivitäten in den vergangenen 250 000 Jahren.

lung des Gehirns, das heißt auf eine Differenzierung der Nervenzellen und ihrer Verbindungen (Synapsen), läßt sich die exponentielle Zunahme solcher Erzeugnisse wegen der kurzen Zeitdauer ebenfalls kaum zurückführen. Wesentliche Gründe sind:

Kulturrevolution. Als die Menschen seßhaft wurden und anfingen, Viehzucht und Ackerbau zu treiben und damit auch Besitz zu mehren, nahm die Bedeutung von Schrift und Zahlen zu. Mengen, Stückzahlen und Flächen mußten ausgemessen und festgehalten werden. Die Arbeitsteilung, z. B. Holz-, Ton- und Metallbearbeitung, förderte den Werkzeuggebrauch. Schrift und Zahlensysteme führten wiederum zu einer Differenzierung von Handel, Gesellschafts- und Rechtssystem und erleichterte das Bewahren und Tradieren von Sitte, Geschichte und Religion.

Eigendynamik. Die Anwendung eines Symbolsystems trägt immer auch zu seiner Erweiterung bei. Dies zeigt sich besonders anschaulich beim »arabischen« Zahlensystem, ursprünglich eine Erfindung der Inder, die von den Arabern im 9. Jahrhundert nach Europa gebracht wurde (Ifrah 1987). Dieses

System eröffnete weit besser als die römischen Ziffern auf leichtfaßliche Weise den Zahlenhorizont von 0, einem wichtigen neuen Symbol, bis zu den großen Zahlen. Neben Addition und Subtraktion, Multiplikation und Division ermöglichte es die Einführung zusätzlicher Operationen wie etwa des Rechnens mit Potenzen und Wurzeln oder der Differential- und der Integralgleichung.

Technischer Fortschritt. Symbolsysteme wie die Schrift und die Zahlen förderten den technischen Fortschritt, der wiederum zu ihrer Erweiterung führte. Das geschriebene Wort erfuhr mit der Erfindung des Buchdrucks, im 6. Jahrhundert in China und im 15. Jahrhundert in Europa, eine erste größere Verbreitung. Eine eigentliche Informationsflut wurde im 19. Jahrhundert durch die Mechanisierung des Druckvorganges, und in den letzten 30 Jahren durch die Elektronik in Gang gesetzt: Kopierer, PCs mit Textverarbeitung und schließlich Elektronic Mailing und Internet.

Bildungsrevolution. Die Menschen haben wahrscheinlich seit vielen Jahrtausenden über symbolisches Denken und eine hohe Lernfähigkeit verfügt, die sie aber kaum nutzen konnten. In allen Kulturen haben sich immer wieder elitäre Minderheiten gebildet, die nach dem Prinzip »Wissen ist Macht« die Bildung monopolisiert haben. Seit der Aufklärung verstärkten sich die Anstrengungen, Bildung allen sozialen Schichten zugänglich zu machen. Wesentliche Beiträge dazu leisteten der technische Fortschritt und insbesondere die neuen Kommunikationsmittel. Die Anzahl Menschen, die über eine Schulbildung verfügen, hat in diesem Jahrhundert auf der ganzen Welt außerordentlich zugenommen und damit wiederum der technische Fortschritt. Indien, das bei der Staatsgründung vor 50 Jahren noch mehrheitlich ein Agrarland war, verfügt heute über eine der weltweit größten und kreativsten Computerindustrien.

Ist der Mensch einmalig?

Ist der Mensch das einzige Lebewesen mit Symbolfunktionen? Seit einigen Jahren wissen wir, daß auch Menschenaffen Symbole anwenden können. Dies mag wenig erstaunen, wenn man bedenkt, daß unsere nächsten Verwandten mehr als 98 Prozent des Erbgutes mit uns gemeinsam haben.

Ein Schimpanse versucht, mit einem Grashalm Termiten zu angeln (oben) und mit einem Stein eine Kolanuß zu zerschlagen (unten).

Bei freilebenden Schimpansen wurden über 20 funktionelle Handlungen beobachtet, die durch Nachahmung von einer Generation zur nächsten weitergegeben werden. So angeln sie sich mit Zweigen, die sie für diesen Zweck aussuchen und zurichten, Termiten aus deren Bau. Sie öffnen Kolanüsse und Pandafrüchte, indem sie diese auf eine harte Unterlage legen und mit einem schweren Stein oder Ast aufschlagen (Bösch 1983).

Vor allem Bonobos, aber auch Schimpansen und Gorillas, sind fähig, Gebärden- und Zeichensprache zu erlernen und anzuwenden (Savage-Rumbaugh 1993). Zwei wesentliche Unterschiede im Umgang mit Sprachsymbolen zwischen dem Menschen und den Menschenaffen blieben bis heute bestehen:

- Bei Menschenaffen ist der Gebrauch von Symbolen nur im Labor, das heißt von Menschen vermittelt, nachgewiesen worden. Eine Weitergabe von Gebärden zwischen einem Muttertier und ihrem Jungen kam ebenfalls nur im Labor vor. Ein spontaner Gebrauch von Symbolen wurde in der freien Wildbahn noch nie beobachtet.
- Das bestmögliche Symbolverständnis eines erwachsenen Primaten entspricht dem Entwicklungsstand eines zwei- bis dreijährigen Menschenkindes. Die hochgradige Differenzierung und die vielfältige Anwendung von Symbolsystemen scheint eine Besonderheit unserer Spezies zu sein.

Symbolfunktionen in der kindlichen Entwicklung

Inwieweit spiegelt die kognitive Entwicklung beim einzelnen Kind die Evolution der Symbolfunktionen wider? Wenn wir davon ausgehen, daß die Symbolfunktionen in der Menschheitsgeschichte sehr spät auftraten, ist es verständlich, daß sie beim Neugeborenen und beim Säugling noch nicht nachweisbar sind. Sie erscheinen erst am Ende des zweiten Lebensjahres. Am deutlichsten kommen sie im kindlichen Spiel und in der Sprache zum Ausdruck. Wenn ein Kind mit 18 Monaten seinen Teddybären mit einem Löffel füttert, setzt das eine innere Vorstellung dieser Handlung voraus, die es auf den Teddybären überträgt. Wenn es mit 24 bis 30 Monaten seinen Vornamen und die Ichform anwendet, verfügt es über eine innere Vorstellung seiner Person. Mit drei bis fünf Jahren macht es die ersten Versuche, innere Bilder als Zeichnungen wiederzugeben. Ein Zahlenverständnis stellt sich im Alter von drei bis sieben Jahren ein.

Die Differenzierung der Symbolfunktionen beansprucht die gesamte Entwicklungsspanne von etwa 15 Jahren. Einer der Gründe, weshalb die Kindheit des Menschen so lange dauert, mag die langsame Ausreifung der Symbolsysteme sein. Zumindest reizvoll ist die Vorstellung, daß das Kind in seiner kognitiven Entwicklung die Evolution des menschlichen Denkens rekapituliert.

Symbolsysteme in Erziehung und Schule

Die Symbolfunktionen sind die Grundlagen von Kreativität und Produktivität. Wenn wir die Erziehung und die Ausbildung unserer Kinder möglichst sinnvoll gestalten wollen, müssen wir den Symbolfunktionen gebührend Aufmerksamkeit schenken. Die Leserin oder der Leser mag sich nun fragen: Auf welche Weise kann die Entwicklung der Symbolfunktionen bei einem Kind am besten gefördert werden? Zunächst: Symbolfunktionen können wir dem Kind nicht beibringen. Das Kind kann sie nur durch konkrete Erfahrung selbst erwerben. Wir können aber Wesentliches zu seiner Entwicklung beitragen, wenn wir ihm die dazu notwendigen Erfahrungen ermöglichen, etwa in der Sprachentwicklung, indem wir ihm ausreichend Gelegenheit geben, Sprache in Zusammenhang mit Personen, Gegenständen, Handlungen und Situationen zu erleben.

In der Schule legt man großen Wert auf die formalen Aspekte der Symbolsysteme, auf die sogenannten Notationen. So wird viel Zeit auf Lesen, Schreiben und Rechnen verwendet. Notationssysteme sind aber lediglich Hilfsmittel, die dazu dienen, Wissen auszudrücken und festzuhalten. Ein mechanischer Umgang mit Notationen wie etwa das Abschreiben von Texten oder das gleichförmige Ausführen von Rechenoperationen fördert das

Symboldenken kaum. Das kindliche Vorstellungsvermögen wird erst dann angeregt und erweitert, wenn sich das Kind aktiv und eigenständig mit Symbolsystemen auseinandersetzen kann. Wenn es die gesetzmäßigen Beziehungen zwischen den Zahlen selbst entdecken darf, wird es sie weit besser verinnerlichen, als wenn ihm diese als Regeln vorgesetzt werden. Gardner (1993) hat Vorschläge gemacht, wie Eltern und Lehrer die Kinder beim Erwerb von Symbolfunktionen unterstützen können.

Unser Bildungssystem ist noch wenig auf eine umfassende Förderung der Symbolsysteme angelegt. Das Hauptanliegen der Schule ist nach wie vor, den Kindern möglichst viel Wissen zu vermitteln. Diese Bildungsstrategie der Industriegesellschaft hat sich in den vergangenen 150 Jahren als nützlich erwiesen. Ein großer Wissensstand bietet aber heutzutage kaum mehr Vorteile, weil Wissen ein rasch vergängliches Gut geworden ist und ständig erneuert werden muß. Es kann auch nicht mehr monopolisiert werden, sondern ist für jedermann jederzeit und überall zugänglich. Ein Mittelschullehrer muß heute damit rechnen, daß der Stoff, den er am Vormittag im Unterricht vermittelt, von seinen Schülern am Nachmittag im Internet überprüft und durch neueste Erkenntnisse ergänzt wird.

Zukünftig wird weniger Wissen an sich als vielmehr die Kenntnis gefragt sein, wie man an Informationen gelangen und wie man sie nutzen kann. Die spätere Lebenstüchtigkeit wird wahrscheinlich von den verfügbaren Lernstrategien und der Konfliktfähigkeit abhängen. Letzteres können sich die Kinder nicht durch Auswendiglernen, sondern nur durch problemorientiertes Lernen und Ausbildung der sozialen Kompetenz aneignen. Der Lernprozeß selbst wird dabei mindestens so wichtig sein wie der Erwerb von Fertigkeiten und Wissen.

Niemand kann mit Bestimmtheit vorhersagen, welche Fähigkeiten in den kommenden Jahren besonders wichtig sein werden. Bisher wurden in der Schule vor allem die sprachlichen Fähigkeiten und das logisch-mathematische Denken gefördert. In der Computerbranche sind heute Leute mit einem guten figuralräumlichen Vorstellungsvermögen gefragt. Die Wirtschaft, die zunehmend aus Dienstleistungen besteht, verlangt nach Menschen mit hoher sozialer Kompetenz. Dem einzelnen Kind – und wahrscheinlich auch der ganzen Gesellschaft – ist wohl am meisten gedient, wenn wir das Bildungssystem auf möglichst alle geistigen Fähigkeiten ausrichten, die in den Kindern angelegt sind und wenn wir uns vor allem bemühen, ihren individuellen Stärken zur Entfaltung zu verhelfen.

Das Wichtigste in Kürze

1. Charakteristisch für die menschliche Intelligenz sind die Symbolfunktionen.
2. Ein Symbol ist ein inneres Bild (Schema), das losgelöst von unmittelbaren Erfahrungen in immer wieder neuen Zusammenhängen verwendet werden kann (z. B. der Begriff »Tisch«).
3. Symbolfunktionen haben unsere kulturellen Errungenschaften ermöglicht:
   - Sprache
   - Moral und Rechtssysteme
   - Malerei, Bildhauerei und Architektur
   - Totenkult, Mythenbildung und Religion
   - Wissenschaft und Technik
4. Die Symbolfunktionen sind eine Späterfindung der Evolution. Ihre frühesten Zeugnisse, bildliche Darstellungen und bearbeitete Werkzeuge, sind 30 000 bis maximal 250 000 Jahre alt.
5. Kulturrevolution, Eigendynamik der Symbolsysteme, technischer Fortschritt und steigender Bildungsstand der Bevölkerung haben zu einer exponentiellen Verbreitung symbolischer Aktivitäten geführt.
6. Symbolfunktionen treten in der kindlichen Entwicklung im zweiten Lebensjahr auf (Sprache, funktioneller Gebrauch von Gegenständen, Symbolspiel).

Geistige Kompetenzen

*Jedes Kind ist gewissermaßen ein Genie,
und jedes Genie gewissermaßen ein Kind.*
Arthur Schopenhauer

Begriffe wie Intelligenz und Intelligenzquotient suggerieren eine einheitliche Leistung des Gehirns. Tatsächlich gibt es Funktionen wie das Kurz- und das Langzeitgedächtnis, die für das ganze Gehirn von Bedeutung sind. Bereits im Altertum wurde man aber darauf aufmerksam, daß der Mensch über verschiedene geistige Fähigkeiten verfügt. Im Mittelalter wurde die Intelligenz aufgeteilt in das Trivium (Grammatik, Logik und Rhetorik) und das Quadrivium (Arithmetik, Geometrie, Musik und Astronomie). Heutzutage kennen wir eine Vielzahl von geistigen Fähigkeiten, die sich aufgrund ihrer organischen Strukturen und Funktionen voneinander abgrenzen lassen. Wie unterschiedlich geistige Fähigkeiten beim einzelnen Menschen ausgebildet sein können, zeigen die folgenden Beobachtungen:

- Es gibt Menschen, die über große sprachliche, aber geringe logisch-mathematische Fähigkeiten verfügen; bei anderen ist es genau umgekehrt. Ausgeprägte intraindividuelle Unterschiede finden sich bei Ausnahmebegabungen, wie sie Idiots savants und sogenannte Wunderkinder aufweisen.

Bei Idiots savants liegt eine isolierte Begabung bei einer allgemeinen geistigen Behinderung vor. Mirco ist 42 Jahre alt. Seine durchschnittliche geistige Leistungsfähigkeit entspricht etwa derjenigen eines siebenjährigen Kindes. Er verfügt aber über eine ungewöhnliche Begabung im Umgang mit Kalenderdaten. So kann er innerhalb weniger Sekunden im Kopf ausrechnen, auf welchen Wochentag beispielsweise der 6. Mai im Jahr 2345 fallen wird – unter Berücksichtigung der Schaltjahre. Der dreijährige Beat kann bereits einfache Wörter lesen. Mit zwei begann er sich für Buchstaben zu interessieren. Sein geistiger Entwicklungsstand entspricht dem eines Kindes von 18 Monaten.

Wunderkinder wie Wolfgang Amadeus Mozart und Pablo

Picasso zeichneten sich dadurch aus, daß sie bereits in ihrer Kindheit ungewöhnliche Leistungen erbracht haben. Mozart komponierte im Alter von vier Jahren sein erstes Menuett. Picasso verfügte im Kindergartenalter über ein handwerkliches Können und eine künstlerische Ausdrucksfähigkeit, die selbst Erwachsene nur ausnahmsweise erlangen. Manche Wunderkinder verlieren ihre frühe Begabung wieder, sie entwickeln sich dann zu ganz normalen Erwachsenen. Andererseits gibt es Menschen, die als Kinder nicht sonderlich auffallen, als Erwachsene aber Außergewöhnliches leisten. Albert Einstein war ein guter, aber kein brillanter Schüler.

Begabungen wie diejenigen Mozarts oder Einsteins sind zumeist auf eine bestimmte Fähigkeit beschränkt; die anderen Fähigkeiten sind durchschnittlich ausgebildet. Menschen, bei denen mehrere Fähigkeiten überdurchschnittlich entwickelt sind, sind ausgesprochen selten. Leonardo da Vinci war eine solche Ausnahme: Maler und Zeichner, Architekt und Ingenieur, Naturwissenschaftler und Dichter.

- Genauso wie es Menschen mit Einzelbegabungen gibt, kommen auch solche mit isolierten Schwächen vor. Minderbegabungen finden sich unter normal intelligenten Menschen öfter, als gemeinhin angenommen wird; ihre Häufigkeit in der Normalbevölkerung wird auf mehrere Prozent geschätzt. Eine solche Schwäche kann darin bestehen, daß das Lesen und Schreiben oder das Zahlenverständnis wenig angelegt ist.
- Hirnverletzungen und Tumore können zu einzelnen Funktionsausfällen führen. So kann bei einem Menschen, der sich bei einem Unfall eine Kopfverletzung zugezogen hat, das Sprechvermögen beeinträchtigt sein (Aphasie), während das Sprachverständnis und alle anderen Hirnfunktionen kaum oder nicht betroffen sind. Ein älterer Mensch, der einen Schlaganfall erlitten hat, kann die Fähigkeit verlieren, Gesichter voneinander zu unterscheiden. Er erkennt vertraute Menschen und selbst sein eigenes Spiegelbild nicht mehr. Die visuelle Wahrnehmung der materiellen Umwelt und die Raumorientierung, die in anderen Hirnregionen verarbeitet werden, sind nicht beeinträchtigt.

- Die verschiedenen Fähigkeiten können sich beim einzelnen Kind unterschiedlich rasch entwickeln. So kann ein zweijähriges Kind sozial und sprachlich für sein Alter sehr fortgeschritten sein, während seine motorischen Fähigkeiten noch wenig ausgebildet sind. Bei einem anderen, gleichaltrigen Kind ist es genau umgekehrt.

Kompetenzen

In diesem Kapitel werden sechs Unterformen der menschlichen Intelligenz skizziert, wie sie von Gardner 1985 erstmals beschrieben wurden. Um sprachlichen Mißverständnissen vorzubeugen, werden sie nicht als Intelligenz sondern als Kompetenzen bezeichnet. Die musikalische, die soziale und die motorisch-kinästhetische Kompetenz bezeichnen Fähigkeiten, die manche Leserin oder mancher Leser nicht ohne weiteres der Intelligenz zuschreiben würde. Diese Kompetenzen weisen jedoch alle Merkmale auf, die auch die logisch-mathematische oder die sprachliche Kompetenz aufweisen.

Jede Kompetenz weist ihre eigenen organischen Strukturen (Hirnareale usw.) und Funktionen (Wahrnehmung, Merkfähigkeit, Langzeitgedächtnis usw.) auf, die Erkenntnisse, Problemlösungen und produktive Leistungen ermöglichen. Die Symbolfunktionen, die im vorangegangenen Kapitel besprochen wurden, spielen bei allen Kompetenzen eine wichtige Rolle.

Sprachliche Kompetenz

Die menschliche Sprache ist mehr als nur Kommunikation. Sehr viele Tiere kommunizieren, haben aber keine Sprache. Die Amsel sucht sich mit ihrem Gesang einen Partner, und das Piepsen der Jungen motiviert sie, Nahrung herbeizuschaffen. Mit ihrem Geschrei wehrt sie andere Vögel ab, die in ihr Territorium einzudringen versuchen. Die Kommunikation unter Tieren besteht aus Signalen, die entweder durch einen inneren

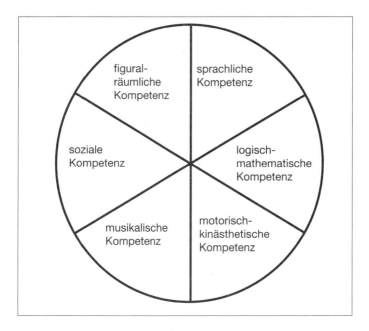

Die sechs wichtigsten Kompetenzen der menschlichen Intelligenz (nach Gardner 1985)

Reiz (Partnersuche) oder durch einen äußeren Reiz (Piepsen der Jungen oder das Erscheinen eines Eindringlings) ausgelöst werden. Unsere Sprache ist Kommunikation mit Symbolcharakter.

Die sprachliche Kompetenz der Menschen ist sehr verschieden ausgeprägt. Dichter können den formalen Ausdruck, den Inhalt und den Sprachrhythmus so aufeinander abstimmen und miteinander verbinden, daß sie beim Leser tiefe Empfindungen auszulösen vermögen. Ein wunderbares Beispiel hierfür ist das Gedicht »Der Panther« von Rainer Maria Rilke (1903):

Sein Blick ist vom Vorübergehen der Stäbe
so müd geworden, daß er nichts mehr hält.
Ihm ist, als ob es tausend Stäbe gäbe
und hinter tausend Stäben keine Welt.

Der weiche Gang geschmeidig starker Schritte,
der sich im allerkleinsten Kreise dreht,
ist wie ein Tanz von Kraft um eine Mitte,
in der betäubt ein großer Wille steht.

Nur manchmal schiebt der Vorhang der Pupille
sich lautlos auf –. Dann geht ein Bild hinein,
geht durch der Glieder angespannte Stille –
und hört im Herzen auf zu sein.

Am anderen Ende der Skala befinden sich normal intelligente Menschen mit einer sprachlichen Minderbegabung. Ihr Sprachverständnis und ihre Ausdrucksweise sind auf einfache Sätze beschränkt; Lesen und Schreiben bereiten ihnen oft große Mühe.

Die sprachliche Kompetenz hat ihre Wurzeln in der nichtverbalen Kommunikation der ersten Lebensjahre. Die Integration von Symbolinhalten sowie die Ausweitung und die Differenzierung der gesprochenen und der geschriebenen Sprache als Kommunikationsmittel setzen sich während der ganzen Kindheit und auch im Erwachsenenalter noch fort (vgl. auch »Anlage und Umwelt«, S. 51).

Logisch-mathematische Kompetenz

Die logisch-mathematische Kompetenz ist für viele Menschen *das* Denken schlechthin, die Königsdisziplin der menschlichen Intelligenz; dies wohl darum, weil sich die Mathematik als die widerspruchsfreieste und beständigste aller geistigen Konstruktionen erwiesen hat. Dazu beigetragen hat sicherlich auch, daß sie die Grundlagen für die Naturwissenschaften und die Technik geliefert hat.

Logisch-mathematische Kompetenz besteht im weitesten Sinne aus der Einsicht über das Wesen von Objekten und deren Zusammenwirken. Voraussetzungen dafür sind wiederholte, genaue Beobachtungen, widerspruchsfreie, qualitative und quantitative Kriterien sowie ein systematischer Umgang damit. Eine Stärke logisch-mathematischer Aussagen ist ihre Allgemeingültigkeit. Ein Teilbereich der logisch-mathematischen Kompetenz ist das Zahlenverständnis (Arithmetik).

Die logisch-mathematische Kompetenz ist, wie die sprachliche, bei den Menschen ausgesprochen unterschiedlich ausgebildet. Die Extreme der Variabilität bilden einerseits Denker wie Albert Einstein, der die Relativitätstheorie entwickelt hat, und andererseits normalintelligente Menschen, deren arithmetisches Verständnis so begrenzt ist, daß sie beim Einkaufen immer mit großen Geldscheinen bezahlen, weil sie nicht fähig sind, einen bestimmten Geldbetrag abzuzählen. (Jeder Tourist kommt in diese Lage, wenn er mit der Währung des Ferienlandes nicht genügend vertraut ist.)

Logisch-mathematisches Denken als akademische Disziplin weist einen hohen Abstraktionsgrad auf. Der Ursprung dieser Kompetenz wurzelt aber in den konkreten Erfahrungen, die das Kind in den ersten Lebensjahren mit der gegenständlichen Umwelt macht. Das Kind entwickelt sehr früh ein Verständnis für kausale Beziehungen. So entdeckt der junge Säugling, daß Musik erklingt, wenn er an der Schnur der Musikdose zieht (vgl. Studie von Watson, S. 204f.). Mit anderthalb bis zwei Jahren realisiert das Kind, daß Gegenstände auf Grund bestimmter Eigenschaften gleich oder verschieden sein können. Diese Einsicht ist der Beginn des Kategorisierens, einer weiteren Grundfunktion des logischen Denkens. Bereits das Neugeborene und der Säugling verfügen über eine beschränkte Mengenvorstellung (Starkey 1990), die sich in den folgenden Lebensjahren in ein differenziertes Zahlenverständnis erweitert. Das logische Denken bleibt bis zur Pubertät anschaulich konkret, das heißt, das Kind kann nur mit Objekten oder deren mentalen Bildern wie etwa Zahlen umgehen. In der Adoleszenz stellt sich schließlich ein formales Denken ein. Logische Zusammenhänge können nun mit abstrakten Begriffen (Zeichen, Symbole) beispielsweise in der Algebra dargestellt werden.

Eine logisch-mathematische Begabung zeigt sich bereits im frühen Erwachsenenalter. Außerordentliche mathematische Leistungen wie diejenige von Albert Einstein wurden fast ausnahmslos vor dem 30. Lebensjahr erbracht. Die Begabung an sich und weniger die Menge an erworbenem Wissen führt zu neuen Erkenntnissen.

Figural-räumliche Kompetenz

Darunter ist die Fähigkeit zu verstehen, Gegenstände in ihrem Aussehen und ihrer räumlichen Ausdehnung sowie in ihren Bewegungen und räumlichen Beziehungen zueinander zu erfassen. Große figural-räumliche Leistungen sind uns aus der Malerei, der Bildhauerei und der Architektur bekannt. Diese Kompetenz nimmt aber auch im naturwissenschaftlichen Denken einen wichtigen Platz ein. Bei der Entschlüsselung der Struktur des Erbgutes spielte die Entwicklung eines räumlichen Modells durch Francis Crick und James Watson (1954), die sogenannte Doppelhelix eine entscheidende Rolle. Der Raum und seine Beziehung zur Zeit sind Kernprobleme der modernen Physik. Paläontologen, Biologen und Anthropologen beschäftigen sich mit den räumlichen und den zeitlichen Dimensionen der Evolution.

Die figural-räumliche Kompetenz ist bei Männern etwas besser ausgebildet als bei Frauen. Dieser Geschlechtsunterschied wurde von Anthropologen auf den Umstand zurückgeführt, daß die Männer über Jahrtausende hinweg als Jäger ihr Orientierungsvermögen geschult haben. Weit bedeutsamer als der Unterschied zwischen den Geschlechtern ist aber derjenige zwischen den Individuen. Unter Frauen und Männern gibt es gewiefte Orientierungsläuferinnen und -läufer, die sich mit groben Übersichtskarten im unwegsamen Gelände zurechtfinden. Bei beiden Geschlechtern gibt es aber auch Individuen, die nicht fähig sind, den Streckenplan des öffentlichen Verkehrsnetzes zu lesen.

Die Entwicklung der figural-räumlichen Kompetenz nimmt

ihren Anfang im Säuglings- und Kleinkindesalter, wenn das Kind seine Umgebung betrachtet, sich im Raum bewegt und sich mit Gegenständen beschäftigt (vgl. »Entwicklung und Lernen«, S. 201). Im Alter von drei bis vier Jahren beginnt es, seine Vorstellungen im Spiel konstruktiv umzusetzen. Es baut beispielsweise aus Bauklötzen und Legosteinen dreidimensionale Gebilde wie etwa ein Haus oder ein Flugzeug. Im Schulalter verfügt es über ein gutentwickeltes Orientierungsvermögen. In der Adoleszenz stellt sich schließlich mit dem formalen Denken die Fähigkeit ein, Landkarten zu lesen und darstellende Geometrie zu betreiben.

Musikalische Kompetenz

Sie besteht aus der Sensibilität für Rhythmus und Melodie, Harmonie und Dissonanz sowie Klangfarbe des Tons. Ursprünglich wurde das musikalische Empfinden wohl durch den Rhythmus und weniger durch die Melodie bestimmt. In vielen Kulturen gehen Gesang und Musik auch heute noch mit Tanz einher. Kleinkinder machen rhythmische Körperbewegungen, wenn sie Musik hören.

Die größte Wirkung der Musik besteht darin, daß sie Gefühle, Stimmungen und Erinnerungen hervorzurufen vermag. Sie wirkt wie ein Katalysator auf unser Innenleben. Einiges spricht dafür, daß die Musikalität aus den rhythmischen und den melodischen Anteilen der Sprache hervorgegangen ist. Beim Sprechen vermitteln wir Gefühle weniger mit dem Inhalt der Wörter als durch die Melodie und den Rhythmus, die wir in unsere Stimme legen.

Die interindividuelle Variabilität dieser Kompetenz ist wiederum außerordentlich groß. Sie reicht von einem Genie wie Mozart, der nach einmaligem Anhören einer zweistündigen Oper sämtliche Sing- und Instrumentalstimmen aus dem Gedächtnis niederschreiben konnte, bis zu den Menschen, die ein einfaches Kinderlied erst nach mehrmaligem Hinhören nachsingen können.

Bereits im Alter von zwei Monaten kann ein Kind die Art und Weise, wie seine Mutter Lieder singt, an der Tonhöhe, der Lautstärke und der Melodie wiedererkennen (Papousek 1995). Im

Alter von vier Monaten erfaßt es die rhythmische Struktur von Liedern. Im zweiten Lebensjahr beginnt das Kind einfache Tonfolgen zu singen. Es hat großen Spaß an Reimen wie »Hoppe, hoppe, Reiter«, die von rhythmischen Körperbewegungen begleitet sind. Bis ins Kindergartenalter werden die spontan produzierten Melodienfolgen und Rhythmen immer mehr durch die Kinderlieder der jeweiligen Kultur abgelöst. Ob ein Schulkind seine musikalische Kompetenz weiter ausbilden kann, hängt vor allem von der Bedeutung ab, welche die Gesellschaft der Musik beimißt.

Motorisch-kinästhetische Kompetenz

Unter der motorisch-kinästhetischen Kompetenz verstehen wir die Geschicklichkeit, mit der ein Mensch seinen Körper einsetzt. Die meisten motorisch-kinästhetischen Leistungen werden in Verbindung mit anderen Kompetenzen erbracht. Fußballer benötigen nicht nur Kraft und Wendigkeit, sondern auch räumliche Übersicht und Spielwitz. Tänzerinnen und Mimen müssen ein großes Verständnis für menschliches Verhalten aufbringen, damit sie mit ihrem Körper Gefühle und Gedanken auszudrücken vermögen. Ein Geiger muß neben einer großen Fingerfertigkeit auch über Musikalität verfügen.

Die Begabungsunterschiede sind auch bei der motorisch-kinästhetischen Kompetenz groß. So eignet sich die eine Person zum Tänzer, eine andere zum Langläufer und eine dritte zur Kunstturnerin.

Die Entwicklung der motorisch-kinästhetischen Kompetenz setzt im ersten Lebensjahr mit der Haltungskontrolle, der Fortbewegung und der Manipulation von Objekten ein. Je älter ein Kind wird, desto stärker wird die Kompetenz von der Kultur geprägt, beispielsweise durch die Sportarten, die in einer Gesellschaft betrieben werden. Die Ausreifung der motorisch-kinästhetischen Strukturen kommt in der Adoleszenz zum Abschluß. Eine Erweiterung der motorischen Kompetenz ist aber auch im Erwachsenenalter durch das Einüben von Bewegungsabläufen noch möglich.

Soziale Kompetenz

Manche Leserinnen und Leser haben wohl das Sozialverhalten bisher nicht als einen Teil der Intelligenz betrachtet. Die soziale Kompetenz ist jedoch genauso eine geistige Fähigkeit wie das Denken. Sie hat ihre eigenen Strukturen und Funktionen und entwickelt sich nach bestimmten Gesetzmäßigkeiten. In der Literatur wird die soziale Kompetenz häufig als »emotionale Intelligenz« bezeichnet, ein eher unglücklicher Ausdruck, weil die soziale Kompetenz aus weit mehr als nur Gefühlen besteht.

Der sozialen Kompetenz wird neuerdings eine größere Bedeutung für die Lebensbewältigung beigemessen als der intellektuellen Leistungsfähigkeit (Goleman 1995). Selbsthilfebücher wie *How to win friends* oder *How to influence people* sind seit Jahrzehnten Renner auf den Bestsellerlisten. In diesen Büchern, aber auch in unzähligen Vorträgen und Kursen wird die immer gleiche Botschaft verkündet: Erfolgreiche Menschen zeichnen sich dadurch aus, daß sie ihre eigenen Gefühle kennen und sich in andere Menschen sehr gut hineinfühlen können. Sie sind fähig, sich selbst und andere zu motivieren.

Der Mensch ist als Gemeinschaftswesen darauf angewiesen, daß er soziale Signale zuverlässig wahrnehmen, richtig deuten und zu seinem Nutzen darauf reagieren kann. Die wesentlichen Anteile der sozialen Kompetenz sind das Beherrschen der nichtverbalen Kommunikation, die Einsicht in die eigene Befindlichkeit und das Erfassen von Stimmungen, Motivationen und Absichten bei den Mitmenschen. Eine hohe soziale Kompetenz besteht aus einer großen Sensibilität für zwischenmenschliches Verhalten und der Fähigkeit, mit den Mitmenschen geschickt umzugehen. Sie beinhaltet nicht notwendigerweise auch ethisches Denken und Handeln. Letzteres wird weitgehend durch die Erziehung vermittelt. Menschen (ein Beispiel war Mahatma Gandhi), die eine hohe soziale Kompetenz mit ethischem Handeln verbinden, wird in allen Kulturen die größte Hochachtung entgegengebracht. Sie werden mehr verehrt als Künstler, Naturwissenschaftler oder Sportler, weil sie ihre sozialen Fähigkeiten zum Wohle der Gemeinschaft einsetzen. Eine soziale Begabung kann aber auch mißbraucht und zum Nachteil der Mitmenschen verwendet werden. Sektenführer, wie etwa die des Sonnentempelordens, haben ihre Anhänger verführt und in den Tod gestürzt. Demagogen wie Hitler oder Stalin haben zahlreiche Völker unterdrückt und millionenfaches Leid verbreitet.

Die soziale Kompetenz ist beim weiblichen Geschlecht insgesamt besser ausgebildet als beim männlichen (Brody 1993). Dieser Geschlechtsunterschied wird von Anthropologen darauf zurückgeführt, daß Frauen ein besonders empfindliches Sensorium benötigen, um sich in das Verhalten von Kindern einzufühlen und auf deren Bedürfnisse angemessen zu reagieren. Es wurde bereits im Kapitel »Bezugspersonen« darauf verwiesen, daß der mittlere Unterschied dieser Kompetenz zwischen dem weiblichen und dem männlichen Geschlecht weit kleiner ist als derjenige zwischen den Individuen.

Soziale Kompetenz entwickelt sich aus den konkreten Erfahrungen, die das Kind im Umgang mit seinen Mitmenschen macht. Tagtäglich erlebt es, welche Verhaltensäußerungen zur Befriedigung seiner Bedürfnisse führen und wie es auf andere Menschen einwirken kann. Eine wesentliche Erweiterung erfährt die soziale Kompetenz nach dem zweiten Lebensjahr mit dem Auftreten von Selbstwahrnehmung und Empathie (Bischof-Köhler 1989) (vgl. »Individualität«, S. 45). Das Kind eignet sich die Verhaltensweisen, die sozialen Regeln und die Wertvorstellungen, die für seine Kultur maßgeblich sind, durch imitatives Lernen an.

Weitere Kompetenzen?

Die sechs Kompetenzen beinhalten die wichtigsten, aber keineswegs alle geistigen Fähigkeiten, über die der Mensch verfügt. Nicht erwähnt wird beispielsweise die Zeitvorstellung. Handelt es sich beim Zeitverständnis um eine weitere Kompetenz oder ist sie einer der sechs Kompetenzen zuzuordnen? Für eine Beziehung zur figural-räumlichen Kompetenz spricht, daß wir dazu neigen, uns die Zeit räumlich vorzustellen.

Die einzelne Kompetenz ist keine homogene Konstruktion. So umfaßt die sprachliche Kompetenz mindestens drei Bereiche.

Der formale Bereich beinhaltet den Umgang mit Lauten, Wörtern und Satzkonstruktionen. Der semantische Bereich bezeichnet das Verständnis für den Inhalt des gesprochenen und des geschriebenen Wortes. Im sozial-kommunikativen Bereich schließlich geht es darum, wie Sprache als Kommunikationsmittel eingesetzt wird. Jeder dieser Bereiche ist von Person zu Person unterschiedlich ausgeprägt. So gibt es Redner mit einer geschliffenen Sprache, die über einen großen Wortschatz verfügen und mit Leichtigkeit verschachtelte Sätze bilden können, die in ihrer inhaltlichen Aussage aber eher dürftig sind (Typ »Politiker«). Andere formulieren mit großer Klugheit und tiefer Einsicht. Sie kommen beim Publikum aber nicht an, weil ihre Vortragsweise trocken ist und sie die Zuhörer gefühlsmäßig nicht anzusprechen vermögen (Typ »Wissenschaftler«). Schließlich gibt es Redner, die mit Charme und Ausstrahlung die Leute im Nu für sich einnehmen, obwohl sie nur über eine einfache Sprache mit kümmerlichem Inhalt verfügen (Typ »Showmaster«). Selbstverständlich gibt es – die Variabilität verlangt es – auch wortkarge Politiker, geschwätzige Wissenschaftler und feinsinnige Komiker.

Genauso wie bei der Sprache setzen sich die anderen Kompetenzen aus verschiedenen Anteilen zusammen. Die figural-räumliche Kompetenz besteht aus der Formwahrnehmung, dem räumlichen Vorstellungsvermögen und der Fähigkeit, Gesichter zu erkennen. Die soziale Kompetenz umfaßt mehrere, oft unterschiedlich ausgebildete Anteile. So kann ein Mensch über eine hohe Introspektion, also Einsicht in die eigene Befindlichkeit, verfügen. Seine Fähigkeit, mit Mitmenschen umzugehen, muß dabei nicht im gleichen Maße entwickelt sein.

Individuelle Ausprägung

Bei der Beschreibung der einzelnen Kompetenzen wurde das große Ausmaß der interindividuellen Variabilität immer wieder betont. Besonders wichtig für das Verständnis kindlichen Verhaltens ist die intraindividuelle Variabilität der Kompetenzen. Die sechs Kompetenzen können bei einem Kind ungleich ausgeprägt sein und verschieden rasch ausreifen. Sind die Diskrepanzen zwischen den Kompetenzen besonders groß, kann es zu Verhaltensauffälligkeiten kommen. So ist etwa das logisch-mathematische Denken bei einem Kind wesentlich weiter entwickelt als sein sprachlicher Ausdruck. Es kann in Wutanfälle ausbrechen, wenn es seine Überlegungen nur stotternd und stammelnd ausdrücken und sich damit nicht ausreichend verständlich machen kann.

Ganzheitliche Entwicklung

Die Kompetenzen vermitteln uns weit besser als der Begriff »Intelligenz« die Vielfalt unter den Kindern und damit auch ihre jeweilige Einzigartigkeit. Wenn wir bei einem Kind auf seine einzelnen Kompetenzen achten, können wir sein Verhalten besser verstehen. Jedes Kind hat seine ihm eigene Ausprägung der Kompetenzen. Auf diese einmalige Mischung von Stärken und Schwächen sollten wir uns als Eltern und Erzieher einstellen.

Das Kind benutzt und entwickelt seine Kompetenzen nicht isoliert. Wenn die 30 Monate alte Kathrin mit ihren Püppchen spielt, bedient sie sich der folgenden Kompetenzen:

30 Monate altes Kind spielt mit seinen Püppchen.

- figural-räumliche Kompetenz: Anordnung der Stühle um den Tisch und Auftischen mit Tellern und Tassen
- motorisch-kinästhetische Kompetenz: Umgang mit den Spielsachen
- logisch-mathematische Kompetenz: Zuordnen von Löffeln, Gabeln und Messern
- soziale Kompetenz: Umgang mit den Püppchen
- sprachliche Kompetenz: Reden mit den Püppchen

In der Erziehung und vor allem in Therapien neigen Eltern und Fachleute dazu, eine »defizitäre« Kompetenz, beispielsweise die figural- räumliche, gezielt zu fördern. Das Kind entwickelt sich aber ganzheitlich, das heißt, es benutzt in seinen Aktivitäten zumeist mehrere Kompetenzen und verbindet sie dabei laufend miteinander.

Das Wichtigste in Kürze

1. Die wichtigsten geistigen Fähigkeiten lassen sich in sechs Kompetenzen zusammenfassen:
   - Sprache
   - logisch-mathematisches Denken
   - figural-räumliches Vorstellungsvermögen
   - Musikalität
   - motorisch-kinästhetische Geschicklichkeit
   - soziale Kompetenz
2. Eine Kompetenz ist keine funktionelle Einheit. Sie besteht aus mehreren, oft unterschiedlich entwickelten Anteilen (z. B. Sprache: formaler, semantischer und sozial-kommunikativer Bereich).
3. Jede Kompetenz ist von Kind zu Kind unterschiedlich ausgebildet.
4. Beim einzelnen Kind sind die Kompetenzen zumeist unterschiedlich ausgeprägt (z. B. kann die sprachliche Kompetenz besser entwickelt sein als die motorische).

5. In der Entwicklung reifen die Kompetenzen heran, werden durch Erfahrungen verinnerlicht und stehen in einem ständigen Austausch miteinander.
6. Verhalten und Leistungen werden zumeist nicht durch eine, sondern durch mehrere Kompetenzen bestimmt.
7. Jedes Kind hat seine ihm eigene Ausprägung der Kompetenzen. Auf diese einmalige Mischung von Stärken und Schwächen sollten wir uns als Eltern und Erzieher einstellen.

Entwicklung und Lernen

*Das Gras wächst nicht schneller,
wenn man daran zieht.*

Afrikanisches Sprichwort

Der Mensch lernt nie mehr so rasch und so viel wie in der frühen Kindheit. Aus dem hilflosen Säugling wird innerhalb weniger Jahre ein Kind, das sich geschickt bewegt, Gegenstände funktionell benutzt, auf vielfältigste Weise kommuniziert und wesentliche Zusammenhänge in seiner sozialen und seiner materiellen Umwelt begreift. Diese fulminante Entwicklung wird durch ein immenses Lernvermögen ermöglicht. Ein fünfjähriges Kind eignet sich eine Fremdsprache im alltäglichen Umgang mit Erwachsenen und Kindern innerhalb von etwa sechs Monaten an. Welcher Erwachsene wäre dazu noch in der Lage?

Wenn wir verstehen wollen, was wir als Eltern und Fachleute zur Entwicklung eines Kindes beitragen können, worin kindgerechte Förderung besteht und wie sich Unter-, aber auch Überforderung vermeiden lassen, müssen wir uns mit den Eigenheiten des kindlichen Lernverhaltens vertraut machen. Bevor wir uns damit befassen, wollen wir uns den Grundvoraussetzungen zuwenden, die erfüllt sein müssen, damit sich ein Kind überhaupt seinen Möglichkeiten entsprechend entwickeln kann.

Grundvoraussetzungen

Nur ein Kind, das sich körperlich und psychisch wohl fühlt, ist neugierig und aktiv. Selbst eine banale Erkältung kann ein Kind so beeinträchtigen, daß es nicht mehr spielen will. Für aufmerksame Eltern ist Unlust beim Spiel das erste Anzeichen dafür, daß ihr Kind krank ist.

Fühlt sich ein Kind allein gelassen, erlahmen sowohl Neugier als auch Aktivität. Fehlen dem Kind über längere Zeit Geborgenheit und Zuwendung, verliert es sein natürliches Interesse an der

Umwelt und wird passiv. Es macht weniger Erfahrungen und entwickelt sich langsamer.

Erinnern Sie sich noch an Tobias im Kapitel »Geborgenheit«? Hier nochmals seine frühere Lebensgeschichte:

Tobias ist ein zufriedener und aktiver Säugling, der sich überdurchschnittlich gut entwickelt. Als er zwei Jahre alt wird, trennen sich seine Eltern und lassen sich etwas später scheiden. Tobias kommt in mütterliche Obhut. Ein halbes Jahr nach der Scheidung erkrankt seine Mutter an Brustkrebs und verbringt wiederholt Wochen oder Monate im Krankenhaus. Sie stirbt, als Tobias sechs Jahre alt ist. Zwischen dem dritten und dem siebten Lebensjahr ist Tobias bei verschiedenen Pflegefamilien und in einem Heim untergebracht. Mit sieben Jahren wirkt er sehr traurig und passiv. Seine intellektuellen Leistungen sind beim Schuleintritt im unteren Normbereich.

Die folgende Graphik zeigt, wie nachteilig sich der Mangel an Geborgenheit und Zuwendung auf seine Entwicklung ausgewirkt hat. Dabei haben sich alle, Pflegefamilien und Heimpersonal, sehr um Tobias bemüht. Was ihm wirklich gefehlt hat, war die Kontinuität in der Betreuung. Tobias war mit keiner der betreuenden Personen länger als sechs Monate zusammen.

Wie wir aus dem Verlauf ebenfalls ersehen können, hat sich Tobias glücklicherweise von seiner Depression wieder erholt:

Im Alter von sieben Jahren wird Tobias adoptiert. Er bekommt in den folgenden Jahren wieder die notwendige Geborgenheit und Zuwendung, was sich auf sein psychisches Wohlbefinden und seine intellektuelle Leistungsfähigkeit sehr positiv auswirkt.

Die Rückkehr von Tobias zu seiner ursprünglichen Leistungsfähigkeit zeigt, daß ein Kind eine erhebliche Entwicklungsverzögerung aufholen kann, wenn es die notwendige Geborgenheit und Zuwendung wieder erhält. Ob sich der schwierige Lebensabschnitt in der Zeit vom zweiten bis zum siebten Lebensjahr allenfalls nachteilig auf das zukünftige Bindungsverhalten von Tobias auswirken wird, werden erst die kommenden Jahre zeigen.

Das Bedürfnis nach Geborgenheit und Zuwendung muß aus-

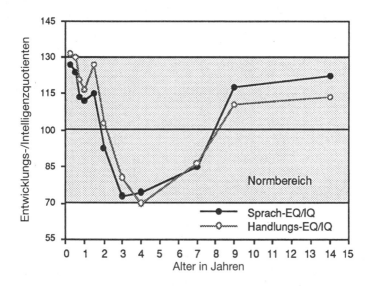

Vorübergehend schwerer intellektueller Entwicklungsrückstand, ausgelöst durch eine Depression aufgrund von ungünstigen psychosozialen Bedingungen. Die graue Zone bezeichnet den Normbereich für Entwicklungs- und Intelligenzquotient (EQ/IQ). (Zweite Zürcher Longitudinalstudie)

reichend befriedigt sein, damit sich ein Kind seiner Anlage entsprechend entwickeln kann.

Merkmale des kindlichen Lernverhaltens

Die treibenden Kräfte der Entwicklung sind im Kind selbst angelegt. Sie äußern sich in den folgenden Merkmalen kindlichen Lernverhaltens:
- Angeborene (genuine) Neugier
- entwicklungsspezifisches Lernen
- Aneignen von Fähigkeiten durch Einüben
- Selbstbestimmung und Eigenkontrolle

Angeborene Neugier

Die Neugierde kann auch noch Erwachsene zu Ausnahmeleistungen antreiben, die weit über die Notwendigkeit hinausgehen, die Existenz zu erhalten. Der Drang, die Welt zu begreifen, gibt ihnen den Durchhaltewillen, sich außerordentlichen Herausforderungen zu stellen. 1836 war Charles Darwin nach einer fast fünfjährigen Weltumsegelung mit der »Beagle« im Alter von 27 Jahren krank nach England zurückgekehrt. Er lebte noch 46 Jahre, sollte sich jedoch von seiner rätselhaften Krankheit nie mehr erholen. Darwin war immer wieder für Monate so geschwächt, daß er sich kaum vom Bett erheben konnte. Seine körperlichen Beschwerden hinderten ihn aber nicht daran, mit eiserner Arbeitsdisziplin seine Tier- und Pflanzensammlungen auszuwerten, die er aus Südamerika und von den Galapagosinseln mitgebracht hatte, sowie eine Vielzahl von Experimenten mit heimischen Tieren und Pflanzen durchzuführen. Eine immense Neugierde verlieh ihm die Kraft und führte zu seinem wissenschaftlichen Jahrtausendwerk: *Über die Entstehung der Arten durch natürliche Zuchtwahl*. Seine Evolutionstheorie hat unsere Vorstellungen über den Ursprung des Lebens und damit auch über den des Menschen grundlegend verändert.

Erwachsene sind nur noch ausnahmsweise Forscher – Kinder sind es allesamt. *Jedes Kind hat einen angeborenen Drang, die soziale und materielle Welt begreifen zu wollen.* Es ist kein passives Wesen, das durch die Umwelt geformt wird. Das Kind sucht aktiv – wie wir im Kapitel »Zusammenwirken von Anlage und Umwelt« erfahren haben – nach Erfahrungen und wirkt auf seine Umwelt ein.

Der Mensch wird als ein neugieriges Wesen geboren. Hanus Papousek (1967) war einer der ersten, der Lernverhalten bei neugeborenen Kindern und jungen Säuglingen nachweisen konnte. Watson und seine Mitarbeiter (1972) führten ein Experiment mit Kindern im Alter von acht Wochen durch, das die wesentlichen Merkmale des kindlichen Lernverhaltens besonders deutlich macht. Drei Wochen lang hängten die Wissenschaftler Säuglingen jeden Tag für zehn Minuten Mobiles über ihre Bettchen. Die

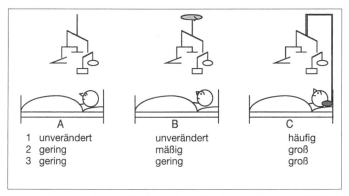

A	B	C
1 unverändert	unverändert	häufig
2 gering	mäßig	groß
3 gering	gering	groß

Lernverhalten bei acht Wochen alten Säuglingen (Watson 1972). A: normales Mobile; B: Mobile bewegt sich in regelmäßigen Zeitabständen; C: Mobile wird durch Kopfbewegungen des Kindes in Bewegung versetzt. Darunter: Verhalten der Kinder nach drei Wochen Mobileerfahrung. 1: Kopfbewegungen, 2: Interesse, 3: Freude.

Gruppe A erhielt gewöhnliche Mobiles. Die Gruppe B bekam Mobiles, die jede Minute fünf Sekunden lang eine Drehbewegung ausführten. Der Gruppe C wurden Mobiles über das Bettchen gehängt, die mit Drucksensoren in Verbindung standen, die in die Kopfkissen eingenäht waren. Kopfbewegungen der Säuglinge führten hier über die Drucksensoren zu Drehbewegungen der Mobiles.

Wie wir aus der Abbildung ersehen können, verhielten sich die Säuglinge in den ersten beiden Gruppen und der dritten Gruppe nach drei Wochen ganz verschieden. Während sich in den Gruppen A und B die Häufigkeit der Kopfbewegungen nicht veränderte, nahm sie in der Gruppe C signifikant zu. Die Säuglinge der Gruppe C lernten in wenigen Tagen, daß sie mit Kopfbewegungen das Mobile beeinflussen konnten. Ihr Interesse am Mobile wurde von Tag zu Tag größer, während die Kinder der Gruppen A und B ihre Mobiles immer weniger beachteten. Die dritte wesentliche Beobachtung war schließlich, daß die Kinder der Gruppe C mehr plauderten, lächelten und einen lebhafteren Gesichtsausdruck zeigten als die Kinder der anderen beiden

Gruppen. *Die kindliche Neugier, ausgedrückt als Interesse und Freude, wird am meisten geweckt und bleibt am längsten erhalten, wenn sich das Kind aktiv betätigen kann.*

Die Neugier ist nicht beliebig. Sie wird festgelegt durch die Fähigkeiten, die heranreifen und durch Erfahrungen gefestigt werden sollen. Sie bringt das Kind dazu, die notwendigen Erfahrungen in seiner Umwelt zu suchen und auch zu machen. Die Neugier leitet das Kind beim Lernen.

Neugier läßt sich nicht wecken, wenn die entsprechende Fähigkeit nicht herangereift ist. Der sechsjährige Tom interessiert sich noch nicht für Zahlen, während der gleichaltrige Nachbarjunge bereits einen einfachen Taschenrechner bedient. Die Eltern versuchen, ihm das Zählen beizubringen. Tom bemüht sich redlich, sich die Zahlen von eins bis zehn zu merken. Ein Zahlenverständnis, eine innere Vorstellung des Zahlenraumes, stellt sich aber durch das Aufsagen der Zahlen nicht ein. Was Tom interessiert und was er auch immer wieder spielen will, ist Memory, ein Spiel das hohe Ansprüche an die räumliche Merkfähigkeit stellt. Er beherrscht dieses Spiel so gut, daß er regelmäßig gewinnt, wenn er es mit seinen Eltern spielt.

Das Kind kann sich nur Erfahrungen zu eigen machen, die seinen Fähigkeiten entsprechen. Werden ihm Wissen und Fertigkeiten aufgedrängt, für die es entwicklungsmäßig noch nicht bereit ist, wird es verunsichert und lustlos. Das Gefühl »Die Eltern erwarten von mir etwas, das ich offenbar begreifen sollte, aber nicht verstehe«, ist Gift für die kindliche Neugier und das Selbstwertgefühl.

Die Eltern brauchen die Neugier und die Aktivität ihres Kindes nicht zu wecken oder gar zu steuern. Beides bringt das Kind mit. Es ist ausreichend, wenn die Eltern dem Kind Erfahrungsmöglichkeiten anbieten, die seinem Entwicklungsstand entsprechen. Das Kind soll selbst bestimmen können, wie und in welchem Ausmaß es diese nutzen will. Die Eltern unterstützen Tom in seiner Entwicklung weit mehr, wenn sie – anstatt ihn Zahlen aufsagen zu lassen – mit ihm Memory spielen. Sie sollen warten, bis seine Neugier für Zahlen erwacht, dann können sie ihn auf eine spielerische Weise mit Zahlen vertraut machen. Für die

Eltern ist ein solches Begleiten ihres Kindes weit befriedigender als das für alle wenig erbauliche Einpauken von Zahlen.

Entwicklungsspezifisches Lernen

Das Kind ist keine Tabula rasa, eine leere Schrifttafel, die beliebig beschrieben werden kann. Die kindliche Entwicklung besteht aus einer Vielzahl von Funktionen, die in einem bestimmten Alter heranreifen und die sich durch die Erfahrungen, die das Kind selektiv macht, zu Fähigkeiten und Verhaltensweisen ausbilden (vgl. Kapitel »Zusammenwirken von Anlage und Umwelt«, S. 78).

Die Interessen eines Kindes sind in jedem Alter spezifisch für seinen jeweiligen Entwicklungsstand. Seit Jahrtausenden sucht das Kind aufgrund seines Entwicklungsplanes immer wieder diejenigen Erfahrungen, die sich in der Evolution als nützlich herausgestellt haben.

Den entwicklungsspezifischen Charakter des kindlichen Lernens soll die folgende Sequenz von Spielverhalten illustrieren, die alle Eltern bei ihren Kindern beobachten können (Largo 1993).

Im zweiten und dritten Lebensjahr setzt sich das Kind mit den räumlichen Beziehungen zwischen Gegenständen, den Dimensionen des Raumes und der Schwerkraft auseinander. Dieser Lernprozeß spiegelt sich in seinem Spiel.

Inhalt/Behälter-Spiel. Im Alter von neun bis 15 Monaten räumt das Kind Behälter ein und aus. Sein Interesse gilt nicht nur Spielzeugbechern und -würfeln, sondern jeglicher Art von Behältern und ihrem Inhalt, so – zum Leidwesen aller Eltern – auch Kleiderkommoden, Küchenschubladen, Videokassettensammlungen oder Bücherregalen. In seinem Spiel setzt sich das Kind mit dem Umstand auseinander, daß ein Gegenstand in einem anderen sein kann.

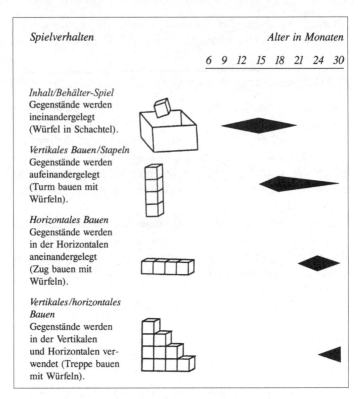

Spielverhalten mit räumlichen Charakteristiken

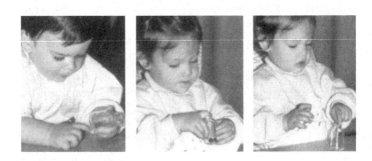

Inhalt/Behälter-Spiel. Ein- und Ausräumen von Behältern

Turm bauen

Vertikales Bauen/Stapeln. Zwischen 15 und 18 Monaten verändert sich das Spielverhalten: Das Kind stapelt nun die Gegenstände. Es baut beispielsweise mit Bauklötzen einen Turm.

Das Kind stellt nicht nur Würfel und Bauklötze aufeinander, sondern auch Gegenstände, die sich dafür weniger eignen, wie etwa Puppenhausmöbel. In diesem Spiel geht es dem Kind vor allem darum, die vertikale Dimension auf verschiedenste Weise zu erfahren. Es findet dabei heraus, welche Bedingungen erfüllt sein müssen, damit der Turm nicht umfällt.

Puppenhausmöbel stapeln

Horizontales Bauen. Aneinanderreihen von Legosteinen

Horizontales Bauen. Mit 24 Monaten klingt das Interesse am Turmbau ab. Das Kind reiht nun mit Eifer Duplo- und Legosteine, aber auch Spielzeugautos oder Püppchen in der Horizontalen aneinander.

Dem Bedürfnis, Gegenstände aneinanderzureihen, entsprechen besonders einfache Spielzeugbahnen. Die Kinder lieben es, Gleisstücke aneinanderzufügen und Eisenbahnwagen aneinanderzuhängen.

Vertikales/horizontales Bauen. Mit etwa zweieinhalb Jahren beginnt das Kind in der Vertikalen und der Horizontalen zu bauen.

Zwischen drei und fünf Jahren lernt das Kind, die drei Dimensionen des Raumes zu verbinden. So konstruiert es einen Unterstand für seine Holztiere oder Autos. Bis zum Kindergartenalter ist das räumliche Vorstellungsvermögen so weit fortgeschritten, daß das Kind mit Bauklötzen, Legosteinen und anderen Materialien Häuser, aber auch Flugzeuge und Autos nachbauen kann.

Diese verschiedenen Spielverhaltensweisen mit räumlicher Charakteristik treten in einer gesetzmäßigen Abfolge auf. Jedes Kind räumt als erstes Behälter ein und aus, baut anschließend

Vertikales/horizontales Bauen

Türme und reiht etwa ein halbes Jahr später die Bauklötze aneinander. Wir haben in unseren Entwicklungsstudien, die mehrere hundert Kinder umfaßten, nie eine andere Abfolge des Spielverhaltens beobachtet (Largo 1979). Kein Kind baut Türme, wenn es sich nicht vorher mit Behältern und deren Inhalt beschäftigt hat, oder fügt Würfel zu einem Zug zusammen, ohne zuvor Türme gebaut zu haben.

Allerdings können Kinder ein bestimmtes Spielverhalten auf verschiedenen Altersstufen und in unterschiedlicher Ausprägung zeigen. So spielt das eine Kind bereits mit zwölf Monaten das Inhalt/Behälter-Spiel, ein anderes erst mit 15 Monaten. Eines hat großes Interesse für Behälter, ein anderes baut lieber Türme.

Wie beim Spiel verhält sich ein Kind auch bei allen anderen Aktivitäten entwicklungsspezifisch. Es nimmt sich aus der Vielzahl von Angeboten, die ihm die Umwelt macht, diejenigen heraus, die sein aktuelles Interesse ansprechen. Idealerweise orientieren sich die Eltern am individuellen Entwicklungsstand ihres Kindes: Sie holen – wie es in der Fachsprache heißt – das Kind dort ab, wo es steht. Dieser Vorsatz läßt sich nicht so ohne weiteres in die Praxis umsetzen.

Bessere Kenntnisse über die kindliche Entwicklung können den Eltern weiterhelfen. Wenn ein 15 Monate altes Kind Schubladen ein- und ausräumt, ist dieses normale kindliche Verhalten für einige Eltern ein erzieherisches Ärgernis. Weil sie das Verhalten nicht verstehen, versuchen sie, das Kind davon abzubringen, indem sie ihm erklären, daß die Schubladen ihr Eigentum seien (was ein Kind in diesem Alter noch nicht begreifen kann) und daher nicht berührt werden dürfen. Sind die Eltern jedoch mit der Bedeutung des Inhalt/Behälter-Spiels vertraut, können sie sich darauf einstellen und die Wohnung entsprechend einrichten. Sie unterstützen die Entwicklung des Kindes, indem sie es mit Behältern und Materialien versorgen, die ungefährlich sind und ihm vielfältige Erfahrungen ermöglichen.

Was sollen Eltern tun, wenn sie keine Ahnung haben, welche Spielmöglichkeiten dem Entwicklungsstand ihres Kindes entsprechen? Sie können sich vom Kind leiten lassen. Sie achten auf sein Spontanverhalten und unterstützen seine Aktivitäten, sofern sie ungefährlich sind. *Vom Kind gewählte Aktivitäten sind auch dann sinnvoll, wenn wir Erwachsenen sie nicht verstehen.*

Einüben von Fähigkeiten

Wenn eine Fähigkeit herangereift ist, will sie sich das Kind durch entsprechende Erfahrungen aneignen. Sobald ein Säugling mit vier bis fünf Monaten gezielt greifen kann, packt er jeden Gegenstand, dessen er habhaft werden kann, und steckt ihn in den Mund. Er hat ein unbändiges Bedürfnis, Gegenstände zu ergreifen sowie mit Lippen und Zunge zu befühlen, um sie kennenzulernen. Wenn ein Kind aufrechtgehen kann, läuft es wochenlang ziellos herum. Es läuft um des Laufens willen. Kinder im Kindergarten- und im Schulalter machen Bewegungsspiele wie »Gummitwist« oder »Himmel und Hölle«. Diese Spiele sind deshalb so beliebt, weil in dieser Altersperiode grobmotorische Fähigkeiten heranreifen, die den Kindern neue Bewegungsmöglichkeiten eröffnen.

Weshalb üben die Kinder eine Fähigkeit ein? Beim Üben macht sich das Kind mit der herangereiften Fähigkeit vertraut und integriert sie in seine bereits vorhandenen Fähigkeiten. Das Einüben ist keineswegs stereotyp, beispielsweise ein Wiederholen gleichartiger Bewegungen. Es ist vielmehr Erproben und Anpassen des neu Erworbenen an verschiedene äußere Verhältnisse. Der Säugling lernt zu greifen, indem er Gegenstände auf verschiedene Weisen anfaßt. Dabei paßt er die Bewegungen der Hände und der Finger an Größe, Form und Konsistenz der Gegenstände an. Der Sinn der grobmotorischen Aktivität besteht für das Kleinkind darin, das Gehen unter unterschiedlichen Bedingungen zu erproben: geradeaus, bergauf und bergab, auf dem Parkett, auf einem dicken oder einem dünnen Teppich oder auf der Wiese. Das Schulkind erhöht mit den Bewegungsspielen seine motorische Geschicklichkeit.

Genauso wie das Einüben einer Fähigkeit in einer bestimmten Entwicklungsperiode erscheint, verschwindet es auch wieder. Wenn sich das Kind eine Fähigkeit angeeignet hat, ist es mit dem Üben vorbei. Ein Zweijähriger nimmt Gegenstände nicht mehr in den Mund, ein Sechsjähriger rennt nicht mehr ziellos herum und ein Jugendlicher macht keinen Gummitwist mehr.

Das Kind übt immer nur Verhaltensweisen und Fähigkeiten ein, die herangereift sind. Wir Erwachsenen neigen dazu, dem Kind Verhaltensweisen und Fähigkeiten aufzudrängen, für die es noch nicht bereit ist. *Fähigkeiten können aber durch Üben nicht hervorgerufen oder gar erzwungen, sondern nur zur richtigen Zeit verinnerlicht und differenziert werden.* Auch wenn die Eltern noch so viel anbieten und zum Üben auffordern, es bleibt doch ohne Erfolg, wenn die inneren Voraussetzungen dazu fehlen. Eltern mögen in gutgemeinter Absicht mit ihrem sechsmonatigen Sohn Bilderbücher anschauen. Der Säugling ist aber in diesem Alter noch nicht an Bildern interessiert. Er will das Buch in den Mund nehmen und damit hantieren, um es als Gegenstand kennenzulernen. Wenn Eltern einem dreijährigen Kind Wörter vorlesen und vorbuchstabieren, gefällt ihm allenfalls der stimmliche Singsang, den die Eltern dabei ausführen. Ein Verständnis für die Buchstaben fehlt ihm und wird sich durch häufiges Vorlesen nicht einstellen, wie sehr sich die Eltern auch darum bemühen. Lesen und Schreiben kann sich ein Kind erst aneignen, wenn es von seinem Entwicklungsstand her dazu bereit ist. Zuvor ist alles Üben unnütz, und jede gutgemeinte Förderung mißrät zur Überforderung.

Sinnvoll sind für ein Kind alle Erfahrungen, die es aus einem eigenen Bedürfnis heraus machen will. Dazu braucht es nicht aufgefordert zu werden. So beschäftigt es sich im Alter von zwölf bis 18 Monaten spontan mit Zeitschriften und Bilderbüchern, weil es Bilder nun interessant findet. Wenn sich bei ihm mit sieben Jahren ein Verständnis für die Schrift einstellt, sieht das Kind überall Buchstaben und Wörter und versucht sie zu lesen: Titel in Zeitungen, Schlagzeilen auf Plakatwänden und Namen auf Straßenschildern.

Eltern können ihrem Kind – weder mit Antrainieren noch mit Lob und Strafe – eine Fähigkeit beibringen, wenn es dazu nicht bereit ist. Was das Kind aber schätzt, ist, wenn es in seinen selbstgewählten Aktivitäten von den Eltern bestärkt wird. Wenn ein acht Monate altes Kind die ersten Kriechversuche macht, ist es stolz darauf und möchte dafür von den Eltern bewundert werden. Genauso ein Anderthalbjähriger, wenn er einen Turm gebaut hat, oder ein Schulkind, wenn es die ersten Worte lesen kann.

Selbstbestimmung und Eigenkontrolle

Für das Kind liegt der Anreiz des Lernens nicht im Endprodukt wie Fähigkeit, Einsicht oder Wissen, sondern im Lernprozeß selbst. Die acht Monate alte Céline beschäftigt sich auf unterschiedlichste Weise mit einem fahrbaren Spielzeug und der daran befestigten Schnur.

Céline will sich keine bestimmte Fähigkeit aneignen und strebt nicht nach einer tieferen Einsicht. Was sie will, ist, sich mit dem Spielzeug auf verschiedenste Weise auseinanderzusetzen. Dabei kommt sie unter anderem darauf, daß sie es an der Schnur zu sich heranziehen kann. Ihr vorrangiges Bedürfnis ist es, Erfahrungen zu machen, die für ihre Entwicklung genauso bedeutsam sind wie die schließlich gewonnene Einsicht, daß die Schnur dazu benutzt werden kann, um das Spielzeug zu sich heranzuziehen (Mittel zum Zweck).

Kausale Erfahrung. Die acht Monate alte Céline zieht immer wieder auf unterschiedlichste Weise das Spielzeug zu sich und lernt dabei eine einfache Ursache-Wirkung-Beziehung kennen.

Das Spiel von Céline ist nicht zielgerichtet, was nicht bedeutet, daß es zweckfrei wäre. Es dient sehr wohl einem Zweck, nicht unmittelbar, aber längerfristig. Verhaltensweisen, die sich das Kind spielerisch aneignet, erhalten eine zielgerichtete Funktion. Céline geht im Alter von 15 Monaten mit dem Spielzeug anders um als mit acht Monaten. Nun zieht sie es mit einer gezielten und raschen Handbewegung zu sich heran. Dafür entleert und füllt sie jetzt Behälter spielerisch immer wieder aufs neue. Sie hat gerade entdeckt, daß sie den Inhalt eines Behälters ausgießen kann, wenn sie ihn kippt. Sechs Monate später kippt Céline einen Behälter nur noch, wenn sie ihn wirklich entleeren will, etwa um an ein bestimmtes Spielzeug zu gelangen. Der Vorgang des Kippens an sich interessiert sie nicht mehr.

Selbstbestimmung und Eigenkontrolle sind sehr wesentlich für die Entwicklung von Lernstrategien und Selbstwertgefühl. Nur wenn das Kind über sein Tun bestimmen kann, lernt es, Problemsituationen zu meistern. Der 18 Monate alte Karl versucht, mit verschieden großen Bechern einen Turm zu bauen. Durch hartnäckiges Ausprobieren kommt er schließlich zur Einsicht, daß er die Becher in abnehmender Größe stapeln muß. Bis es soweit ist, hat er zahlreiche vergebliche Versuche unternommen. Die eigenständig gewonnene Gewißheit aber, daß es eine Lösung gibt und daß er diese selbständig gefunden hat, befriedigt ihn zutiefst. Karl ist zu Recht stolz: Er ist fähig, Probleme zu lösen.

Solche Erfahrungen machen das Kind zuversichtlich, daß es auch in Zukunft schwierige Situationen meistern wird.

Weil der Lernvorgang an sich so wichtig ist, soll das Kind sein Tun selbst bestimmen. *Nur wenn es sein Handeln selbst kontrollieren kann, wird es interessiert bleiben und seine Aktivitäten werden zu sinnvollen Erfahrungen.* Zum Lernen gehören Fehlschläge, Umwege und Versagen, genauso wie der Erfolg. Lernen ist immer auch mit Enttäuschungen und negativen Gefühlen verbunden, die das Kind auch bereit ist zu ertragen. Es erwartet keineswegs, daß die Erwachsenen ihm Enttäuschungen ersparen. Eine solche Erwartung entsteht nur dann, wenn das Kind fremdbestimmt ist. Wenn die Eltern in bester Absicht beim Turmbau »helfend« eingreifen, bringen sie Karl nicht nur um eine wichtige Erfahrung, sondern vermitteln ihm auch die lähmende Botschaft: »Wir wissen es immer besser als du. Frage uns, wenn du Hilfe brauchst.« Es erstaunt nicht, daß ein Kind unter solcher »Hilfe« immer frustrierter und unselbständiger wird.

Wie sollen sich die Eltern verhalten, wenn Karl sie um Hilfe bittet? Selbstverständlich sollen sie sich ihm nicht verweigern. Das Kind selbst bestimmen zu lassen bedeutet nicht, es sich selbst zu überlassen. Wenn die Eltern nicht auf Karl eingehen, fühlt er sich abgelehnt. Die Eltern sollten eine Antwort auf die folgende Frage finden: Verlangt Karl mit seiner Bitte nach Zuwendung oder nach Hilfe? Falls ersteres zutrifft, braucht er Zuwendung und keine guten Ratschläge. Wenn er Hilfe wünscht, sollten sich die Eltern überlegen, welches die kleinste Anregung ist, die sie Karl geben müssen, damit er selbständig weiterkommt. Hilfe soll das Kind nicht passiv, sondern aktiv machen: Hilf mir, es selbst zu tun! (M. Montessori).

Erwachsene, die in bester Absicht ihrem Kind so viel als möglich beibringen wollen, unterschätzen den Lernprozeß und überschätzen das Endprodukt. Für das Kind bedeutet Lernen nicht, Fähigkeiten und Wissen zu erwerben, sondern Erfahrungen zu machen, die seinem Entwicklungsstand entsprechen. Aus solchen Erfahrungen heraus lernt es die soziale und gegenständliche Umwelt zu begreifen. »Alles, was wir dem Kind beibringen, kann es nicht mehr lernen.« (J. Piaget)

Drei Formen des Lernens

Ein Kind eignet sich Fähigkeiten und Wissen auf verschiedene Weisen an. Es beobachtet andere Menschen und ahmt sie nach. So sieht das Kleinkind, wie Eltern und Geschwister mit Löffel, Gabel und Messer essen, und macht sie nach. Diese Form des Lernens wird als soziales oder imitatives Lernen bezeichnet. Eine weitere Form des Lernens besteht in der Auseinandersetzung mit der gegenständlichen Umwelt (objektorientiertes Lernen). Das Kind beschäftigt sich mit Gegenständen und kommt dabei zu Einsichten. So spielt der Säugling mit einer Spieldose und findet heraus, daß, wenn er an der Schnur zieht, Musik erklingt. In der Evolution wohl einmalig ist die dritte Form des Lernens: Die Unterweisung durch Erwachsene und ältere Kinder. Diese drei Formen des Lernens bestimmen im wesentlichen die Entwicklung eines Kindes.

Soziales Lernen (imitatives Lernen)

Manche Leserin oder mancher Leser mag sich schon verwundert gefragt haben, weshalb Kinder so versessen auf das Telefon sind. Die meisten Kinder halten sich den Telefonhörer ans Ohr, bevor sie einen Löffel gebrauchen können. Anzumerken ist, daß es in ihrer Wahrnehmung nur das Telefon und keinen Gesprächspartner am anderen Ende der Leitung gibt.

Das Telefonieren weist alle Merkmale auf, die eine Handlung für ein Kind attraktiv machen und die für das soziale Lernen so wesentlich sind:
- Die Bezugspersonen, vor allem Mutter und Vater, benützen das Telefon mehrmals am Tag und oft über längere Zeit hinweg.
- Kaum klingelt das Telefon, rennen die Eltern, um es zu »beruhigen«.
- Die Eltern sprechen mit diesem Apparat und äußern dabei unterschiedliche Gefühle, gelegentlich kommt es gar zu Gefühlsausbrüchen.

Attraktion des Telefons

- Das Telefonieren ist den Eltern so wichtig, daß sie dabei keinesfalls gestört werden wollen.

Das elterliche Verhalten vermittelt dem Kind den Eindruck, daß das Telefon etwas äußerst Wichtiges ist, mit dem man sich unbedingt beschäftigen muß. Die Bedeutung, die das Telefon aus der Sicht des Kindes für die Eltern hat, kann so groß sein, daß es mit Eifersucht darauf reagiert.

Die Grundlage des sozialen Lernens ist die Fähigkeit und Bereitschaft zur Nachahmung. Bereits das Neugeborene ist in einem beschränkten Umfang damit ausgestattet (Melzoff 1977). Es kann einfache Mundstellungen imitieren.

Ein Kind ahmt nicht beliebig nach, sondern nur diejenigen Verhaltensweisen, die seinem Entwicklungsstand entsprechen. Ein Neugeborenes kann den offenen Mund und die herausgestreckte Zunge nachmachen, nicht aber Sprachlaute oder Handbewegungen. Ein neun Monate altes Kind kann Laute imitieren sowie einfache Bewegungen wie Ade-Winken. Es will aber noch keinen Löffel benutzen. Es läßt sich deshalb bereitwillig füttern, obwohl es jeden Tag sieht, wie die Eltern und Geschwister mit Löffel und Gabel hantieren. Im Alter von zwölf bis 18

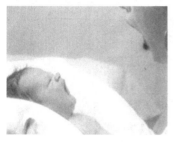 

Neugeborenes ahmt Mundstellungen nach

Monaten kann es so gut mit Gegenständen umgehen, daß es nun selbst mit dem Löffel essen will. Es möchte nicht mehr gefüttert werden.

Das soziale Lernen spielt in den folgenden Bereichen der kindlichen Entwicklung eine wesentliche Rolle:

Sozialverhalten. Das Kind wird durch seine Vorbilder sozialisiert. Es eignet sich diejenigen Verhaltensweisen und Wertvorstellungen an, die ihm von Erwachsenen und Kindern vorgelebt werden. Das Kind merkt sich, wie die Eltern auf seine Bedürfnisse eingehen und mit ihm umgehen. Es wird geprägt durch die Art und Weise, wie sich die Familienmitglieder untereinander und Verwandten oder Bekannten gegenüber verhalten. Wie stark die Vorbilder auf das Kind einwirken, zeigt sich in seinem Spiel. Wenn es seinen Teddybären aufnimmt, streichelt und leise zu ihm spricht, ahmt es immer eine Bezugsperson, zumeist Mutter oder Vater, nach.

In den ersten Lebensjahren orientiert sich das Kind vor allem an seinen Hauptbezugspersonen und Geschwistern. Je älter es wird, desto mehr richtet es sein Verhalten auf außerfamiliäre Erwachsene und ältere Kinder aus. Im Kindergarten beobachtet es die anderen Kinder, ahmt sie nach und eignet sich so Verhaltens- und Handlungsweisen an. Wenn eine Erstkläßlerin ihren jüngeren Bruder im ABC unterrichtet, hält sie sich in ihrem Tonfall, ihrer Mimik und ihrer Körperhaltung genauestens an ihre Lehrerin.

Spaziergang

Ohne die Bereitschaft des Kindes zur Nachahmung wäre seine Sozialisation nicht möglich. Das Vorbild ist in der Erziehung äußerst wichtig. Eltern ersparen sich viel Aufwand und Zeit, wenn sie, anstatt ihr Kind mit Worten und Zurechtweisungen sowie durch Antrainieren von Verhaltensweisen zu erziehen, ihm mehr Vorbild sind. Sie müssen ihr Kind nicht über Wochen und Monate mehrmals am Tag auf den Topf setzen, bis sich der langersehnte Erfolg schließlich einstellt. Wenn sich das Kind am Verhalten der Eltern und Geschwister orientieren kann, wird es mit wenig Aufwand und in kürzester Zeit trocken und sauber werden.

Sprache kann sich das Kind nur aneignen, wenn es Sprache in einem konkreten Zusammenhang mit Menschen, Gegenständen und Handlungen hört und erlebt. Den Bezug zwischen Wort und Bedeutung können nur vertraute Personen für das Kind herstellen. Tag für Tag sieht der Säugling, wie die Eltern mit der Milchflasche hantieren, und hört sie dabei Wörter wie Milch, Flasche und Trinken verwenden. Nach einer gewissen Zeit kennt das Kind die Flasche und die verschiedenen Handlungen und bringt sie mit den entsprechenden Wörtern in Verbindung.

Erwerb von Kulturtechniken. Den funktionellen Gebrauch von Gegenständen, etwa des Löffels oder Bleistifts, eignet sich das Kind durch Nachahmung an. Spätestens ab dem Kleinkindalter möchte ein Kind mit Erwachsenen und älteren Kindern zusammensein, um ihnen bei ihren Tätigkeiten zuzuschauen und es ihnen gleichzutun. Den Eltern bei ihren Alltagsbeschäftigungen im Haus und Garten zu »helfen«, entspricht einem entwicklungsspezifischen Bedürfnis des Kindes. Gemeinsames Handeln ist für das Kind eine wichtige Form der Zuwendung.

Wir Erwachsene sind für die Kinder Vorbilder, ob wir es wollen oder nicht. Wir können dieser Rolle nicht entfliehen: Was wir dem Kind vorleben, aber auch, was wir ihm vorenthalten, erzieht das Kind. Es sind nicht unsere erzieherischen Vorstellungen und Absichten und schon gar nicht unsere wortreichen Erklärungen, die das Kind erziehen, sondern unser Vorbild. Wie sagte doch Karl Valentin: »Wir können Kinder nicht erziehen, die machen uns eh alles nach.«

Objektorientiertes Lernen

Eltern schätzen es, wenn ihr Kind alleine spielt. Nicht nur, weil sie in dieser Zeit ihren eigenen Interessen nachgehen können. Sie spüren intuitiv, daß das selbständige Spiel das Kind in seiner Entwicklung weiterbringt.

Das Kind wendet in jedem Alter viel Zeit auf, um sich mit der gegenständlichen Umwelt zu beschäftigen. Es entwickelt dabei grundlegende geistige Fähigkeiten, die ihm weder die Eltern noch eine andere Bezugsperson vermitteln können.

- Kennenlernen der gegenständlichen Umwelt
- Form-/Raumvorstellung
- Verständnis für kausale Beziehungen
- Kategorisieren
- Mengenvorstellung

Einige geistige Fähigkeiten, die sich das Kind selbständig im Umgang mit der gegenständlichen Umwelt aneignet.

Vier Beispiele wollen wir herausgreifen:

Das Kennenlernen der gegenständlichen Umwelt ist an konkrete Erfahrungen geknüpft. Das Kind lernt Gegenstände und Materialien kennen, indem es sie in den Mund nimmt, mit ihnen hantiert und sie betrachtet. Orales, manuelles und visuelles Erkunden folgen im ersten Lebensjahr in dieser Reihenfolge aufeinander.

Eltern würde es nie einfallen, ihrem Kind vorzumachen, wie man Gegenstände mit dem Mund untersucht, mit den Händen anfaßt und mit den Augen erforscht. Dies ist auch nicht notwendig: Das Kind interessiert sich dafür aus einem inneren Bedürfnis heraus. Beim Erkunden lernt es, daß Gegenstände verschieden sind, was Größe, Gewicht, Form, Oberfläche und Konsistenz angeht. Gegen Ende des ersten Lebensjahres kennt das Kind seine Spielsachen und die Gegenstände des Alltags und kann sie voneinander unterscheiden.

Räumliches Vorstellungsvermögen. Die Dimensionen des Raumes lernt ein Kind begreifen, indem es sich bewegt und sich mit Gegenständen beschäftigt. Es kriecht, geht und rennt durch die Wohnung und verbindet dabei seine motorischen Eindrücke mit den visuellen und taktil-kinästhetischen. Daraus entsteht allmählich eine innere Vorstellung von der Wohnung.

Mit etwa neun Monaten dreht ein Kind Gegenstände in der Hand und betrachtet sie von allen Seiten. Aus der Einsicht heraus, daß Gegenstände verschiedene Ansichten haben, entwickelt es eine räumliche Vorstellung, die es ihm ermöglicht, einen Gegenstand auch dann zu erkennen, wenn dieser nur teilweise sichtbar ist. In den folgenden Monaten und Jahren setzt es

Orales, manuelles und visuelles Erkunden

Gegenstände auf unterschiedlichste Weise zueinander in Beziehung (vgl. Inhalt/Behälter-Spiel usw., S. 207f.).

Verständnis für kausale Beziehungen. Wie wir aus der Studie von Watson (S. 204f.), erfahren haben, vermag ein Kind bereits in den ersten Lebenswochen einfache ursächliche Zusammenhänge erfassen. Sobald es Gegenstände ergreifen und mit ihnen hantieren kann, nehmen seine Erfahrungsmöglichkeiten sprunghaft zu. Ein Kind bewegt eine Rassel hin und her und erzeugt dabei ein Geräusch. Céline zieht ihr Spielzeug immer wieder zu sich hin und wird dabei auf die Beziehung zwischen den Hand- und den Armbewegungen, der Schnur und dem fahrbaren Spielzeug aufmerksam. Um herauszufinden, welche Arm- und Handbewegungen zum Erfolg führen, muß Céline auch viele erfolglose Versuche ausführen. Kausale Beziehungen lernt das Kind nur durch Versuch und Irrtum zu begreifen.

Kategorisieren. Am Ende des zweiten Lebensjahres entdeckt ein Kind, daß Gegenstände aufgrund bestimmter Eigenschaften gleich oder verschieden sein können. Es sortiert spontan Messer, Gabeln und Löffel anhand ihrer unterschiedlichen Formen aus oder ordnet zusammengehörige Spielsachen, wie etwa Stühle, Tisch und Tellerchen in der Puppenstube.

Für manche Eltern bringt dieses Spiel ein Bedürfnis nach Ordnung zum Ausdruck – was sie erfreut zur Kenntnis nehmen. Dahinter steckt aber weniger ein Ordnungssinn als vielmehr ein Grundprinzip des menschlichen Denkens: das Kategorisieren nach bestimmten Kriterien. Das Kind kommt von selbst zur Ein-

Gruppieren von Stühlen

sicht, daß Gegenstände aufgrund bestimmter Eigenschaften gleich oder verschieden sein können. Die Eltern könnten ihm nicht dazu verhelfen. (Für die Skeptiker unter den Lesern: Wie wollen Sie einem zweijährigen Kind erklären, worin die Gemeinsamkeit bzw. die Verschiedenheit von Gabel und Löffel besteht?)

Eltern können einen wesentlichen Beitrag zum objektorientierten Lernen ihres Kindes leisten, nur ist es nicht der, den sie sich oft vornehmen: Sie müssen dem Kind nichts beibringen! Ihr Beitrag besteht darin, die äußeren Bedingungen so zu gestalten, daß das Kind entwicklungsspezifische Erfahrungen machen kann. So sollte ein Säugling nicht immer mit denselben Spielsachen spielen müssen. Er möchte verschiedene Gegenstände in den Mund nehmen, mit ihnen hantieren und sie betrachten können. Je verschiedenartiger die Gegenstände in Größe, Form, Konsistenz und Farbe sind, desto vielfältiger sind auch die Erfahrungen, die er machen kann. Jeder ungefährliche Gegenstand, für den er sich interessiert, ist daher ein Spielzeug.

Dorfschule in Karpathos, Griechenland

Lernen durch Unterweisung

Das Kind lernt vom Erwachsenen nicht nur durch Nachahmung, sondern auch durch Unterweisung. Dabei will das Kind nicht irgend etwas lernen. Da sein Interesse durch seinen Entwicklungsstand bestimmt wird, sollte sich der Erwachsene vom Kind leiten lassen. Erstmals äußert ein Kind das Bedürfnis nach Unterweisung in seiner frühen Sprachentwicklung, wenn es seine Was- und-Warum-Fragen stellt. Es will Personen, Gegenstände und Vorgänge von den Erwachsenen benannt und erklärt bekommen.

Zunächst richtet sich das Kind auf seine Hauptbezugspersonen aus. Nach dem dritten Lebensjahr sucht es auch den Kontakt zu außerfamiliären Erwachsenen, interessiert sich für deren Aktivitäten und möchte, daß sie ihm etwas beibringen. Bis zum sechsten Lebensjahr ist sein Bedürfnis nach Unterweisung so groß geworden, daß das Kind bereit ist, eine Schule zu besuchen.

Es bleibt in den kommenden Jahren jeden Tag stundenlang in der Schulbank sitzen, weniger weil die Eltern und Lehrer es verlangen, sondern weil es zusammen mit anderen Kindern etwas lernen möchte. Ohne diese große Bereitschaft der Kinder, sich auf Erwachsene einzustellen und sich von ihnen unterrichten zu lassen, wäre die Institution Schule gar nicht möglich.

Dem Kind vertrauen

Jedes Kind strebt danach, kompetent und selbständig zu werden. Jedes psychisch und körperlich gesunde Kind will lernen. Lernen bedeutet für ein Kind, sich Fähigkeiten und Wissen auf seine Weise anzueignen. Der Lernprozeß selbst motiviert das Kind und nicht ein von den Erwachsenen erwünschtes, für das Kind nicht begreifbares, hypothetisches Endresultat.

Wir Eltern und Fachleute sollten uns soweit wie möglich von der Vorstellung lösen, daß wir das Kind belehren müssen und darauf vertrauen, daß es sich entwickeln will.

Wir sollten das Kind auch nicht behindern, nur weil wir sein Verhalten nicht verstehen. Manche Eltern wissen nicht, wie wichtig das orale Erkunden für einen Säugling ist. Sie haben hygienische Bedenken und Angst, das Kind könnte ersticken, und versuchen, es vom Mundeln abzuhalten. Andere Eltern stören sich daran, daß sich ihr Kind im Alter von vier Jahren soviel bewegt. Weil sie nicht begreifen, weshalb der Kleine viel Auslauf braucht, gehen sie mit ihm wegen Hyperaktivität zum Kinderarzt. Lassen wir uns doch vom Kind leiten und gestalten wir seine Umgebung so, daß es seine spielerischen, motorischen und sozialen Interessen befriedigen kann. Gehen wir davon aus, daß seine Aktivitäten für seine Entwicklung sinnvoll sind, und bemühen wir uns, ihm die entsprechenden Erfahrungen zu ermöglichen.

»Das Genie in Ihrem Kind! Hirnforscher zeigen Eltern, wie sie sein Talent entdecken und fördern können.« (Focus, 4. März 1996) Das Bedürfnis des Kindes, entwicklungsgerechte Erfahrungen zu machen, verträgt sich nicht mit der immer größer werdenden Förderwut. Die Spielwarenindustrie und leider auch viele Fachleute nötigen die Eltern geradezu, die Entwicklung ihres Kindes frühzeitig und mit einem möglichst großen Angebot an Reizen voranzutreiben. So wird den Eltern empfohlen, ein spezielles, von Psychologen entwickeltes Mobile ins Kinderzimmer zu hängen und das Bettchen des Säuglings mit einem Activity Center auszustatten. Für das Kleinkindesalter werden Spielsachen angepriesen, die die Form-, Farb- und Größenwahrnehmung anregen sollen. Ab dem dritten Lebensjahr wird mit dem Kind das ABC und das Einmaleins eingeübt. Diese förderwütigen Fachleute mißachten gleich mehrere Eigenheiten des kindlichen Lernverhaltens: die genuine Neugier, die entwicklungsspezifischen Bedürfnisse und die Selbstbestimmung des Kindes. Sie sehen sich als Intelligenzmacher. Ein Kind läßt sich aber nicht machen, oder wie es in einem afrikanischen Sprichwort heißt: *Das Gras wächst nicht schneller, wenn man daran zieht.*

Weshalb aber machen Eltern diesen Förderungsboom so bereitwillig mit? Sie möchten, daß sich ihr Kind möglichst gut entwickelt und in der Schule möglichst viel lernt, damit es im späteren Leben möglichst erfolgreich sein wird. Die Spielzeugindustrie nützt diese elterlichen Ängste für ihre kommerziellen Zwecke aus. Sie verführt die Eltern mit der folgenden Erwartung: Je früher euer Kind sich Wissen und Fähigkeiten aneignet, desto rascher wird es sich entwickeln, um so besser werden seine Schulleistungen und um so erfolgreicher wird es als Erwachsener sein. Diese Botschaft ist verhaltensbiologisch falsch. Ein Kind entwickelt sich nicht um so besser, je mehr Wissen ihm angeboten und je mehr Können ihm aufgedrängt wird. Es gibt keine entwicklungspsychologische Studie, die belegen würde, daß Kinder, die in den ersten Lebensjahren mit Mobiles, Activity Centers, ABC- und Zahlentrainings »gefördert« wurden, bessere Schulleistungen erbringen als Kinder, die davon verschont geblieben sind. Solche Formen der Förderung können ein Kind sogar behindern, weil sie zu Lasten von Lernerfahrungen gehen, die ihm durch diese falsche Förderung vorenthalten werden.

Auf die Gefahr hin, mich zu wiederholen: *In der Entwicklung geht es nicht nur darum, was, sondern mindestens so sehr, wie das Kind lernt.* Wenn wir uns Gedanken zur Entwicklung eines Kindes machen, sollten wir uns immer wieder fragen: Kann es Lern- und Problemlösungsstrategien entwickeln? Wie wirken sich die Lernerfahrungen auf sein zukünftiges Selbstwertgefühl aus? Sinnvolles Lernen besteht in selbstbestimmtem Handeln, in dem sich das Kind bewähren kann. Wenn es aus eigenem Antrieb lesen lernt, erlebt es das Lesen als eine von ihm erworbene Fähigkeit, die sein Selbstwertgefühl stärkt. Wird ihm das Lesen beigebracht, ist das Lesen etwas, was andere von ihm verlangen, und sein Selbstwertgefühl wird darunter leiden.

Das Wichtigste in Kürze

1. Nur wenn sich ein Kind körperlich und psychisch wohl fühlt, kann es sich seinen Möglichkeiten entsprechend entwickeln.
2. Das Kind hat einen angeborenen Drang, seine soziale und seine materielle Umwelt begreifen zu wollen. Die treibenden Kräfte der Entwicklung sind Neugier und Eigenaktivität.
3. In jeder Entwicklungsperiode reifen bestimmte Fähigkeiten heran, die sich das Kind durch konkrete Erfahrungen aneignet.
4. Interessen und Eigenaktivität sind in jedem Alter entwicklungsspezifisch: Das Kind sucht sich aus der Vielzahl möglicher Erfahrungen diejenigen heraus, die seinem Entwicklungsstand entsprechen.
5. Der Sinn des kindlichen Lernens liegt nicht im Endprodukt, sondern im Lernprozeß selbst. Umwege, Fehlschläge und Enttäuschungen gehören ebenso zur Lernerfahrung wie der Erfolg.
6. Sinnvolles Lernen zeichnet sich durch Eigenkontrolle und Selbstbestimmung aus.
7. Fähigkeiten können durch Üben nicht hervorgerufen, sondern nur verinnerlicht und differenziert werden. Üben besteht nicht aus stereotypen Wiederholungen, sondern in einem Anpassen der neu erworbenen Fähigkeit an unterschiedliche äußere Bedingungen sowie in der Integration in vorhandene Fähigkeiten.
8. Die kindliche Entwicklung wird im wesentlichen durch drei Formen des Lernens bestimmt:
   - soziales/imitatives Lernen
   - objektorientiertes Lernen
   - Lernen durch Unterweisung

9. Soziales/imitatives Lernen: Das Kind orientiert sich am Vorbild vertrauter Personen und ahmt deren Verhalten und Tun nach. Soziales Lernen ermöglicht:
   - Sozialisierung
   - Sprachentwicklung
   - Erwerb von Kulturtechniken
10. Objektorientiertes Lernen: In der Auseinandersetzung mit der gegenständlichen Umwelt erwirbt sich das Kind geistige Fähigkeiten wie Raumvorstellung, Kategorisieren oder kausales Denken.
11. Lernen durch Unterweisung: Ein Kind übernimmt Fähigkeiten und Wissen von Erwachsenen. Diese Form des Lernens dient dem Erwerb von Kulturtechniken wie Lesen und Schreiben sowie von Wissen.
12. Lernerfahrungen sind genauso wichtig wie der Erwerb von Fertigkeiten und Wissen. Durch selbstbestimmtes Lernen eignet sich ein Kind Lern- und Problemlösungsstrategien an und kommt zu einem guten Selbstwertgefühl.
13. Die Aufgaben der Eltern und der Bezugspersonen sind:
    - Die Umwelt für das Kind so zu gestalten, daß es entwicklungsspezifische Erfahrungen machen kann;
    - dem Kind Vorbild zu sein;
    - das Kind in denjenigen Bereichen zu unterrichten, für die es Interesse zeigt.

V. Fit und Misfit

Wohlbefinden und Selbstwertgefühl

Der elfjährige Kurt setzt sich verunsichert in die Schulbank. Die Lehrerin hat ihn bei der Begrüßung kaum angeschaut und nur flüchtig guten Tag gesagt. Kurt grübelt: Weshalb ist die Lehrerin bloß unzufrieden mit mir? Ist meine gestrige Rechenprüfung schlecht ausgefallen?

Seine Befürchtungen stellen sich als unbegründet heraus. Als die Lehrerin die Verunsicherung bei Kurt und auch bei anderen Kindern bemerkt, teilt sie der Klasse mit, daß sie müde und besorgt sei, weil ihr Kind in der vergangenen Nacht akut erkrankte und sie es ins Krankenhaus bringen mußte.

Menschen jeden Alters sind auf Anerkennung angewiesen. Wie Kurt reagiert auch ein zweijähriges Kind auf eine vermeintliche Ablehnung seiner Mutter oder ein gestandener Bankbeamter auf eine unbedachte Äußerung seines Vorgesetzten. Unser Wohlbefinden und unser Selbstwertgefühl hängen wesentlich davon ab, ob wir uns von unseren Mitmenschen angenommen fühlen und mit unseren Leistungen uns selbst und den anderen genügen können. Eine der schlimmsten Auswirkungen der Arbeitslosigkeit ist die Beeinträchtigung des Selbstwertgefühls: Ich kann nichts, mich will niemand, ich bin nichts wert.

Wohlbefinden und Selbstwertgefühl bestimmen unser Verhalten – und oft, wie erfolgreich wir sind. Vermindertes Wohlbefinden und Selbstwertgefühl schwächen unsere Beziehungsfähigkeit. Die Mitmenschen spüren unsere Verunsicherung, und wir werden sozial weniger attraktiv. Leistungs- und Durchsetzungsvermögen werden durch die innere Unsicherheit ebenfalls herabgesetzt. Auch Wissen und Fähigkeiten können wir nur ungenügend einsetzen, wenn wir uns schlecht fühlen. Emotionale Verunsicherung bedeutet schließlich immer auch Streß, der zu psychosomatischen Beschwerden wie Kopfschmerzen oder Verdauungsstörungen führen kann.

Wohlbefinden und Selbstwertgefühl machen uns stark. Sie geben uns das Gefühl, unser Leben im Griff zu haben. Wenn unser Selbstwertgefühl gut ist, mögen wir uns selbst.

Das Wohlbefinden hängt wesentlich von der momentanen Verfassung und der Situation ab, in der sich ein Mensch gerade befindet. Ein Kind fühlt sich dann wohl, wenn seine körperlichen und psychischen Bedürfnisse befriedigt sind und die Umgebung seinen Interessen und Aktivitäten entspricht.

Das Selbstwertgefühl kann unter widrigen Umständen intakt bleiben oder unter vorteilhaften Bedingungen schlecht sein. Es ist weniger abhängig von der aktuellen Befindlichkeit und Situation, sondern viel mehr Ausdruck vergangener Erfahrungen. Im Selbstwertgefühl eines Menschen schlägt sich seine Lebensgeschichte nieder, Erfolg genauso wie Versagen. Am Selbstwertgefühl eines Kindes können wir ablesen, wie seine bisherige Entwicklung verlaufen ist. Sein Selbstwertgefühl ist um so besser, je dauerhafter und größer die Übereinstimmung zwischen ihm und seiner Umwelt in der Vergangenheit war.

Das Fit-Konzept orientiert sich am Wohlbefinden und am Selbstwertgefühl des Kindes, weil

- psychisches und körperliches Wohlbefinden die Grundvoraussetzungen dafür sind, daß sich ein Kind bestmöglich entwickeln kann;
- ein gutes Selbstwertgefühl entscheidend für seine zukünftige Beziehungs- und Leistungsfähigkeit ist.

Die vielen kleinen und großen Erfahrungen, die Wohlbefinden und Selbstwertgefühl eines Kindes prägen, können im wesentlichen den drei Bereichen zugeordnet werden, die in der nachfolgenden Graphik abgebildet sind.

In diesem Kapitel wollen wir uns zuerst mit diesen drei Bereichen beschäftigen. Anschließend wenden wir uns der individuellen Ausprägung des Wohlbefindens und des Selbstwertgefühls zu, die den Kern des Fit-Konzepts bildet.

Die drei Hauptkomponenten

Geborgenheit

Wohlbefinden und Selbstwertgefühl hängen wesentlich davon ab, ob sich ein Kind geborgen fühlt. Ein Gefühl von Geborgenheit stellt sich dann ein, wenn seine körperlichen Bedürfnisse und vor allem sein Bedürfnis nach Nähe und Sicherheit ausreichend befriedigt werden. Diese Bedürfnisse verändern sich in der Kindheit immerfort und wollen daher in jeder Entwicklungsperiode anders befriedigt werden.

Die drei Hauptkomponenten des Wohlbefindens und des Selbstwertgefühls

Die folgenden Bedingungen sollten aber in jedem Alter erfüllt sein:
- Das Kind fühlt sich nicht allein gelassen.

- Es hat immer Zugang zu einer vertrauten Person.
- Seine körperlichen Bedürfnisse werden zuverlässig und angemessen befriedigt.

Wenn ein Kind diese Erfahrungen machen kann, bildet sich folgendes Grundgefühl heraus: Ich fühle mich aufgehoben. Diese Welt ist ein sicherer Ort. Die Menschen sind mir wohlgesinnt. Wenn ich Hilfe und Schutz brauche, erhalte ich sie. In der Literatur wird der frühkindlichen Erfahrung von Geborgenheit eine besonders große Bedeutung zugeschrieben. Geborgenheit ist aber im Schulalter und in der Adoleszenz nicht minder wichtig.

Zuwendung und soziale Anerkennung

Wenn wir uns von den anderen Menschen angenommen fühlen, geht es uns gut. Werden wir von ihnen abgelehnt, geht es uns schlecht. Die soziale Anerkennung wird von der Psychologie als eine der wichtigsten Einflußgrößen für Wohlbefinden und Selbstwertgefühl angesehen.

Idealerweise erlebt ein Kind, daß es als Person vorbehaltlos angenommen wird. Vorbehaltlos heißt: unabhängig von seinem Verhalten und seinen individuellen Eigenschaften. Das Kind spürt: Man mag mich und freut sich an meiner Person. Wenn dieses Gefühl zu einer Grunderfahrung in der Kindheit wird, entsteht ein Selbstwertgefühl, das man jedem Menschen wünschen möchte: Ich werde von den anderen Menschen so akzeptiert, wie ich bin.

Wortreiche Beteuerungen tragen wenig zum Gefühl des Angenommenseins bei. Dieses Gefühl stellt sich vor allem durch gemeinsames Erleben ein. Sich-angenommen-Fühlen ist eine Erfahrung: Der andere nimmt sich Zeit für mich, freut sich, mit mir zusammenzusein, und vor allem – er ist innerlich bereit, auf mich einzugehen. Gemeinsames Erleben spielt in der ganzen Kindheit eine große Rolle, ganz besonders aber in den ersten Lebensjahren.

Als Person vorbehaltlos akzeptiert zu werden ist eine Erfahrung, die die meisten Kinder nur in den ersten Lebensmonaten,

vielleicht auch Lebensjahren machen dürfen. Je älter ein Kind wird, desto stärker wird die soziale Anerkennung von seinem Verhalten abhängig gemacht. Es erhält Zuwendung und Anerkennung,
- wenn es die Leistung erbringt, die die anderen von ihm erwarten. Die Eltern freuen sich, wenn es gute Schulnoten heimbringt und reagieren auf ungenügende Noten mit Ablehnung;
- weil die anderen es hübsch und lustig finden. Aus den Reaktionen der Mitmenschen erspürt schon das Kleinkind, daß es sie mit seinem adretten Aussehen und seinem fröhlichen Verhalten für sich einnehmen kann;
- wenn es für die anderen etwas leistet. Um akzeptiert zu werden, muß es herausfinden, was die anderen möchten, und was es für sie tun kann.

Diese Liste von Verhaltensweisen, die Kinder entwickeln, um soziale Anerkennung zu erhalten, läßt sich beliebig verlängern. Die Konsequenzen, die sich für ein Kind daraus ergeben: Wenn ich angenommen werden will, muß ich mich auf die Anforderungen und die Erwartungen der Umwelt einstellen. Diese Bereitschaft kann in der Erziehung gezielt eingesetzt und auch ausgenutzt werden, denn jedes Kind will gefallen und akzeptiert werden. Ein Kind spürt sehr genau, was von ihm erwartet wird und wie es am besten ankommt, und tut fast alles, um die erwünschte Anerkennung zu erhalten.

Alle Eltern machen ihre Akzeptanz vom Verhalten des Kindes abhängig. Für sie aber sollte sein Verhalten nicht wichtiger sein als seine Person. Ein Kind sollte sich als Person nie in Frage gestellt oder aufgrund seines Verhaltens grundsätzlich abgelehnt fühlen. Person und Verhalten auseinanderzuhalten ist für die Eltern aber nicht immer einfach. Wenn ihr dreijähriges Kind die Katze mit einem Spielzeug schlägt, wie sollen sie sich verhalten?

- Die Eltern schimpfen das Kind aus, was es als Ablehnung empfindet. Für das Kind richtet sich der elterliche Zorn nicht nur gegen sein Verhalten, sondern immer auch gegen seine Person. Ein solcher Liebesentzug kann das Kind dazu bringen, sein Verhalten zu ändern – falls es versteht, was es falsch ge-

macht hat. Die Fähigkeit eines Dreijährigen, sich in ein anderes Lebewesen einzufühlen, ist noch sehr begrenzt.
- Die Eltern verbieten dem Kind, mit der Katze zu spielen. Für das Kind kann das Verbot bedeuten, daß die Eltern die Katze lieber haben als das Kind. Aus Eifersucht schlägt das Kind die Katze erneut.
- Die Eltern machen dem Kind begreiflich, daß, wenn es dem Tier Schmerzen zufügt, die Katze kratzt, vor ihm flieht und sich nicht mehr streicheln läßt.
- Die Eltern zeigen dem Kind, wie es mit der Katze umgehen soll und modellieren mit ihrem Vorbild das kindliche Verhalten.

Die dritte und vor allem die vierte Variante werden auf längere Sicht das kindliche Verhalten bestimmen. Es sind weder die Belehrungen und Ermahnungen, die das Kind erziehen, sondern die konkreten Erfahrungen (von der Katze gekratzt zu werden) und die Vorbilder (die Eltern gehen mit der Katze behutsam um). So wie die Eltern die Katze behandeln, wird sich auch das Kind letztlich der Katze gegenüber verhalten.

Je älter ein Kind wird, desto wichtiger wird die soziale Akzeptanz der Gleichaltrigen. Für ein Kleinkind sind andere Kinder noch von geringer Bedeutung. Ein Schulkind ist auf die Anerkennung der Kameraden angewiesen und wird sich daher auch darum bemühen. Es versucht, mit seinen individuellen Stärken bei den Kameraden anzukommen. Das eine Kind sichert sich seine Stellung in einer Gruppe durch einen geschickten Umgang mit den Kameraden, ein anderes beeindruckt sie mit seiner körperlichen Stärke und ein drittes mit seinen intellektuellen Fähigkeiten. Für die Jugendlichen ist die soziale Akzeptanz, die sie von Gleichaltrigen erhalten, wichtiger als diejenige der Eltern.

Entwicklung und Leistung

Wenn ein Bergsteiger nach einem stundenlangen Aufstieg den Gipfel erreicht, erfüllt ihn eine tiefe Befriedigung, auch wenn er ganz allein auf dem Gipfel steht. Leistungen tragen nicht nur über die soziale Anerkennung zum Wohlbefinden und zum Selbstwertgefühl bei, sondern auch, wenn sie von anderen Menschen nicht wahrgenommen und gewürdigt werden. Charles Darwin hat sich während seines ganzen Lebens intensiv mit Tieren und Pflanzen befaßt. Die Natur zu beobachten war sein Lebensinhalt; und die Evolution besser zu verstehen gab ihm eine große Befriedigung. Daß er seine Ergebnisse publiziert und Vorträge gehalten hat, dazu mußte er von seinen Freunden erst gedrängt werden.

Kinder beschäftigen sich ausdauernd mit irgendwelchen Gegenständen, ohne Lob und Zuspruch zu erwarten. Das Spiel an sich fasziniert und befriedigt sie. Die Kinder möchten zwar, daß die Eltern und die Bezugspersonen ihre Aktivitäten zur Kenntnis nehmen, doch diese werden nicht durch Lob und Zuwendung initiiert und unterhalten.

Das Selbstwertgefühl eines Menschen hängt nicht vom Ausmaß seiner Fähigkeiten ab. Das Selbstwertgefühl wird nicht um so besser, je größer eine Begabung ist. Es gibt sehr intelligente Menschen mit einem miserablen Selbstwertgefühl und solche mit einer mäßigen Intelligenz, die sich gut fühlen. Das Selbstwertgefühl ist auch nicht um so besser, je größer die Leistung ist, die jemand erbringt. Man muß nicht ein Spitzensportler oder ein Nobelpreisträger sein, um sich gut zu fühlen. Wäre dem so, dann müßte die große Mehrheit der Menschen unglücklich sein und ein schlechtes Selbstwertgefühl haben.

Ein Kind ist dann mit sich selbst zufrieden und fühlt sich gut, wenn die Leistungen seinen psychischen und seinen körperlichen Möglichkeiten entsprechen. Der leistungsbestimmte Anteil des Wohlbefindens und des Selbstwertgefühls entwickelt sich bei einem Kind dann gut, wenn folgende Bedingungen erfüllt sind:

- *Entwicklung und Leistungen stimmen mit der Veranlagung*

überein. Jedes Kind möchte verwirklichen, was in ihm steckt. Es hat ein feines Sensorium für seine Stärken und Schwächen. Es spürt sehr genau, was es zu erreichen vermag und was nicht. Wenn es ihm gelingt, seine angelegten Fähigkeiten zu entwickeln, fühlt es sich gut und ist zufrieden.

Werden dem Kind Lernziele von der Umgebung vorgegeben oder gar aufgezwungen, verläßt es sich immer weniger auf seine Neugier. Der Anreiz zur Leistung beschränkt sich darauf, Anerkennung dafür zu erhalten. Das Selbstwertgefühl wird nicht mehr von der Eigenleistung, sondern nur noch von der Anerkennung anderer bestimmt.

- *Das Kind darf sich von seinen Interessen leiten lassen.* Wenn es den Zeitpunkt bestimmen kann, an dem es selbständig essen will, und wenn es selbst herausfinden kann, wie es den Löffel benutzen muß, wird es diese Fertigkeit als eine eigene Willensäußerung begreifen. Es macht zudem die Erfahrung, daß es sich eine Fähigkeit selbst aneignen kann. Eigenkontrolle und Selbstbestätigung durch die eigenen Fähigkeiten stärken das Selbstwertgefühl.

- *Das Kind kann die gleiche Leistung wie Gleichaltrige erbringen.* Kinder vergleichen ständig ihre Leistungen mit denjenigen der anderen. Wesentlich für ihr Selbstwertgefühl ist die Feststellung: Ich bin genauso leistungsfähig wie die anderen. Das Selbstwertgefühl wird nicht nur durch die Fremdeinschätzung, sondern immer auch durch den direkten Leistungsvergleich bestimmt.

Sobald Kinder anfangen, miteinander zu spielen, beobachten sie sich gegenseitig. Sie spüren sehr genau, ob sie fähig sind, die gleichen Leistungen wie die anderen zu erbringen. So erfaßt ein Kind im Kindergarten rasch, wie gut die anderen Kinder zeichnen und basteln können. Fällt der Vergleich zu seiner Zufriedenheit aus, fühlt es sich bestätigt. Fällt er nachteilig aus, wird es verunsichert. Je nach Temperament zieht sich das Kind zurück, verweigert Zeichnen und Basteln, wird motorisch unruhig und stört die anderen Kinder, oder es sucht sich eine andere Gruppe meist jüngerer Kinder aus, in der es mit seinen Leistungen bestehen kann.

- *Seine Anstrengungen, nicht die Leistungen, werden von den Bezugspersonen gewürdigt.* Ein Kind braucht nicht Anerkennung für das Erreichte, sondern dafür, daß es sich bemüht hat. Die absolute Größe seiner Leistung vermag das Kind nicht einzuschätzen. Es hat sich aber dafür eingesetzt und möchte Anerkennung bekommen: Meine Aktivitäten sehen die anderen als genauso wichtig und sinnvoll an wie ich selbst.

Eltern und Bezugspersonen sollten das Kind in seinem inneren Bestreben unterstützen und ihm das Gefühl geben: Ich kann meine Fähigkeiten entwickeln. Ich kann lernen. Ich kann Probleme lösen. Was ich tue, ist sinnvoll und wird von den anderen geschätzt. Daraus ergibt sich im Verlauf der Kindheit das Grundgefühl: Ich kann in dieser Welt mit meinen Fähigkeiten und meinem Wissen bestehen.

Eine Erziehung, bei der Eltern und Bezugspersonen bestimmen, was ein Kind zu denken und zu tun hat, wird einen Erwachsenen hervorbringen, der fremdbestimmt ist. Fremdbestimmung aber macht abhängig und verunsichert: Die anderen sagen mir, was ich zu tun habe. Ob ich etwas richtig oder falsch mache, bestimme nicht ich, sondern die anderen. Ein solcher Erwachsener wird zu einem Zuschauer des Welttheaters, der nicht sich selbst lebt, sondern sich ständig in den Emotionen, Vorstellungen und Erwartungen anderer verliert.

Individuelle Ausprägung

Grundbedürfnisse, Bindungsverhalten und Kompetenzen sind von Kind zu Kind unterschiedlich ausgebildet. Die drei Hauptkomponenten Geborgenheit, Zuwendung und soziale Akzeptanz sowie Leistung bestimmen nicht gleichermaßen Wohlbefinden und Selbstwertgefühl. Dazu tragen verschiedene Faktoren bei:

Alter. Die Bedeutung der drei Komponenten verändert sich ständig im Verlaufe der Kindheit. Geborgenheit spielt in den ersten Lebensjahren eine besonders große Rolle, weil das Kind

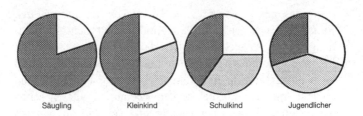

Wohlbefinden und Selbstwertgefühl im Verlaufe der Kindheit. Entwicklungsunabhängige Bedeutung der drei Hauptkomponenten

■ Geborgenheit
□ Zuwendung/soziale Anerkennung
▨ Entwicklung/Leistung

seine körperlichen Bedürfnisse nicht selbst befriedigen kann und auf die Nähe von Bezugspersonen angewiesen ist. Soziale Anerkennung und die Zufriedenheit, die durch eigene Leistungen erbracht werden, werden im Schulalter und in der Adoleszenz immer wichtiger.

Interindividuelle Ausprägung. Viele Menschen finden ihre Befriedigung und ihre Bestätigung vor allem in der Arbeit. Kreativität, Produktivität, Machtstellung und Sozialprestige bestimmen in hohem Maß ihr Selbstwertgefühl. Für andere ist ein Gefühl von Geborgenheit weit wichtiger als die Befriedigung durch Arbeit. Sie brauchen für ihr Wohlbefinden ein eigenes Zuhause und eine verläßliche Gemeinschaft. Sie arbeiten nicht, um sich durch Leistung zu bestätigen. Die Arbeit dient lediglich dazu, den Lebensunterhalt zu verdienen. Wieder andere setzen auf zwischenmenschliche Beziehungen. Sie brauchen einen verläßlichen Bekannten- und Verwandtenkreis, um sich wohl zu fühlen. Soziale Anerkennung ist für sie wichtiger als Leistung oder ein sicheres Zuhause.

Wie unterschiedlich die Bedeutung der drei Bereiche für das Wohlbefinden und das Selbstwertgefühl selbst bei Geschwistern sein kann, zeigt die folgende Graphik. Der Beitrag, den Geborgenheit, soziale Anerkennung und Leistungsfähigkeit leisten, ist sehr verschieden, obwohl die drei Kinder von denselben Eltern erzogen wurden.

Peter ist 16 Jahre alt. Er hat zahlreiche gute Freunde und ist ein

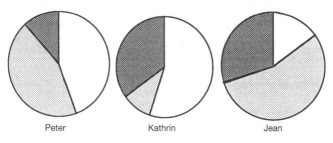

Unterschiedliche Zusammensetzung der drei Komponenten des Wohlbefindens und des Selbstwertgefühls bei drei Geschwistern

Zuwendung/soziale Anerkennung
Entwicklung/Leistung
Geborgenheit

begeisterter Pfadfinder. Seine Stellung in der Gruppe und die gemeinschaftlichen Aktivitäten sind ihm wichtig. Peter will auch etwas leisten. Er legt großen Wert auf gute Schulnoten. Für sein Selbstwertgefühl braucht er das soziale Ansehen, das ihm die Leitung der Jugendgruppe bringt, genauso wie die Befriedigung, die ihm gute Leistungen geben. Er ist emotional von den Eltern ziemlich unabhängig. Er übernachtete bereits im Kindergartenalter auswärts bei Kameraden. Er träumt davon, als Erwachsener eine Weltreise zu machen.

Die 14jährige Kathrin ist ein hübsches fröhliches Mädchen, sehr geschickt im Umgang mit Kindern und Erwachsenen. Sie braucht den engen Kontakt mit ihren Freundinnen. Ständig hat sie Abmachungen zu treffen und sich mit ihren Freundinnen zu besprechen. Die Schule interessiert sie wenig. Sie hat keine besonderen Interessen. Wenn sie allein ist, fühlt sie sich unwohl. Die Familie, das Zuhause und die Haustiere sind ihr wichtig. Sie braucht viel Nestwärme.

Jean ist ein 13jähriger unscheinbarer Junge. Seine Geschwister und die anderen Kinder halten ihn für einen Eigenbrötler. Er fühlt sich unter zu vielen Kindern unwohl, deshalb sind ihm beispielsweise Geburtstagspartys ein Greuel. Er hat einen engen Freund, mit dem er stundenlang vor dem Computer sitzt. Er ist sehr gut im Rechnen, liest Sachbücher und weiß viel über Technik und Natur. Es befriedigt ihn zutiefst, wenn er Zusammenhänge in seiner Umwelt begreift. Er ist sehr anhänglich und ungern allein. Er hat bis zu seinem achten Lebensjahr das Schlafzimmer mit Peter geteilt.

Kinder bauen Wohlbefinden und Selbstwertgefühl auf ihren Stärken auf. Peter bezieht sein Selbstwertgefühl aus seinen sozialen Fähigkeiten wie auch aus seinen schulischen Leistungen. Kathrin stützt ihr Selbstwertgefühl auf ihre soziale Kompetenz und ist auf Geborgenheit angewiesen, die ihr die Familie und der Freundinnenkreis geben. Jean fühlt sich bestätigt, wenn er seine intellektuelle Begabung einsetzen und sein Wissen erweitern kann. Kontakte zu Gleichaltrigen, mit Ausnahme derjenigen zu seinem Kameraden, der seine Interessen teilt, tragen wenig zu seinem Selbstwertgefühl bei. Den emotionalen Rückhalt in der Familie wiederum braucht er genauso wie Kathrin.

Da die Kinder ihr Wohlbefinden und ihr Selbstwertgefühl aus verschiedenen Bereichen beziehen, sind sie auch verschieden stark verletzlich. Wenn die Familie umzieht, ist dies für Jean weniger von Bedeutung als für Kathrin, die ihr gesamtes Beziehungsnetz verliert. Andererseits machen mäßige Schulleistungen Kathrin nichts aus, während Peter dadurch kräftig verunsichert wird. Kathrin fühlt sich wohl, solange ihre Freundinnen zu ihr halten und sie ihren festen Platz innerhalb der Gruppe hat. Jean braucht die intellektuelle Herausforderung und die Sicherheit, die ihm Wissen vermittelt. Alle Situationen, in denen er vor allem sozial bestimmt ist, verunsichern ihn.

Familienkonstellation. Das Selbstwertgefühl kann erheblich durch die Beziehungserfahrungen mit den Familienmitgliedern und die Stellung in der Geschwisterfolge beeinflußt werden (McCall 1983). Erstgeborene neigen dazu, ein schwächeres Selbstwertgefühl zu entwickeln, und sind oft leistungsorientierter als Spätergeborene. »Sandwichkinder« laufen Gefahr, von den älteren Geschwistern geschulmeistert und von den jüngeren ständig herausgefordert zu werden, was sich ungünstig auf ihr Selbstwertgefühl auswirken kann. Nachzügler entwickeln häufig ein gutes Selbstwertgefühl, weil sie von Eltern und Geschwistern mehr Zuwendung erhalten, in ihrer Stellung weniger angegriffen werden und sich selbständiger entwickeln können als die älteren Geschwister.

Kulturelle Werte. Unsere Gesellschaft ist leistungsorientiert. Leistung und das damit verbundene Sozialprestige bestimmen in einem hohen Maße das Wohlbefinden und das Selbstwertgefühl vieler Menschen. Während das für den Mann schon seit langem gilt, traf dies für die Frau in der Vergangenheit weniger zu. Die Frau bezog ihren Selbstwert vor allem aus der fürsorglichen Tätigkeit, die sie in der Familie und der Gemeinschaft erbrachte. Heutzutage werden Mädchen und Jungen gleich erzogen. Beide Geschlechter besuchen die gleichen Schulen und ergreifen mehrheitlich die gleichen Berufe. Mädchen müssen sich in Schule und Beruf den Anforderungen und den Wertvorstellungen der Leistungsgesellschaft genauso stellen wie Jungen. Frauen sind, wie Männer, für ihr Wohlbefinden und ihr Selbstwertgefühl auf gute Leistung und berufliche Stellung angewiesen.

Nicht omnipotent, sondern einmalig

Das Kind erbringt sehr gute Schulleistungen, ist sozial geschickt, hat Erfolg im Sport und verwirklicht sich auch noch musisch. Eine solche elterliche Erwartung verhilft einem Kind kaum zu Wohlbefinden und einem guten Selbstwertgefühl. Es kann mit seinen Entwicklungsmöglichkeiten und seiner Leistungsfähigkeit, aber auch mit seinen Grenzen nur vertraut werden und damit umzugehen lernen, wenn es aus sich heraus handeln kann. Das innere Gleichgewicht zu finden, seine Stärken und Schwächen auszutarieren, gelingt ihm am besten, wenn es sich an seinen Neigungen und Interessen orientieren darf.

Kathrins Eltern würden ihre Tochter auf eine falsche Fährte locken, wenn sie ihr fehlenden intellektuellen Ehrgeiz vorwerfen, ihre soziale Kompetenz nicht als Stärke wahrnehmen und ihre Gruppenaktivitäten nur als Ablenkung von den schulischen Anforderungen betrachten. Sie würden ihr Wohlbefinden und ihr Selbstwertgefühl beeinträchtigen, wenn sie Kathrin in den Nachhilfeunterricht schicken und ihre sozialen Kontakte beschneiden.

Es könnte Kathrin noch als Erwachsene Jahre kosten, sich von solchen falschen Ansprüchen an ihre Person freizumachen und zu ihren wirklichen Fähigkeiten zurückzufinden.

Den wichtigsten Beitrag, den Eltern und Bezugspersonen wie Lehrer leisten können, ist, dem Kind die notwendige Geborgenheit und Zuwendung zu geben und es als Person, nicht als Leistungsträger (!) vorbehaltlos zu akzeptieren.

Das Wichtigste in Kürze

1. Wohlbefinden ist eine Grundvoraussetzung für die bestmögliche Entwicklung des Kindes.
2. Ein gutes Selbstwertgefühl ist entscheidend für die zukünftige Beziehungs- und Leistungsfähigkeit.
3. Wohlbefinden und Selbstwertgefühl eines Kindes werden im wesentlichen durch die folgenden drei Bereiche bestimmt:
   - Geborgenheit
   - Zuwendung und soziale Anerkennung
   - Entwicklung und Leistung
4. Den Beitrag, den diese drei Bereiche für das Wohlbefinden und das Selbstwertgefühl leisten, verändert sich ständig im Verlauf der Entwicklung.
5. Die drei Bereiche haben von Kind zu Kind verschieden große Bedeutung.
6. Kulturelle und familiäre Faktoren (z. B. leistungsorientierte Gesellschaft und Stellung in der Geschwisterfolge) bestimmen das individuelle Wohlbefinden und das Selbstwertgefühl mit.
7. Das Kind lernt seine Entwicklungsmöglichkeiten und seine Leistungsfähigkeit, aber auch deren Grenzen nur kennen und damit umzugehen, wenn es aus sich heraus handeln kann. Initiative und Kontrolle über seine Aktivitäten sollten daher möglichst bei ihm liegen.

8. Den wichtigsten Beitrag, den Eltern und Bezugspersonen wie Lehrer für die Entwicklung und das Selbstwertgefühl eines Kindes leisten können, ist, ihm die notwendige Geborgenheit und Zuwendung zu geben und es als Person, nicht als Leistungsträger (!), vorbehaltlos zu akzeptieren.

Fit

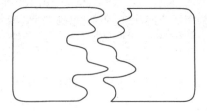

Das Fit-Konzept steht für eine Erziehungshaltung, die eine möglichst gute Übereinstimmung zwischen den individuellen Bedürfnissen und Entwicklungseigenheiten des Kindes und seiner Umwelt anstrebt. Der Begriff »Fit« ist von Stella Chess und Alexander Thomas (1984) entlehnt. Diese beiden Forscher haben den Ausdruck »goodness of fit« eingeführt, der besagt, daß sich ein Kind dann am besten entwickelt, wenn Übereinstimmung zwischen seinem Temperament und seiner Motivation einerseits und den Erwartungen, Anforderungen und Möglichkeiten der Umwelt andererseits besteht. Das Fit-Konzept, wie es hier vorgestellt wird, ist umfassender, indem es nicht nur Temperament und Motivation sondern das ganze Kind miteinbezieht.

Eine perfekte Übereinstimmung zwischen Kind und Umwelt läßt sich – wenn überhaupt – immer nur für eine beschränkte Zeit erreichen. Alltägliche Erziehungskonflikte – ein Kind spielt draußen weiter, wenn die Mutter zum Abendessen ruft – lassen sich mit dem Fit-Konzept nicht vermeiden; sie gehören zur normalen Entwicklung eines Kindes. Schwerwiegende Verhaltensauffälligkeiten und Entwicklungsstörungen sollten aber gar nicht erst auftreten.

Die Zielvorstellungen des Fit-Konzeptes sind im letzten Kapitel dargelegt worden:

- Das Kind soll sich wohl fühlen und aktiv sein.
- Es soll über ein gutes Selbstwertgefühl verfügen: Ich fühle mich von den anderen Menschen angenommen und kann mit meinen Fähigkeiten und meinem Wissen bestehen.

Das Kind soll in seiner Kindheit die folgenden Erfahrungen machen können:
- Ich fühle mich geborgen. Meine körperlichen und psychischen Grundbedürfnisse werden befriedigt.
- Ich bekomme ausreichend Zuwendung und fühle mich sozial akzeptiert.
- Ich kann Fähigkeiten und Verhaltensweisen selbständig und meinem Entwicklungsstand gemäß erwerben.

Damit sich ein Kind möglichst auf diese Weise entwickeln kann, braucht es nicht nur gute Bedingungen, sondern vor allem solche, die ihm entsprechen. Es entwickelt sich nicht um so besser, je mehr Nahrung, Zuwendung oder Anregung es erhält. Wenn es

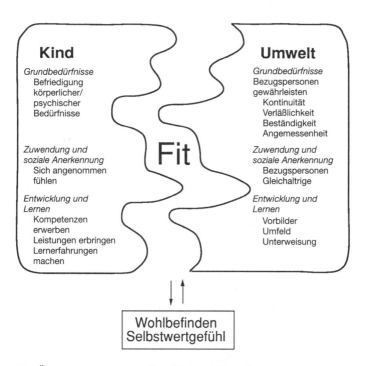

Fit. Übereinstimmung zwischen Kind und Umwelt

Ausgedehnter Blickkontakt zwischen Mutter und Säugling

sich wohl fühlen und zu einem guten Selbstwertgefühl kommen soll, müssen wir uns, Eltern und Erzieher, auf sein individuelles Bedürfnis und Verhaltenseigenheiten einstellen.

Bemerkenswerterweise sind Eltern ohne jede Vorerfahrung fähig, die Besonderheiten eines Neugeborenen und eines Säuglings wahrzunehmen. Sie haben eine angeborene Fähigkeit, sein Verhalten zu »lesen« und sich ihm anzupassen (Papousek 1990 a, b). Sie stellen sich intuitiv auf die Aufnahme- und die Ausdrucksmöglichkeiten ihres Kindes ein. Ihr Verhalten erhält dabei charakteristische Merkmale, die von Daniel Stern (1977) folgendermaßen beschrieben worden sind: Die Eltern übertreiben ihren mimischen, ihren körperlichen und ihren sprachlichen Ausdruck. Ihre Mimik wird überdeutlich, die Mundpartie wird besonders ausdrucksvoll und die Augen werden ungewöhnlich groß. Sie verlangsamen ihre Bewegungen und wiederholen sich vielfach. Sie nicken mit dem Kopf, ihr Gesicht nimmt den Ausdruck eines freudigen Erstauntseins an. Ihre Sprechweise vereinfacht sich auf einige wenige Laute, die langsam und mehrfach wiederholt in einer erhöhten Stimmlage ausgesprochen werden. Die Eltern neigen dazu, das kindliche Verhalten zu spiegeln. So ahmen sie einen erstaunten oder einen bekümmerten Gesichtsausdruck nach. Sie wiederholen die Töne, die ihr Kind macht. Sie variieren dabei ihre Nachahmung leicht in Stärke und Ausdruck und steigern damit das Interesse des Kindes. Sie spielen dem

Kind seine eigenen Gefühle vor und drücken damit ihre Zuneigung aus.

Die Eltern stellen sich nicht nur auf das Verhalten eines Neugeborenen oder Säuglings ein. Sie nehmen auch seine individuellen Eigenheiten wahr. Während das eine Kind eine ausdrucksstarke Mimik zeigt, macht ein anderes besonders viele Laute. Gewisse Kinder sind interessiert am Gesicht des Erwachsenen, andere hören aufmerksam auf seine Stimme und wieder andere wollen vor allem gehalten und berührt werden. Die Eltern stellen sich intuitiv auf die individuellen Eigenheiten ihres Kindes ein. So sprechen die einen Eltern mit ihrem Kind mehr als andere, weil sie spüren, daß es sehr gut darauf reagiert. Manche Eltern geben ihrem Kind besonders häufig Gelegenheit, ihr Gesicht zu betrachten, weil es ein »Augenkind« ist. Andere Eltern halten und streicheln ihr Kind häufig, weil sie spüren, daß es viel Körperkontakt und Berührung braucht.

Je älter das Kind wird, desto weniger lassen sich die meisten Eltern von ihrer Intuition leiten. Normvorstellungen und gesellschaftliche Erwartungen bestimmen immer mehr den Umgang mit dem Kind. Die Eltern orientieren sich nicht mehr an ihrem Kind, sondern an Erziehungskonzepten, die von außen an sie herangetragen werden. Dabei kann den Eltern keine Fachfrau und kein Fachmann, keine Fernsehsendung und kein Buch – auch dieses nicht – verbindlich angeben, wieviel Geborgenheit, Zuwendung und Anregung ihr Kind braucht. Nur sie selbst kennen seine individuellen Bedürfnisse. Die besten Ratgeber für die Eltern sind und bleiben ihre Einfühlungsgabe und ihr Beobachtungsvermögen. Das Fit-Konzept möchte sie darin unterstützen, stärker auf diese Fähigkeiten zu vertrauen.

In diesem Kapitel wollen wir Antworten auf die folgenden Fragen finden: Wie können wir das Kind »lesen«? Wie sollen wir mit ihm umgehen?

Das Kind »lesen«

»Die Eltern holen ihr Kind dort ab, wo es steht.« Dieser weitverbreitete und an sich erstrebenswerte Vorsatz verkommt oft zu einem wirkungslosen Klischee. Tradierte Erziehungsvorstellungen, Erwartungen und Ängste hindern die Eltern daran, sich an individuellen Bedürfnissen, Verhaltensweisen und Interessen ihres Kindes zu orientieren. Vor allem aber ist die Variabilität unter den Kindern so groß, daß selbst die bemühtesten Eltern sich immer wieder fragen: Wo steht denn nun unser Kind?

Wissen kann die Eltern in ihrer Kompetenz stärken, so daß sie weniger in ihre alten Erziehungsmuster zurückfallen. Wenn sich die Eltern bewußt sind, wie wichtig das orale Erkunden für die Entwicklung ihres Kindes ist, werden sie nicht mehr versuchen, dieses Verhalten zu unterbinden, sondern geben dem Säugling geeignete, ungefährliche Gegenstände zum Mundeln. Wenn die Eltern die Verhaltenssignale kennen, die anzeigen, daß ihr Kind bereit ist, trocken und sauber zu werden, sind sie von ihrer Ratlosigkeit befreit und müssen sich nicht mehr an unverbindliche Erziehungsregeln wie »die Sauberkeitserziehung beginnt mit zwei Jahren« halten.

Kenntnisse von der kindlichen Entwicklung können falsche Vorstellungen und Erwartungen abbauen und helfen, mit Konfliktsituationen wie der folgenden geschickter umzugehen:

Dominik ist fünf Jahre alt geworden. Sein Großvater schenkt ihm zum Geburtstag einen Plastikkran. Der Enkel ist von diesem Geschenk wenig angetan: Dieser Kran ist für Kleinkinder und kann seine technischen Interessen nicht mehr befriedigen. So sagt Dominik zu seinem Großvater: »Ich mag diesen Kran nicht, du kannst ihn behalten.« Der Großvater fühlt sich brüskiert, und die Eltern sind von Dominiks Verhalten peinlich berührt.

Die Eltern bemühen sich, Dominik zur Ehrlichkeit zu erziehen. Weshalb ist ihnen sein ehrliches Verhalten dennoch peinlich? Ihnen wäre lieber gewesen, Dominik hätte sich über den Kran erfreut gezeigt und sich beim Großvater herzlich dafür bedankt. Dazu ist Dominik im Alter von fünf Jahren aber gar nicht fähig.

Um ein solches – eigentlich auch von den Eltern nicht erwünschtes – Verhalten zu zeigen, müßte Dominik:
- sich seine eigenen Gefühle bewußt machen. Dazu ist er seit dem dritten Lebensjahr einigermaßen fähig (Introspektion).
- spüren, welche Erwartungen und Gefühle der Großvater hat, und sich bewußt werden, daß diese von den seinigen abweichen. Über diese Fähigkeit verfügt Dominik, wenn überhaupt, erst seit kurzem (Perspektive eines anderen Menschen einnehmen).
- seine eigenen Gefühle unterdrücken und sich in seinem Verhalten so verstellen, daß er diejenigen Gefühle äußert, die sein Großvater und die Eltern von ihm erwarten. Diese Aufgabe ist nicht nur für Dominik, sondern auch für manchen Erwachsenen eine Überforderung.

Als der Großvater sieht, mit welchen Spielsachen Dominik spielt, unter anderem mit einem Bagger, der weit mehr Funktionen besitzt als der Plastikkran, versteht er seinen Enkel. Er schlägt ihm einen gemeinsamen Zoobesuch vor, dem Dominik freudig zustimmt. Wenn uns ein Kind mit seinem Verhalten in Verlegenheit bringt oder brüskiert, steckt kaum je eine absichtliche Böswilligkeit dahinter. Oft ist das Kind ganz einfach ehrlicher, als es uns gerade paßt.

Auf Verhaltenssignale achten. Wissen allein reicht oft nicht aus. Wenn die Eltern in einem Erziehungsbuch nachlesen, daß Kinder im Alter von zwölf Monaten neun bis 14 Stunden pro Nacht schlafen, sind damit die Schlafstörungen bei ihrem einjährigen Kind noch nicht behoben. Die Schlüsselfrage, die es zu beantworten gilt, lautet: Wieviel Schlaf braucht ihr Kind? In unserer Schlafsprechstunde am Kinderspital Zürich verwenden wir ein Schlafprotokoll, in dem die Eltern das Schlafverhalten ihres Kindes aufzeichnen. Die Erfahrung, die wir seit vielen Jahren machen, ist, daß etwa ein Drittel der Eltern die Schlafprobleme ihres Kindes selbständig lösen. Während sie das Protokoll ausfüllen, wird ihnen klar, daß ihre Vorstellungen nicht mit dem Schlafbedarf ihres Kindes übereinstimmen (die meisten Kinder schlafen ein bis drei Stunden weniger, als die Eltern angenommen haben). Wenn die Eltern sich auf den individuellen Schlafbedarf ihres Kindes einstellen, schläft das Kind nachts zumeist durch.

Eine Schwierigkeit für die Eltern ist, daß sie nur diejenigen Verhaltenssignale wahrnehmen, die sie auch kennen. Eine hilfreiche Strategie in Situationen, in denen sie nicht mehr weiterwissen, ist, das Verhalten des Kindes aufzuzeichnen. Solche Beobachtungen können – wie beim Schlafprotokoll – dazu beitragen, falsche Annahmen zu berichtigen und sich besser auf die individuellen Eigenheiten eines Kindes einzustellen.

Verhalten ernst nehmen, auch wenn man es nicht versteht. Wichtiger als alle Kenntnisse ist die Bereitschaft der Eltern, die Bedürfnisse und das Verhalten ihres Kindes ernst zu nehmen: Wenn ein Kind eine bestimmte Erfahrung machen will, dann ist diese auch sinnvoll für seine Entwicklung. Dazu gehört auch zu akzeptieren, daß, wenn Verhaltenssignale ausbleiben, ein Kind für einen bestimmten Entwicklungsschritt noch nicht bereit ist. Wenn sich ein Kind nicht für den Löffel interessiert, dann will es noch nicht selbständig essen. Wenn es Topf und WC ignoriert und den Harn- und Stuhldrang noch nicht spürt, sollten die Eltern mit der Sauberkeitserziehung zuwarten. Wenn ein Kind sich noch nicht für Zahlen interessiert, sollten die Eltern mit ihm nicht das Zählen üben.

Angebote machen. Eine Strategie, um herauszufinden, wo ein Kind steht, ist, ihm ein Angebot zu machen und darauf zu achten, wie es darauf reagiert. Wenn es Interesse zeigt, entspricht das Angebot seinem Entwicklungsstand. Wenn nicht, sollte dem Kind nichts aufgedrängt werden. Der Vater macht seiner 18 Monate alten Tochter vor, wie Duplosteine aneinandergesteckt und auseinandergenommen werden können und wie damit ein Turm gebaut werden kann. Wenn das Mädchen von seinem Entwicklungsstand her dazu bereit ist, wird es die Anregung aufgreifen und mit den Duplosteinen zu spielen beginnen. Falls nicht, wird es sich anderen Spielsachen zuwenden. Die Mutter schreibt dem sechsjährigen Sohn seinen Namen und einfache Wörter vor. Wenn der Junge keinerlei Interesse an den Buchstaben zeigt, sollte die Mutter für einige Zeit davon ablassen. Ist seine Fähigkeit zum Lesen und Schreiben ausreichend herangereift, wird der

Junge versuchen, seinen Namen nachzuschreiben. *Das Interesse und der Affekt eines Kindes, die sich in seiner Mimik und seiner Körperhaltung spiegeln, sind untrügliche Indikatoren dafür, ob ein Angebot seinem Entwicklungsstand entspricht oder nicht.*

Die Natur rechnet nicht damit, daß Eltern und Bezugspersonen perfekte »Kinderleser« sind. Sie müssen nicht ständig die Bedürfnisse ihres Kindes zu erahnen suchen und an ihm herumrätseln. Ein Kind hält ein gewisses Maß an Frustrationen aus und meldet seine Bedürfnisse allenfalls lautstark an, wenn diese nicht befriedigt werden. Ein Kind, das bereit ist, selbständig zu essen, verlangt nach einem Löffel und will damit hantieren. Was ein Kind von Eltern und Bezugspersonen erwartet, ist, daß sie es und seine Verhaltensäußerungen ernst nehmen und angemessen darauf reagieren.

Umgang mit dem Kind

Wie können Eltern und Bezugspersonen dem Kind Geborgenheit vermitteln, ihm Zuwendung und soziale Anerkennung geben und es in seiner Entwicklung unterstützen?

Geborgenheit

Das Fit-Konzept legt besonderen Wert auf die Geborgenheit, weil diese die Grundvoraussetzung für das Wohlbefinden, die Entwicklung und ein gutes Selbstwertgefühl eines Kindes ist. Genauso wie wir ein Kind nicht hungern lassen, sollten wir auch sein Bedürfnis nach Nähe und Sicherheit befriedigen. Es sind einige wenige, aber spezifische Qualitäten, über die eine Bezugsperson verfügen sollte, damit sie einem Kind ein Gefühl von Geborgenheit vermitteln kann.

Gegenseitige Vertrautheit. Wenn ein Säugling schreit, kann er hungrig oder müde sein, sich unwohl fühlen oder ein Bedürfnis nach Nähe haben. Um ihn zufriedenzustellen, muß jemand mit seinem Verhalten und seinen Gewohnheiten vertraut sein. Wenn ein Säugling müde ist, sind viele Maßnahmen denkbar: bei ihm bleiben, bis er eingeschlafen ist; ihm leise zureden; ihm über den Kopf streicheln; ihn auf den Arm nehmen und wiegen oder mit ihm herumgehen. Bereits Säuglinge sind so verschieden, daß keine einzelne Maßnahme bei allen Säuglingen erfolgversprechend sein kann. Nur eine Person, die mit dem Säugling vertraut ist, kann diejenige Maßnahme ergreifen, die ihm angemessen ist. Er fühlt sich wohl und geborgen, wenn er spürt, daß die Bezugsperson seine Bedürfnisse kennt und zu befriedigen versteht. Zur Vertrautheit gehört auch, daß ein Säugling die Person an ihrer Stimme, ihrem mimischen Ausdruck und an der Art und Weise, wie er von ihr aufgenommen und auf dem Arm gehalten wird, erkennt.

Verfügbarkeit. Die Bedürfnisse eines Kindes sollen zuverlässig befriedigt werden. Wenn ein Säugling hungrig ist, bekommt er von der Mutter zu trinken. Wenn ein Kleinkind umfällt und sich weh getan hat, wird es vom Vater getröstet. Wenn ein Schüler nicht mehr weiterweiß, hilft ihm der Lehrer. Ein Kind fühlt sich geborgen, wenn die Bezugspersonen verfügbar sind.

Ein Säugling will seine Bedürfnisse rasch und umfassend befriedigt haben. Er kann mit einem Aufschub nicht umgehen und reagiert darauf mit verstärkter Forderung. Je älter ein Kind wird, desto eher vermag es auch abzuwarten, vorausgesetzt seine Bedürfnisse werden verläßlich befriedigt.

Beständigkeit. Wenn ein Kind von seiner Mutter immer auf die gleiche Weise zu trinken bekommt, gewickelt und ins Bett gelegt wird, weiß es nach einiger Zeit: So, wie meine Mutter mich auf den Arm nimmt, gibt es jetzt zu trinken, werde ich trockengelegt oder geht es ans Schlafen. Durch Konstanz in ihrem Verhalten werden Mutter, Vater und andere Bezugspersonen dem Kind vertraut und in ihrem Verhalten voraussagbar. Ein Kind entwickelt aus seinen Erfahrungen Erwartungen, die, wenn sie bestätigt werden, ihm ein Gefühl von Geborgenheit und Sicherheit geben. Eine Bezugsperson, die in ihrem Verhalten beständig ist, schafft Vertrauen.

Eine konsequente Erziehungshaltung ist nicht nur für das psychische, sondern auch für das körperliche Wohlbefinden und die Leistungsfähigkeit eines Kindes wesentlich. Körperfunktionen wie Schlafen und psychische Funktionen wie Aufmerksamkeit hängen von biologischen Rhythmen ab. Die Rythmen können sich nur ausbilden und festigen, wenn die Aktivitäten eines Kindes in einen regelmäßigen Tagesablauf eingebunden sind. Kinder und Erwachsene fühlen sich am wohlsten und sind am leistungsfähigsten, wenn ihr Leben in geregelten Bahnen verläuft.

Konsequenz allein macht Erziehung aber weder sinn- noch wirkungsvoll. Sie ist es nur dann, wenn sie dem Verhalten und Entwicklungsstand des Kindes angepaßt ist. Eltern bringen ihr einjähriges Kind um 7 Uhr abends zu Bett und erwarten, daß es bis 7 Uhr morgens schläft. Wenn das Kind aber nur zehn Stunden schlafen kann, wird eine noch so konsequente Erziehungshaltung seine Schlafdauer nicht verlängern, sondern nur zu Schlafstörungen führen. Wird ein Kleinkind fünfmal pro Tag immer zur gleichen Tageszeit auf den Topf gesetzt, kann es bei aller erzieherischer Konsequenz nur dann sauber und trocken werden, wenn seine Darm- und Blasenkontrolle ausreichend entwickelt sind. Keine noch so konsequente Erziehungshaltung führt zu einer Darm- und Blasenkontrolle, wenn diese noch nicht herangereift sind (vgl. »Fit-Konzept auf dem Prüfstand«, S. 278).

Angemessenheit ist die wichtigste Verhaltensqualität, über die eine Bezugsperson verfügen sollte. Angemessenes Verhalten zeichnet sich dadurch aus, daß es den individuellen Bedürfnissen und Eigenheiten eines Kindes angepaßt ist.

Weil das Bedürfnis nach Geborgenheit von Kind zu Kind unterschiedlich groß ist, sind gleichaltrige Kinder auch verschieden stark auf ihre Bezugspersonen angewiesen, beispielsweise auf einem Spielplatz. Einige Kinder lösen sich leicht von ihren Müttern und suchen rasch den Kontakt mit anderen Kindern. Manche sind in ihrer Bereitschaft, auf andere Kinder zuzugehen, sehr zögerlich und brauchen mehr Zeit, um sich mit ihnen anzufreunden. Ein mütterliches Verhalten, das für das eine Kind angemessen ist, kann ein anderes als Vernachlässigung und ein drittes als Überbehütung erleben.

Am besten ist es, wenn die Mutter ihrem Kind als sichere Basis dient, von der aus es die nähere Umgebung in immer größeren Radien erkunden kann. Sie bestätigt dem Kind, wenn es danach verlangt, daß sie da ist und läßt ihm Zeit, sich an die neue Umgebung zu gewöhnen. Sie ermuntert es, mit anderen Kindern Kontakt aufzunehmen, überläßt die Initiative aber ihm. Sie schreitet erst dann ein, wenn sich das Kind in Gefahr bringt. Das Kind fühlt sich behütet und unterstützt: Meine Mutter gibt mir jederzeit den notwendigen Rückhalt, schränkt mich aber in meinen Aktivitäten nicht ein. Diese Gewißheit verschafft dem Kind die innere Freiheit, seine Umwelt zu erkunden. Das Kind ist aktiv, spielt und läßt sich, sobald es dazu fähig ist, mit den anderen Kindern ein.

Eine andere Mutter möchte, daß ihr Kind so früh als möglich beziehungsfähig wird und forciert den Kontakt mit anderen Kindern. Sie fordert es auf, zu den Kindern zu gehen und mit ihnen zu spielen. Sie überfordert und verunsichert dabei ihr Kind und erreicht genau das Gegenteil: Es wird ängstlich, hängt sich an ihren Rockzipfel und reagiert abwehrend auf andere Kinder. Es fühlt sich unwohl und will auch nicht mehr spielen. Das Kind spürt, daß es der Mutter nicht genügen kann und fühlt sich vielleicht sogar abgelehnt: Meine Mutter will etwas von mir, was ich nicht zu leisten vermag. Sie möchte mich anders, als ich bin.

Eine dritte Mutter schließlich hält ihr Kind davon ab, die Umgebung zu erkunden. Sie ist ängstlich und versucht, ihr Kind daran zu hindern, mit anderen zu spielen – denn diese könnten es ja verletzen. Das Kind erlebt die Mutter nicht als einen sicheren Hort, sondern als ein Gefängnis. Ein temperamentvolles Kind wird versuchen auszubrechen. Es läßt nicht davon ab, den Kontakt mit anderen Kindern aufzunehmen. Ein scheues Kind zieht sich zurück und wird passiv. Wenn es dazu die Ängste und die ablehnende Haltung der Mutter übernimmt, kann sich dies zusätzlich hemmend auf seine Beziehungsbereitschaft auswirken: Meine Mutter mag die anderen Kinder nicht. So darf auch ich mich nicht für sie interessieren.

Die erste Mutter verhält sich angemessen: Sie überläßt die Initiative dem Kind und gibt ihm die Sicherheit, nach der es verlangt. Das Kind macht die Erfahrung, daß es bestimmen und sich von seinen Interessen leiten lassen kann. Es fühlt sich in seinem Tun durch die Mutter bestätigt und entwickelt Selbstvertrauen.

Die zweite Mutter überfordert ihr Kind, indem sie zuviel emotionale Unabhängigkeit von ihm verlangt. Die dritte Mutter behindert die Entwicklung ihres Kindes, weil sie es in seinen Erfahrungsmöglichkeiten einengt. Beide Kinder werden durch die mütterliche Haltung verunsichert. Ihre Mütter geben ihnen nicht das für sie angemessene Maß an innerer Sicherheit und den nötigen Freiraum, um neue Erfahrungen zu machen. Die Kinder können sich in ihren Neigungen und ihren Aktivitäten nur ungenügend bestätigen und fassen so weniger Vertrauen zu sich selbst.

Kontinuität in der Betreuung. Ein Kind fühlt sich nur dann geborgen, wenn es jederzeit an eine Bezugsperson gelangen kann. Dies bedeutet nicht, daß nur eine Person und insbesondere die Mutter das Kind betreuen muß. Ein Kind kann sich in jedem Alter auf verschiedene Bezugspersonen einstellen. Die Kontinuität in der Betreuung sollte aber durch vertraute Personen gewährleistet sein.

Bezugspersonen sollen dem Kind vertraut und in ihrem Verhalten verfügbar, beständig und angemessen sein sowie eine kontinuierliche Betreuung gewährleisten. Dieser Anspruch löst bei vielen Eltern ein Gefühl des Angebundenseins oder gar der Überforderung aus, denn er verlangt von ihnen eine physische und psychische Präsenz, die anstrengend und sogar zermürbend sein kann. Eine betreuende Person weiß nie, wann das Kind ein Bedürfnis befriedigt haben will. So läßt die Betreuung zumeist nur eine Tätigkeit zu, bei der sich die Bezugsperson jederzeit dem Kind zuwenden kann. Ein Kind zu betreuen ist keine Nebenbeschäftigung.

Alleinerziehende Mütter oder Väter, aber auch Eltern fühlen sich begreiflicherweise überfordert, wenn sie ein Kind allein betreuen müssen. Sie haben neben der Betreuung ihres Kindes noch viele andere Aufgaben sowie eigene Bedürfnisse und Interessen. In einer kürzlich durchgeführten Studie gaben mehr als 60 Prozent der Mütter einjähriger Kinder an, sich durch die Betreuung häufig überfordert zu fühlen (Marie Meierhofer Institut für das Kind 1998).

Kontinuität und Qualität können in der Betreuung eines Kindes nur dann gewährleistet werden, wenn mehrere Bezugspersonen sich daran beteiligen. Ein Kind aufzuziehen ist eine Aufgabe, die eine Person allein gar nicht erfüllen kann und zwei Personen kaum bewältigen können. Es ist also eine Gemeinschaft vertrauter Personen nötig. Wenn wir die Gesellschaft kinderfreundlicher sowie für Eltern und Kinder streßfreier machen wollen, müssen wir die Kinderbetreuung auf mehr Frauen und Männer verteilen.

Manche Erwachsene befürchten ihr Kind zu verwöhnen, wenn sie auf seine Bedürfnisse allzu rasch eingehen. Sie meinen, das Kind immer wieder etwas hinhalten zu müssen, damit es nicht allzu verlangend oder gar aufsässig wird. Das Gegenteil ist richtig. Wenn man ein hungriges Kind vertröstet, wird sein Hunger nicht kleiner werden. Nur wenn es zu essen bekommt, hört es auf, nach Nahrung zu verlangen. Genauso ist es auch mit den emotionalen Bedürfnissen. Erst wenn das Verlangen nach Nähe und Aufmerksamkeit gesättigt ist, klingt es ab. *Kein Kind ist unersättlich in seinen Ansprüchen. Ein Kind verlangt nicht nach mehr Geborgenheit, als es braucht.*

Der Eindruck von Maßlosigkeit und Unersättlichkeit kann entstehen,

- *wenn die Bedürfnisse des Kindes falsch eingeschätzt werden.* Das Bedürfnis nach Geborgenheit ist unter Kindern genauso unterschiedlich ausgeprägt wie der tägliche Nahrungsbedarf. Gewisse Kinder brauchen sehr viel mehr Geborgenheit als andere, weniger anhängliche und emotional selbständigere Kinder.
- *wenn ein Bedürfnis falsch befriedigt wird.* Das Kind möchte Geborgenheit und Zuwendung, bekommt aber Süßigkeiten. Es wird weiterhin Nähe und Aufmerksamkeit und, wenn es diese nicht erhält, Süßigkeiten verlangen. Ein solches Kind erscheint verwöhnt und sogar maßlos in seinen Ansprüchen. Ein Bedürfnis kann durch Ersatzbefriedigung auf die Dauer nicht gestillt werden. Wenn ein Kind durstig ist, wird es sich nur für kurze Zeit mit Nahrung zufriedengeben und erneut zu trinken verlangen. Ebensowenig ersetzen Süßigkeiten oder

Geschenke Geborgenheit und Zuwendung. Das Kind wird sich so lange fordernd verhalten, bis sein Bedürfnis gestillt ist. Oder es gibt entmutigt auf.
- *wenn ein Bedürfnis nicht gestillt wird.* Ein Kind, dem ein Erwachsener die verlangte Nähe und Aufmerksamkeit nicht geben kann oder will, wird trotzdem darauf beharren. Wenn ein Kind in seinem Verlangen nicht nachläßt, kann sich der Erwachsene davon terrorisiert fühlen. Nur weil er aber nicht bereit ist, auf das Kind einzugehen, sind dessen Ansprüche noch lange nicht ungebührlich. Manche Erwachsene unterschätzen das Maß an Aufmerksamkeit, das ein Kind braucht. Sie fühlen sich gestreßt, weil sie ihren eigenen Interessen zu wenig nachgehen können. Nach einem Kleinkind zu sehen und gleichzeitig eine Zeitung zu lesen kann unvereinbar sein.
- *wenn sich die Befindlichkeit eines Kindes aus inneren oder äußeren Gründen verändert.* Ein Kind, das krank wird oder sich an einem fremden Ort unwohl fühlt, verlangt nach mehr Geborgenheit und Zuwendung.

Nähe und Sicherheit, die durch eine kontinuierliche Betreuung nicht gewährleistet werden, lassen sich durch temporäre Zuwendung nicht ersetzen. Wenn es einem Kind tagsüber an Geborgenheit mangelt, kann dieses Defizit abends nicht durch eine intensive Beschäftigung mit dem Kind kompensiert werden.

Ein Kind, dessen Bedürfnisse nicht befriedigt werden, ist fordernd. Dies gilt nicht nur für ein Kind, das hungrig, durstig oder müde ist, sondern ebenso für ein Kind, das nach Geborgenheit verlangt. *Ein Kind bereitet uns dann am wenigsten Mühe, wenn wir seine Bedürfnisse zuverlässig und angemessen befriedigen.*

Zuwendung und soziale Akzeptanz

Die Verhaltensqualitäten, über die eine Bezugsperson verfügen sollte, um dem Kind ein Gefühl von Geborgenheit zu geben, gelten auch für die Zuwendung. Die wichtigste Qualität ist wiederum ein angemessenes Verhalten. Ein Kind fühlt sich nicht um so wohler, je mehr Zuwendung es erhält. Die Beziehung zwischen Kind und Bezugsperson wird auch nicht besser, je mehr sich diese mit dem Kind abgibt. *Das Kind will nicht beliebig viel Zuwendung, sondern dasjenige Maß, das es für sein Wohlbefinden benötigt. Es will die Zuwendung auch nicht irgendwann – beispielsweise dann, wenn es dem Erwachsenen paßt –, sondern dann, wenn es sie braucht.*

Das Bedürfnis nach Zuwendung ist unter gleichaltrigen Kindern verschieden groß. Bereits Neugeborene haben ihre individuellen Eigenheiten, wie aus der Bildsequenz auf der folgenden Seite zu ersehen ist. Alex liegt im Arm seiner Mutter. Er betrachtet aufmerksam das mütterliche Gesicht, horcht auf ihre Stimme, zeigt eine ausdrucksvolle Mimik und gibt Töne von sich (A). Nach etwa zwei Minuten wird Alex zusehends müde. Das Spiel mit der Mutter hat ihn erschöpft. Er wendet Kopf und Augen von der Mutter ab, schaut unbestimmt in den Raum, blickt nichts Konkretes mehr an (B). Als die Mutter versucht, wieder Kontakt mit Alex aufzunehmen, gelingt ihr dies nicht. Alex drückt in seinem Blickverhalten, seiner Mimik und Körperhaltung aus, daß er dazu im Moment noch nicht bereit ist (C).

Schließlich hat sich Alex erholt; er dreht sich der Mutter wieder zu, blickt aufmerksam in ihr Gesicht und freut sich über ihre Zuwendung (D). Bald wendet er sich wieder ab (E), bleibt für sich, um sich dann erneut der Mutter zuzuwenden, wenn auch nur für kurze Zeit (F).

Die Interaktionen zwischen Alex und seiner Mutter sind nur von kurzer Dauer. Neugeborene und junge Säuglinge brauchen sehr viel mehr Zeit als ältere Kinder, um Reize aufzunehmen und sich auszudrücken. Sie ermüden auch viel rascher. Es ist für Alex geradezu eine Anstrengung, die Mutter anzuschauen, Laute zu formen und sich auf die Mutter einzustellen. Er ist nur für kurze Zeit dazu fähig. Der Mutter gelingt es nicht, Alex vorzeitig ins Spiel zurückzuholen. Sie muß warten, bis sich Alex erholt hat und sich ihr aktiv zuwendet.

Wenn einem Kind die Zuwendung aufgezwungen wird, reagiert es je nach Temperament verschieden. Alex wendet sich mit Blick und Körper von der Mutter ab. Ein anderes Kind wehrt sich

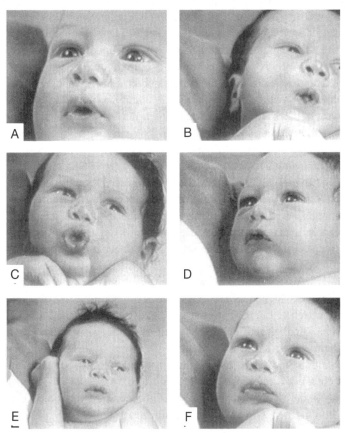

Wechselspiel zwischen Mutter und Kind (Videofilm »Verhaltensbeobachtungen am gesunden Neugeborenen«, Teil III)

gegen das mütterliche Drängen, indem es unzufrieden wird und schreit oder zu gähnen beginnt und in den Schlaf fällt.

Der Austausch von Zärtlichkeiten ist ein Wechselspiel: Phasen von Interesse und Zuwendung wechseln ab mit Phasen der Erholung. Die Bereitschaft zum Austausch und das Bedürfnis nach Erholung ist von Kind zu Kind verschieden ausgeprägt. Zuwendung, die das Kind nicht verlangt, empfindet es oft als störend. *Die individuellen Eigenheiten seines Beziehungsverhaltens soll-*

ten wir respektieren, damit das Kind weder zuwenig Zuwendung erhält noch überfordert und irritiert wird. Dies gilt nicht nur für Neugeborene und Säuglinge, sondern für Kinder jeden Alters.

Eine weitere wichtige Form der Zuwendung ist neben dem sozialen Spiel das gemeinsame Erleben. Den Erwachsenen bei ihren Aktivitäten zuzusehen und allenfalls mitzutun ist ein wesentlicher Bestandteil des sozialen Lernens und bedeutet für ein Kind immer auch Zuwendung.

Je älter ein Kind wird, desto bedeutungsvoller wird die soziale Anerkennung. Sein individuelles Profil an Fähigkeiten und Eigenschaften bestimmt mit, wieviel Anerkennung es bekommt. So kann es geschehen, daß manche Kinder aufgrund ihrer Leistungen sehr viel Zuwendung erhalten und andere leer ausgehen. Ein Teil der Anerkennung, die Eltern und Bezugspersonen (wie etwa Lehrer) einem Kind geben, sollte daher immer seiner Person gelten.

Kinder beziehen die Anerkennung von ihren Kameraden auf ganz verschiedene Weise. Das eine Kind bekommt sie für seine schulischen Leistungen, ein anderes für seine motorische Geschicklichkeit und ein drittes, weil es ein ausgesprochen sozial kompetentes Kind ist. Die soziale Akzeptanz ist je nach den Stärken und Schwächen eines Kindes sowie den Interessen und Vorlieben der Kameraden verschieden groß.

Kinder sind unterschiedlich auf Zuwendung und soziale Anerkennung angewiesen. Dieses Bedürfnis ist unter gleichaltrigen Kindern und selbst unter Geschwistern nicht gleich ausgeprägt. Wenn Eltern ihre Kinder individuell erziehen wollen, können sie mit ihnen nicht in gleicher Weise umgehen. Manche Kinder werden mehr Zuwendung und Anerkennung brauchen als andere. Auch ein Lehrer kann seine Schüler nicht alle gleich behandeln. Will er auf die einzelnen Schüler Rücksicht nehmen, werden Ausmaß und Art der Anerkennung von Schüler zu Schüler unterschiedlich ausfallen.

Geborgenheit einerseits sowie Zuwendung und Anerkennung andererseits entsprechen verschiedenen Bedürfnissen. Das eine kann nicht durch das andere ersetzt werden. Manche Eltern neigen dazu, das Wohlbefinden eines Kindes vor allem von der

Zuwendung abhängig zu machen, und unterschätzen die Bedeutung der Geborgenheit, die Nähe und Sicherheit vermittelt. Wo die Unterschiede zwischen Geborgenheit und Zuwendung liegen, illustriert die folgende Episode.

Elena ist ein Adoptivkind und stammt aus Chile. Sie verbrachte das erste Lebensjahr in Waisenheimen. Als die Adoptiveltern Elena im Alter von zwölf Monaten zu sich nehmen, ist sie unterernährt und emotional vernachlässigt. Sie bemühen sich sehr um Elena, geben ihr viel Zuwendung und versuchen sie nach besten Kräften zu fördern. Beide Eltern beteiligen sich an der Betreuung von Elena und arbeiten als Lehrer im Teilzeitpensum.

Als Elena drei Jahre alt wird, beklagt sich die Mutter, Elena sei motorisch sehr unruhig und spiele kaum allein. Kurz darauf erkrankt die Mutter an einem Bandscheibenvorfall und ist gezwungen, drei Monate zu Hause das Bett zu hüten. Sie macht sich große Sorgen, wie sich ihre Immobilität auf Elena auswirken wird. Sie ist sehr erstaunt, als Elena in dieser Zeit ruhiger und ausgeglichener wird, sowie häufiger allein spielt. Die Mutter konnte in diesen drei Monaten für Elena praktisch nichts tun, so daß Elena vermehrt ihren eigenen Interessen nachgehen konnte. Sie war aber die ganze Zeit da und jederzeit ansprechbar.

Gewährenlassen nimmt einem Kind die Angst, die Eltern könnten über seine Aktivitäten verfügen. Versuchen die Eltern aber, über seine Aktivitäten zu bestimmen, neigt es dazu, sich ihnen zu entziehen oder wird unselbständig. *Wenn die Eltern das Kind bestimmen lassen, erlebt es dies als Zuwendung: Die Eltern nehmen mich ernst, sie lassen mich so, wie ich bin, und vertrauen mir.*

Entwicklung und Lernen

In jedem Lebensabschnitt reifen Fähigkeiten heran, die das Kind durch entsprechende Erfahrungen verinnerlicht. In welchem Alter dies geschieht und in welchem Ausmaß, ist von Kind zu Kind verschieden. Das Kind sollte daher über seine Aktivitäten möglichst selbst bestimmen können.

Wenn sich ein Kind von seiner Neugier leiten läßt, bestehen

seine Erfahrungen immer auch aus Irrtümern, Umwegen und Mißerfolgen, die wesentlich dazu beitragen, daß das Kind Lernstrategien entwickeln und konfliktfähig werden kann. Sie sollen dem Kind daher nicht erspart werden, ebensowenig wie Langeweile. Diese Perioden unbehaglicher Leere haben durchaus ihren Sinn: Sie helfen dem Kind herauszufinden, was es eigentlich will. Eltern und Bezugspersonen erweisen ihm einen schlechten Dienst, wenn sie es abzulenken versuchen oder sich als Unterhalter einspannen lassen.

Aus den selbstbestimmten Erfahrungen gewinnt das Kind sein Selbstvertrauen: Ich bin fähig zu lernen und kann Zusammenhänge in dieser Welt verstehen. Wie positiv sich eine solche Erziehungshaltung auf die Entwicklung von Säuglingen und Kleinkindern auswirken kann, beschreibt Emmy Pikler (1988) in ihrem Buch. Rebecca und Mauricio Wild (1992) haben in Ecuador eine Schule gegründet, in der sie Selbstbestimmung und Eigenaktivität der Kinder ins Zentrum ihrer pädagogischen Bemühungen gestellt haben.

Eltern und Bezugspersonen sollen dem Kind die Erfahrungen ermöglichen, die es für seine Entwicklung braucht: Sie dienen ihm als Vorbilder, bieten ihm ein Umfeld an, in dem es selbständig seinen entwicklungsspezifischen Interessen nachgehen kann, und sie unterweisen es.

Vorbild sein

Zunächst nimmt sich das Kind die Eltern und die Geschwister zum Vorbild. Dann kommen immer mehr Erwachsene und Kinder außerhalb der Familie dazu. Das Kind richtet sich vor allem nach Personen, die ihm vertraut sind. Es ahmt nach und verinnerlicht,
- wie die Eltern mit ihm, den Geschwistern, untereinander und mit anderen Personen umgehen. Hören sie aufeinander? Wer bestimmt? Wer muß wem gehorchen?
- wie sich Eltern und Geschwister im Alltag verhalten. Was haben sie für Eßmanieren? Wie kleiden sie sich? Wie gehen sie mit den Haustieren um?

- wie sich Mutter und Vater zur Arbeit stellen. Welche Bedeutung haben berufliche Stellung und Leistung für sie? Was ist ihnen eine Last, was machen sie mit Begeisterung?
- wie sie ihre Freizeit verbringen. Treiben sie Sport? Interessieren sie sich für die Natur? Lesen sie Bücher und Zeitungen? Welche Fernsehsendungen sehen sie sich an?
- wie der Lehrer mit den Schülern und seinen Kollegen umgeht. Wie reagiert er, wenn er erfreut, verärgert oder überfordert ist? Zeigt er Schwächen? Steht er dazu?

Eltern und Bezugspersonen dienen dem Kind nicht nur als Vorbilder. Sie leben dem Kind auch Wertvorstellungen vor:

- Die Mutter geht für die Nachbarin, die sich den Fuß gebrochen hat, einkaufen.
- Der Vater nimmt einen Kratzer an seinem Auto mit einem Achselzucken zur Kenntnis und bricht nicht in einen Wutanfall aus.
- Der Lehrer bemüht sich um ein Kind aus einer Asylantenfamilie, das neu in die Klasse eingetreten ist und noch kaum deutsch spricht.

Wie sich Eltern und Bezugspersonen auch immer verhalten: Sie haben Vorbildfunktion. Wenn sich die Eltern dem Kind entziehen, sucht es sich anderswo Vorbilder, vielleicht auch solche, die sich die Eltern für ihr Kind nicht wünschen. Wenn das Kind nicht genügend Vorbilder im realen Leben finden kann, sucht es Ersatz in Büchern oder Fernsehsendungen. *Das Kind ist biologisch darauf angelegt, sein Verhalten nach Vorbildern auszurichten.*

Neben dem Sozialverhalten erwirbt ein Kind auch viele andere Verhaltensweisen durch Nachahmung. Selbständig essen oder sauber und trocken werden, beruht auf sozialem Lernen.

Vorbild sein kann mühevoll sein. Zeit, Einfühlungsvermögen und Geduld sind nötig. Wenn ein Kind mit einem Erwachsenen etwas unternehmen will, sollte dieser nicht gleich vermuten: Das Kind will nicht allein spielen, es will unterhalten werden. Ein Kind erwartet zu Recht von den Eltern und den Bezugspersonen, daß sie als Vorbilder zur Verfügung stehen sowie Zeit, Interesse und Geduld für gemeinsame Erfahrungen aufbringen.

Kindgerechte Umwelt

Das Denken entwickelt sich zunächst nicht aus Verknüpfungen von Begriffen und Vorstellungen, sondern aus Wahrnehmen und Handeln. Die Erfahrungen, die ein Kind macht, wenn es sich mit seiner gegenständlichen Umwelt auseinandersetzt, und der damit verbundene Erkenntnisprozeß sind die Anreize für ein Kind, sich für die Umwelt zu interessieren.

Eltern und Bezugspersonen sollten weniger Fähigkeiten und Wissen an das Kind herantragen, als vielmehr seine Umwelt so gestalten, daß es seine entwicklungsspezifischen Interessen befriedigen kann. Das Kind bestimmen lassen bedeutet nicht, es sich selbst zu überlassen. Es braucht die Nähe einer vertrauten Person, damit es aktiv und neugierig sein kann. Für den Erwachsenen ist diese Funktion nicht aufregend, oft sogar ziemlich langweilig. So kann das Spazierengehen zu einem Spazierenstehen werden, wenn ein zweijähriges Kind am Wegrand alle ein bis zwei Meter eine höchst interessante Entdeckung macht, was ein Erwachsener auch mit viel Einfühlungsvermögen nur beschränkt nachvollziehen kann.

Unterweisung

Daß sich Kinder unterweisen lassen, setzt eine vertrauensvolle Beziehung zur Lehrperson voraus: »Das Kind lernt nur von denjenigen, die es liebt« (J. W. Goethe). Wenn es einer Lehrerin gelingt, eine solche Beziehung zu ihren Schülern herzustellen, dann sind diese auch bereit, auf ihr Lernangebot einzugehen und sich auf sie einzustellen.

Die Bereitschaft der Kinder, sich unterweisen zu lassen, ist erstaunlich groß und damit auch die Gefahr, daß sie mißbraucht wird und die Kinder die Lust am Lernen verlieren. Das Lernangebot sollte in Form und Inhalt ihren entwicklungsspezifischen Interessen angepaßt sein. Am besten ist es, wenn Kindern Erfahrungsmöglichkeiten angeboten werden, die sie selbständig nutzen und so eigenständig zu neuen Einsichten kommen können.

Abstrakte Vorstellungen wie etwa die drei Dimensionen des

Raumes verstehen Kinder nur, wenn sie ausreichend konkrete Erfahrungen mit diesen Größen machen konnten. Sie haben bis ins frühe Schulalter eine unzureichende Vorstellung über die Konstanz von Mengen und Volumina (Piaget 1975). So nehmen sie beispielsweise an, daß Flüssigkeitsmengen, deren Flüssigkeitsspiegel verschieden hoch sind, nicht gleich groß sein können. Sie berücksichtigen in ihren Überlegungen nur die Höhe des Flüssigkeitsstandes, nicht aber die anderen beiden Dimensionen, die das Flüssigkeitsvolumen mitbestimmen.

Ein Verständnis für die Raumdimensionen erwerben Kinder, wenn sie sich durch wiederholtes Umgießen der Flüssigkeiten mit der Beziehung zwischen Form und Inhalt von Gefäßen praktisch auseinandersetzen können. Erst dann, wenn sie durch Erfahrung zur Einsicht gekommen sind, daß Höhe, Breite und Tiefe der Gefäße gleichermaßen von Bedeutung sind, begreifen sie auch die abstrakte Aussage, daß das Volumen von Flüssigkeiten und Gefäßen aus dem Produkt dieser drei Größen berechnet werden kann. Ein solcher Lernprozeß läßt sich durch Belehrungen nicht abkürzen.

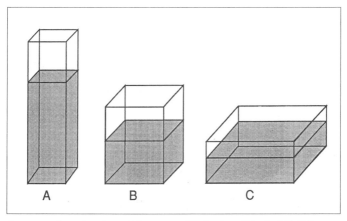

Konstanz (Invarianz) von Mengen und Volumina. Die drei Gefäße enthalten gleich viel Flüssigkeit. Für Kinder im Vorschulalter enthält das Gefäß A am meisten Flüssigkeit, weil sein Flüssigkeitsspiegel am höchsten ist.

Erwachsene unterschätzen häufig das Ausmaß der Erfahrungen, die Kinder machen müssen, bis sie einen abstrakten Zusammenhang wirklich verstanden haben. Die Anzahl an Erfahrungen, die dazu notwendig sind, ist von Kind zu Kind anders. Jedes Kind sollte daher die Vorgehensweise und das Ausmaß der Erfahrungen soweit wie möglich selbst bestimmen können.

Unterweisung sollte nicht darin bestehen, daß eine Lehrperson, die permanente Überlegenheit ausstrahlt, den Kindern Fertigkeiten und Wissen beibringt. Die ideale Unterweisung besteht darin, daß die Lehrperson das Umfeld der Kinder so gestaltet und sie in ihren Aktivitäten so unterstützt, daß sie selbständig zu Erfahrungen und neuen Einsichten kommen können.

Wer bestimmt?

Bereits im frühesten Alter verfügt ein Kind über eine – wenn auch noch sehr beschränkte – Kompetenz. Ein Neugeborenes ist bei der Nahrungsaufnahme kompetent. Wieviel Nahrung sein Körper benötigt, kann nur das Kind bestimmen. Eltern können nicht wissen, wieviel Nahrung es braucht. Sie sollten daher auch nicht festlegen, wieviel ein Säugling trinken soll, oder von einem Kleinkind verlangen, daß es den Teller leer ißt, den sie ihm gefüllt haben.

Das Kind soll entscheiden, wieviel es essen und trinken will. Es bestimmt aber nicht, was es zu essen und zu trinken bekommt. Das Kind ist nicht kompetent in der Auswahl der Speisen und soll sie daher auch nicht bestimmen. Es liegt in seinem eigenen Interesse, daß die Eltern darüber entscheiden. Die Eltern, zumeist die Mutter, bestimmen in welchem Alter ein Säugling Brei bekommt, ob ein Kleinkind seinen Durst mit Wasser oder Fruchtsaft löscht, welche Speisen auf den Mittagstisch kommen und ob es zwischen den Mahlzeiten Süßigkeiten gibt.

Wie mit dem Essen und Trinken sollte es auch in der übrigen Erziehung sein. *Überall, wo das Kind kompetent ist, darf es bestimmen; in allen anderen Bereichen entscheiden die Eltern.* In jedem Alter gibt es Bereiche, in denen das Kind bestimmen kann

und auch soll, und andere, in denen die Eltern entscheiden müssen:
- Wie viele Stunden ein Kind nachts schlafen kann, hängt von seinem individuellen Schlafbedarf ab. Wann, wo und wie es zu Bett gebracht wird, bestimmen die Eltern.
- Wann ein Kind trocken und sauber werden kann, hängt von seinem individuellen Entwicklungstempo ab. Auf welche Weise dies geschieht, bestimmen die Eltern.
- Wieviel Geborgenheit und Zuwendung ein Kind braucht, hängt von seinem individuellen Bindungsbedürfnis ab. Wer dieses befriedigt und auf welche Weise, bestimmen die Eltern und die Bezugspersonen.

Manche Eltern bevormunden ihr Kind aus einer echten Besorgnis heraus. Sie möchten sicherstellen, daß ihr Kind ausreichend ernährt ist, genügend schläft und die notwendige Zuwendung erhält. Wenn sie aber wirklich im Interesse des Kindes handeln wollen, sollten sie darauf vertrauen, daß das Kind seine Bedürfnisse zuverlässig wahrnehmen und auch befriedigen kann. *Die Eltern sollten sich nicht am einzelnen Bedürfnis, sondern am Allgemeinverhalten des Kindes orientieren:* Wenn es gedeiht, gesund, zufrieden und motorisch aktiv ist und sich an seiner Umgebung interessiert zeigt, dann ist es ausreichend ernährt, bekommt den notwendigen Schlaf und erhält genügend Geborgenheit und Zuwendung.

Je jünger ein Kind ist, desto geringer ist seine Kompetenz und um so mehr bestimmen die Eltern. So sind Treppen für ein Kleinkind, das gerade die ersten Schritte macht, ein Risiko. Wie nehmen die Eltern ihre Verantwortung wahr?
- Sie verbieten dem Kind die Treppe. Ein gefährliches und kaum erfolgversprechendes Vorgehen. Das Kind wird bei der nächstbesten Gelegenheit, das heißt, wenn es sich unbeobachtet fühlt, einen Versuch wagen. Treppen sind für ein kleines Kind zu attraktiv, als daß es auf die Dauer dieser Versuchung widerstehen könnte. Ein Verbot, das die Eltern nicht durchsetzen können, ist gefährlich und macht die Eltern beim Kind – nicht nur in bezug auf die Treppe – unglaubwürdig.
- Sie appellieren an seine Einsicht. Das Kind kann die Gefahr

aber nicht abschätzen, es sei denn, es ist bereits die Treppe hinuntergefallen und hat sich weh getan. Eine Einsicht, die das Kind aufgrund seines Entwicklungsstandes nicht nachzuvollziehen vermag, kann es auch nicht befolgen.
- Die Eltern versperren den Zugang zur Treppe, so daß das Kind gar nicht zu ihr gelangen kann. Dies ist die wirksamste Maßnahme, die zumeist auch mit wenig Aufwand zu bewerkstelligen ist.

Eltern werden immer wieder vor die Frage gestellt: Ist unser Kind kompetent genug, um selbst zu bestimmen? Wenn sie die Frage verneinen, müssen sie entscheiden und sicherstellen, daß sie ihre Entscheidung auch durchsetzen können. Appelle an die kindliche Einsicht fruchten ebensowenig wie Verbote oder Strafen. Solange das Kind nicht kompetent ist, sollten die Eltern sein Umfeld möglichst so gestalten, daß es gar nicht in Versuchung kommt, »ungehorsam« zu sein.

Irgendwann kommt der Tag, an dem das Kind motorisch ausreichend entwickelt ist, um die Treppe bewältigen zu können. Nun ändern die Eltern ihre Strategie, indem sie dem Kind die notwendigen Erfahrungen ermöglichen. Sie ermuntern es, auf der Treppe hinauf- und hinunterzukrabbeln, und loben es, wenn es sich vorsichtig verhält. Sie beaufsichtigen es so lange, bis es sich sicher auf der Treppe bewegen kann! Wenn sich das Kind auf der Treppe selbständig bewegen kann, wird es sich vorsichtig verhalten, nicht weil die Eltern es so wollen, sondern aus seiner eigenen Erfahrung heraus.

Wenn eine neue Fähigkeit herangereift ist, sollten die Eltern dem Kind zu den entsprechenden Erfahrungen verhelfen. Eine gute Kompetenz wird dann besonders wichtig, wenn es sich um eine potentiell gefährliche Aktivität handelt. Jeder Jugendliche will früher oder später Auto fahren. Die Eltern können ihm die Fahrschule für eine gewisse Zeit verweigern und ihn so noch etwas vom Lenkrad fernhalten. Wenn der junge Erwachsene aber Fahrstunden nimmt, sollten ihm die Eltern das Auto nicht aus einer falschen Ängstlichkeit heraus vorenthalten, sondern ihm zu einer ausreichenden Fahrpraxis verhelfen. Je größer seine Erfahrungen als Autofahrer sind, um so geringer wird das Unfallrisiko.

Selbstbestimmung stärkt das Wohlbefinden und Selbstwertgefühl. Wenn das Kind selbst bestimmen kann, orientiert es sich an seiner Selbstwahrnehmung und macht die Erfahrung, daß es seine Bedürfnisse zuverlässig befriedigen und sich auf seine Fähigkeiten verlassen kann. Wenn Eltern und andere Bezugspersonen ständig in seine Aktivitäten eingreifen, fühlt es sich fremdbestimmt. Ein Empfinden für seine eigenen Bedürfnisse kann nur ungenügend oder überhaupt nicht entstehen.

Selbstbestimmung ist erstrebenswert – *aber nur dann, wenn das Kind kompetent ist.* Wohlbefinden und Selbstwertgefühl werden nicht besser, je mehr ein Kind bestimmen kann. Sie werden nicht gestärkt, wenn das Kind überfordert wird. Fühlt sich ein Kind nicht kompetent, neigt es dazu, die Grenzen möglichen Verhaltens auszutesten. Überlassen die Eltern es dem Kind, wann es abends zu Bett geht, wird diese »Freiheit« über kurz oder lang zu einer chaotischen Situation führen, und die Eltern werden gezwungen sein, einzugreifen. Eine entschiedene Haltung der Eltern in den Bereichen, in denen das Kind nicht kompetent ist, erlebt es nicht als Fremdbestimmung sondern als Sicherheit.

Die Kompetenz eines Kindes und sein Bedürfnis nach Selbstbestimmung entsprechen immer seinem jeweiligen Entwicklungsstand. So spüren die Kinder sehr genau, wann sie für das Fahrradfahren bereit sind. Es ist nicht das biologische Alter, das den Zeitpunkt dafür bestimmt, sondern der Entwicklungsstand des einzelnen Kindes. Wenn eine Fähigkeit heranreift, will das Kind selbständig werden.

Manche Eltern zögern, ihrem Kind Grenzen zu setzen, weil sie befürchten, daß es dies als eine Einschränkung seiner Autonomie und als Ablehnung empfinden könnte. *Ein Kind fühlt sich aber nicht eingeschränkt, wenn seine Kompetenz nicht in Frage gestellt wird und die Eltern es bestimmen lassen, wenn es kompetent ist. Es erlebt das Grenzensetzen auch nicht als Ablehnung, wenn eine vertrauensvolle Beziehung zu den Eltern besteht.* Ein Kind fängt dann an zu quengeln, wenn die Eltern in den Bereichen bestimmen wollen, in denen sich das Kind kompetent fühlt.

Die Eltern können nicht vermeiden, daß das Kind, wenn sie ihm Grenzen setzen, frustriert ist, allenfalls zu weinen beginnt und einen Wutanfall bekommt. Sie können ihm diese negativen Gefühle nicht ersparen und dürfen auch nicht erwarten, daß das Kind diese ihnen zuliebe unterdrückt. Wenn das Kind frustriert ist, soll es seine Frustrationen äußern dürfen – ohne daß die Eltern dabei nachgeben.

Eltern und Bezugspersonen sollten den Drang des Kindes nach Selbständigkeit unterstützen, indem sie ihm immer wieder zu verstehen geben, daß es auf sein Inneres hören soll und daß das, was es aus eigenem Antrieb heraus macht, richtig ist. *Eine solche Haltung zeichnet sich durch eine wohlwollende aufmerksame Gelassenheit aus, die dem Kind zu verstehen gibt: Ich bin da, wenn du mich brauchst. Ich dränge mich dir aber nicht auf.* Ein derart selbstbestimmtes Kind akzeptiert auch die Grenzen, die ihm Eltern und Bezugspersonen setzen müssen.

Chancen geben

Das Fit-Konzept verlangt ein Umdenken, da es in einem gewissen Widerspruch zu den gängigen Erziehungsvorstellungen steht. Für die Gesellschaft sind Fertigkeiten und Wissen die Garanten für Lebenstüchtigkeit. Im Fit-Konzept wird das Selbstwertgefühl für die Lebensbewährung als entscheidend angesehen. In Familie und Schule hängt das Wohlbefinden von der leistungs- und verhaltensabhängigen Anerkennung ab. Im Fit-Konzept werden Geborgenheit, Zuwendung und Anerkennung der Person ins Zentrum gestellt. Das Bildungssystem legt großen Wert auf eine aktive Förderung des Kindes. Das Fit-Konzept überläßt die Entwicklung weitgehend dem Kind und betont die Bedeutung eigenständiger Lernerfahrungen.

Wenn sich die Eltern von ihren bisherigen Erziehungsvorstellungen lösen wollen, fallen einige Orientierungshilfen weg und eine gewisse Hilflosigkeit kann sich einstellen. Die Eltern müssen Vertrauen zum Kind fassen:
- *Vertrauen in seine Stärken.* Die Vielfalt unter den Kindern verlangt ein Abrücken von Normvorstellungen und allgemeinen Erwartungen. Die Eltern sehen ein, daß sich ihr Kind nur

bedingt nach ihren Vorstellungen und ihren Vorgaben entwickeln wird. Manche Akademikereltern erwarten, daß auch ihr Kind an der Universität studiert. Diese Hoffnung kann durchaus den Interessen des Kindes entsprechen. Vielleicht zieht es aber vor, Möbelschreiner zu werden oder in der Hotellerie tätig zu sein. Ein Kind als Individuum ernst zu nehmen bedeutet, seine Bedürfnisse und Neigungen zu achten. Lebenstüchtig wird das Kind dann werden, wenn es seine Stärken selbst entwickeln kann. Ein geschickter und von der Kundschaft geschätzter Möbelschreiner fühlt sich allemal besser als ein desinteressierter, arbeitsloser Akademiker.

- *Das Vertrauen gewinnen, daß sich das Kind entwickeln will und auch wird.* Die Eltern verlassen sich auf die innere Kraft des Kindes, welche die Entwicklung vorantreibt, und auf seinen angeborenen Drang, die soziale und die materielle Umwelt verstehen zu wollen. Die Eltern unterstützen es, bevormunden es aber nicht. Sie überlassen ihm soweit wie möglich die Initiative. Sie akzeptieren, daß das Lernen für ihr Kind eine genauso wichtige Erfahrung ist wie die schließlich erworbenen Fähigkeiten und Kenntnisse.

- *Das Vertrauen finden, daß das Kind gehorcht, wenn es sich geborgen und angenommen fühlt.* Die Eltern kontrollieren ihr Kind weniger mit Lob und Strafe als vielmehr durch ein ausreichendes Maß an Geborgenheit und Zuwendung. Dies hat selbstverständlich nicht zur Folge, daß das Kind immer gehorchen wird. Es hat vielerlei starke Bedürfnisse und Eigeninteressen, die mit der emotionalen Abhängigkeit von den Bezugspersonen konkurrieren können. Ungehorsam und Konflikte sind daher unvermeidlich. Eine gute und stabile Beziehung zu Eltern und Bezugspersonen bringt ein Kind – bei allem Protest – aber immer wieder dazu einzulenken.

Damit die Eltern diese Umstellung schaffen, müssen sie auch Vertrauen zu sich selbst fassen: Wir können unser Kind »lesen« und auf seine Bedürfnisse und Eigenheiten eingehen. Dieses Vertrauen kann nur aus konkreten Erfahrungen heraus entstehen. Die Eltern sollten sich und dem Kind eine Chance geben, indem sie sich auf das Kind einlassen.

Eine solche Chance besteht beispielsweise dann, wenn sich der Vater am Wochenende für seine dreijährige Tochter einen Nachmittag Zeit nimmt. Er bestimmt nicht, sondern läßt Monika machen. Er überläßt ihr die Initiative, geht aber auf ihre Aktivitäten ein, wenn sie es möchte. Er zeigt Interesse an dem, was sie macht, und bestärkt sie darin.

Monika ist den ganzen Nachmittag zufrieden und aktiv. Zunächst beansprucht sie den Vater sehr, dann immer weniger. Sie sucht regelmäßig seine Nähe, um bei ihm »aufzutanken«, spielt aber den Großteil des Nachmittags – für den Vater erstaunlich – für sich allein. Am Abend macht der Vater eine weitere bemerkenswerte Erfahrung: Als er beim Abendessen Monika auffordert, keine Essensreste auf den Boden zu werfen, lenkt sie mit weit weniger Protest als früher ein. Es bereitet ihm auch keine Mühe, Monika zurechtzuweisen und fest zu bleiben. Ihre durch die gemeinsam verbrachten Stunden gefestigte Beziehung wird durch diese Zurechtweisung nicht erschüttert.

Zum Schluß eine ketzerische Frage: Was geschieht, wenn wir uns nicht um den Fit kümmern? Der Erziehungsalltag und das Kapitel »Misfit« zeigen es: Die große Mehrzahl der Probleme entsteht allein deshalb, weil eine ausreichende Übereinstimmung zwischen Kind und Umwelt fehlt.

Das Wichtigste in Kürze

1. Anliegen des Fit-Konzeptes:
   - Das Kind fühlt sich wohl und ist aktiv.
   - Das Kind entwickelt ein gutes Selbstwertgefühl: Ich fühle mich von den anderen Menschen angenommen und kann mit meinen Fähigkeiten und meinem Wissen bestehen.
2. Das Fit-Konzept strebt eine Übereinstimmung zwischen dem Kind und seiner Umwelt in folgenden drei Bereichen an:

- Geborgenheit
- Zuwendung und soziale Anerkennung
- Entwicklung und Lernerfahrung

3. Das Kind fühlt sich geborgen, wenn seine Bezugspersonen verfügbar, beständig und angemessen in ihrem Verhalten sind sowie eine Kontinuität in der Betreuung gewährleisten.
4. Zuwendung und soziale Anerkennung sollen der Person und weniger den Leistungen und dem Verhalten des Kindes gelten.
5. Beitrag der Eltern und der Bezugspersonen zur Entwicklung des Kindes:
   Soziales Lernen. Sie sind Vorbild, nehmen sich ausreichend Zeit und Muße für gemeinsame Erfahrungen;
   Objektorientiertes Lernen. Die Eltern gestalten die materielle und soziale Umgebung so, daß das Kind seinem Entwicklungsalter entsprechende Erfahrungen machen kann;
   Unterweisung. Die Eltern lassen das Kind an ihren Aktivitäten teilhaben und unterstützen es so, daß es selbständig zu Erfahrungen und neuen Einsichten kommen kann.
6. Wenn das Kind in einem Bereich kompetent geworden ist, soll es selbst bestimmen. Seine Kompetenz hängt vom jeweiligen Entwicklungsstand ab. Wenn das Kind nicht kompetent ist, entscheiden Eltern und Bezugspersonen.
7. Ein kindorientierter Umgang zeichnet sich durch eine wohlwollende, aufmerksame Gelassenheit aus, die dem Kind zu verstehen gibt: Ich bin da, wenn du mich brauchst, dränge mich dir aber nicht auf.
8. Die Herausforderung des Fit-Konzeptes besteht darin, sich als Eltern und Erzieher auf die Individualität des Kindes einzustellen: sein Verhalten richtig zu »lesen« und im Umgang mit dem Kind das richtige Maß zu finden.

Fit-Konzept auf dem Prüfstand

Eva wollte es besser machen als ihre eigene Mutter: Sie ließ ihrem Sohn Zeit, um trocken und sauber zu werden. Nun ist Hannes drei Jahre alt geworden und macht immer noch in die Windeln. Eva ist verunsichert. Hätte sie doch ein Sauberkeitstraining durchführen sollen? Das Gefühl, versagt zu haben, verstärkt sich, als ihre Mutter auf beiläufige Art erwähnt, daß sie, Eva, im Alter von 18 Monaten sauber und trocken gewesen sei, und mit leicht vorwurfsvollem Ton anfügt: Eva sei von ihr bereits im ersten Lebensjahr auf den Topf gesetzt worden.

Wenn das Fit-Konzept nicht nur eine schöngeistige Konstruktion sein soll, dann muß es sich wissenschaftlich erhärten lassen und sich im erzieherischen Alltag als nützlich erweisen. In diesem Kapitel soll am Beispiel der Sauberkeitserziehung gezeigt werden, daß das Fit-Konzept aus entwicklungsbiologischer Sicht einen Sinn ergibt und sich praktisch umsetzen läßt. Die Sauberkeitserziehung eignet sich dafür besonders gut, weil sie in zwei Generationen eine tiefgreifende Veränderung durchgemacht hat. Dieser Wandel ermöglicht uns, den Einfluß von zwei verschiedenen Erziehungsstilen zu untersuchen:
- Eine autoritätsbezogene Erziehung, wie sie Evas Mutter angewandt hat. Eine solche Erziehung setzt auf den Trainingserfolg.
- Eine kindorientierte Erziehung, wie sie Eva versucht. Diese Erziehungshaltung ist auf die individuelle Entwicklung und die Eigeninitiative des Kindes ausgerichtet.

Fragen, die wir zu beantworten versuchen:
- Wie wirken sich die beiden Erziehungsstile auf die Entwicklung der Blasen- und der Darmkontrolle aus?
- Kann die Entwicklung durch Erziehungsmaßnahmen beeinflußt, insbesondere beschleunigt werden?
- Welche Verhaltenssignale geben Kinder ihren Eltern, um ihnen anzuzeigen, daß sie bereit sind, trocken und sauber zu werden?
- Wie wichtig sind Vorbild und Unterstützung durch die Eltern?

- Wie wirkt sich der Erziehungsstil auf das Wohlbefinden und das Selbstwertgefühl des Kindes aus?

Die Daten, mit denen wir uns beschäftigen werden, stammen aus den Zürcher Longitudinalstudien. Das Ziel dieser Studien ist es, das Wachstum und die Entwicklung bei gesunden, normal entwickelten Kindern von der Geburt bis ins Erwachsenenalter möglichst umfassend zu beschreiben. So wurde auch das Erziehungsverhalten der Eltern und die Entwicklung der Darm- und der Blasenkontrolle bei den Kindern aufgezeichnet (Largo 1996). Die Kinder der Ersten Zürcher Studie sind in den Jahren 1954 bis 1956 geboren, die der Zweiten Studie eine Generation später (1974 bis 1982). Jede Studie umfaßte etwa 320 Kinder.

Zwei Erziehungsstile

In der Ersten Zürcher Studie, aus den 50er Jahren, begannen einige Eltern mit der Sauberkeitserziehung, als ihre Kinder erst einen Monat alt waren. Mit drei Monaten haben 13 Prozent und mit sechs Monaten 32 Prozent der Eltern ihre Kinder mehrmals pro Tag über ein Tuch, den Topf oder die Toilettenschüssel gehalten. Am Ende des ersten Lebensjahres hatten 96 Prozent der Eltern die Sauberkeitserziehung bei ihren Kindern aufgenommen.

Dieser aus heutiger Sicht sehr frühe Beginn der Sauberkeitserziehung hatte im wesentlichen zwei Gründe:
- Die Eltern glaubten an den Erfolg des Sauberkeitstrainings: Je früher mit dem Training begonnen und je intensiver es durchgeführt wird, desto früher wird das Kind sauber und trocken sein.
- Das Waschen der Windeln war mit großem Aufwand verbunden. Die Mütter wollten sich begreiflicherweise so rasch als möglich dieser Belastung entledigen.

In den 60er und den 70er Jahren wurde die elterliche Erziehungshaltung zunehmend liberaler. Dieser Wandel war aber nicht nur Ausdruck eines pädagogischen Umdenkens. Wesentlichen Anteil daran hatte die Technisierung des Haushaltes. Waschma-

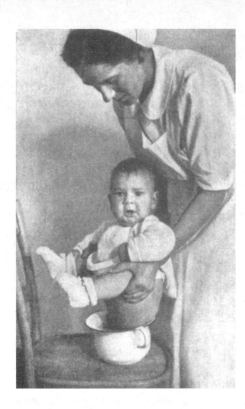

Toilettentraining in den 50er Jahren

schinen und Wäscheschleudern erleichterten die Windelreinigung. Die Wegwerfwindeln brachten schließlich die große Entlastung für die Mütter.

Die Auswirkungen dieses Erziehungswandels waren in den 70er und den 80er Jahren offensichtlich. In der Zweiten Zürcher Studie begannen die Eltern mit der Sauberkeitserziehung frühestens, wenn das Kind neun Monate alt war. Ende des ersten Lebensjahres wurden lediglich 20 Prozent der Mädchen und 16 Prozent der Jungen auf den Topf gesetzt (in der Ersten Studie waren es 96 Prozent der Kinder!).

Wie sehr sich die Sauberkeitserziehung zwischen 1950 und 1980 gewandelt hat, zeigt die folgende Graphik: In der Zweiten Studie begannen die Eltern mit der Sauberkeitserziehung bei den

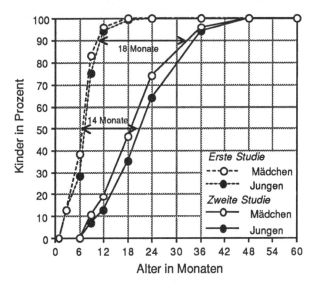

Beginn der Sauberkeitserziehung in der Ersten und in der Zweiten Longitudinalstudie

Mädchen im Durchschnitt zwölf Monate, bei den Jungen sogar 14 Monate später als in der Ersten Studie. Während in der Ersten Studie mehr als 90 Prozent der Kinder bereits mit zwölf Monaten auf den Topf gesetzt wurden, wurde dieser Prozentsatz in der Zweiten Studie erst im Alter von 30 Monaten erreicht.

In beiden Studien war nicht nur das Alter, in dem die Sauberkeitserziehung einsetzte, sehr verschieden, sondern auch die Intensität der Erziehung.

In der Ersten Studie wurden 44 Prozent der Kinder mit 18 Monaten und 24 Prozent mit 24 Monaten von ihren Eltern mehr als fünfmal pro Tag auf den Topf gesetzt. Ein solch intensives Training haben nur sehr wenige Eltern in der Zweiten Studie durchgeführt.

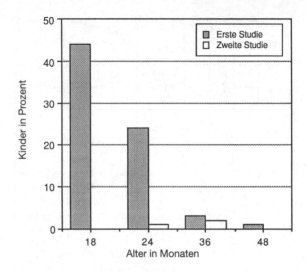

Intensität der Sauberkeitserziehung in der Ersten und in der Zweiten Longitudinalstudie. Die Säulen geben an, wie viele Kinder (in Prozent) mehr als fünfmal pro Tag auf den Topf gesetzt wurden.

Reifung oder Training?

Wenn wir Beginn und Intensität der Sauberkeitserziehung in den beiden Studien vergleichen, ergibt sich folgender Unterschied: Die Kinder der Zweiten Studie wurden durchschnittlich 1300mal weniger auf den Topf gesetzt als die Kinder der Ersten Studie! Wie hat sich nun die später begonnene und weniger intensive Sauberkeitserziehung in der Zweiten Studie auf die Entwicklung der Kinder ausgewirkt? Folgende vier Ergebnisse der Zweiten Studie sind denkbar:

1. Weil die Kinder später auf den Topf gesetzt wurden, werden sie auch später trocken und sauber. Dies würde bedeuten, daß die Entwicklung der Blasen- und der Darmkontrolle ausgesprochen trainingsabhängig ist.
2. Die Kinder werden im gleichen Alter trocken und sauber wie die Kinder der Ersten Studie. Das würde heißen, daß die Ent-

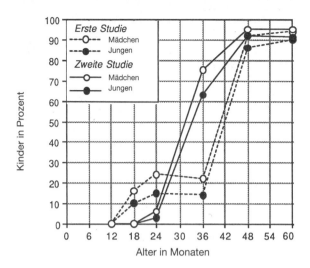

Entwicklung der Blasenkontrolle tagsüber in der Ersten und in der Zweiten Zürcher Longitudinalstudie (Largo 1996)

wicklung der Blasen- und der Darmkontrolle durch Training nicht beschleunigt werden kann und im Grunde ein Reifungsprozeß ist.
3. Die Kinder werden früher trocken und sauber als in der Ersten Studie. Eine mögliche Erklärung wäre, daß sich das frühe und intensive Training der Ersten Studie nachteilig auf die Entwicklung der Blasen- und der Darmkontrolle ausgewirkt hat.
4. Eine Kombination der Faktoren 1 bis 3: Sowohl das Training als auch die Reifung und allenfalls weitere Faktoren beeinflussen die Entwicklung der Darm- und der Blasenkontrolle.

Wie haben sich die Kinder verhalten? Betrachten wir zuerst den Einfluß der beiden Erziehungsstile auf die Entwicklung der Blasenkontrolle während des Tages.

Zwischen zwölf und 24 Monaten sind etwas mehr Kinder in der Ersten als in der Zweiten Studie tagsüber trocken. Das frühe

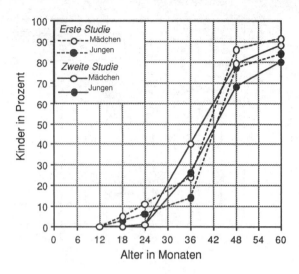

Entwicklung der nächtlichen Blasenkontrolle in der Ersten und in der Zweiten Longitudinalstudie (Largo 1996)

und intensive Training in der Ersten Studie scheint sich positiv ausgewirkt zu haben. Die »trockenen« Kinder machten aber nur deshalb nicht mehr in die Windeln, weil sie von ihren Müttern bis zu zehnmal pro Tag auf den Topf gesetzt wurden.

Mit 36 Monaten liegen die Resultate umgekehrt. Es sind nun mehr Kinder in der Zweiten als in der Ersten Studie trocken. Das ausgedehnte Training der Ersten Studie wirkt sich nun offenbar verzögernd auf die Entwicklung der Blasenkontrolle aus. Mit 48 und 60 Monaten sind etwa gleich viele Kinder in beiden Studien tagsüber trocken. Die statistische Analyse ergab, daß weder ein eindeutig positiver noch ein eindeutig negativer Trainingseffekt nachzuweisen ist.

Die nächtliche Blasenkontrolle zeigt in beiden Studien einen sehr ähnlichen Kurvenverlauf.

In beiden Studien wurden die meisten Kinder im vierten Lebensjahr in der Nacht trocken. Die sehr früh einsetzende und intensive Sauberkeitserziehung in der Ersten Studie hat die Ent-

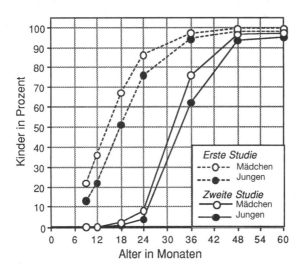

Entwicklung der Darmkontrolle in der Ersten und in der Zweiten Longitudinalstudie (Largo 1996)

wicklung der Blasenkontrolle nicht beschleunigt, zeigte aber auch keine negativen Auswirkungen.

Die Darmkontrolle scheint sich anders als die Blasenkontrolle zu entwickeln. Die Graphik läßt einen deutlichen Trainingseffekt erkennen. In der Zweiten Studie folgt dem späteren Beginn der Sauberkeitserziehung eine entsprechende Verzögerung der Darmkontrolle. Eine genauere Analyse der Daten ergab aber, daß bei den Kindern der Ersten Studie keine echte Kompetenz der Darmkontrolle vorlag. Die Kinder machten nur deshalb nicht mehr in die Windeln, weil ihre Mütter sie ständig überwachten und sehr häufig auf den Topf setzten. Da die Mütter aus Erfahrung wußten, zu welcher Tageszeit ihre Kinder Stuhlgang hatten, gelang es ihnen, den Stuhl abzufangen. Es bestand also nicht eine echte Kompetenz des Kindes, sondern eine rigorose elterliche Kontrolle des kindlichen Verhaltens. Die Kurven der Zweiten Studie beschreiben die wahre Entwicklung der Darmkontrolle.

Die Ergebnisse der beiden Studien belegen die folgenden Aussagen:

- Das Alter, in dem Kinder trocken und sauber werden, wird durch die individuelle Reifung bestimmt.
- Ein früher Beginn und eine hohe Intensität der Sauberkeitserziehung beschleunigen die Entwicklung der Blasen- und der Darmkontrolle nicht.

Der Umstand, daß die Entwicklung der Blasen- und Darmkontrolle ein Reifungsprozeß ist, bedeutet nicht, daß die Eltern dazu nichts beizutragen hätten. Reifung bedeutet lediglich, daß innere Faktoren bestimmen, in welchem Alter das Kind selbständig trocken und sauber werden kann. Damit es selbständig werden kann, braucht es das Vorbild und die Unterstützung seiner Eltern.

Eigeninitiative

Wann sollen die Eltern mit der Sauberkeitserziehung beginnen? Den Zeitpunkt zeigt das Kind den Eltern mit dem Auftreten der Eigeninitiative an:

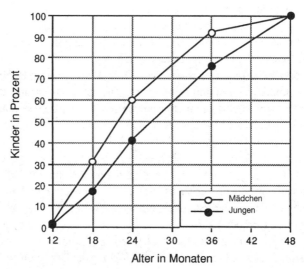

Entwicklung der Eigeninitiative in der Zweiten Longitudinalstudie (Largo 1996)

- Wenn es den Urin- und den Stuhlgang bewußt wahrnimmt, drückt es dies in seinem Verhalten aus: Es verzieht sein Gesicht, nimmt eine charakteristische Körperhaltung ein und macht, falls es sich sprachlich ausreichend äußern kann, mit Worten auf den Abgang von Urin und Stuhl aufmerksam. Das bewußte Wahrnehmen der Blasen- und der Darmentleerung ist die Voraussetzung dafür, daß ein Kind sie auch kontrollieren kann.

Die Eigeninitiative tritt frühestens im Alter von zwölf bis 18 Monaten, bei den meisten Kindern zwischen 18 und 36 Monaten ein. Die Mädchen sind dabei in jedem Alter weiter als die Jungen.

Läßt sich die Eigeninitiative durch Training fördern? Spürt ein Kind den Urin- und Stuhlabgang eher, wenn es früher auf den

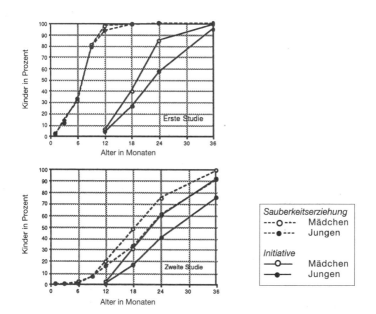

Beziehung zwischen der Aufnahme der Sauberkeitserziehung und der Eigeninitiative in der Ersten (oben) und in der Zweiten Zürcher Longitudinalstudie (unten). (Largo 1996)

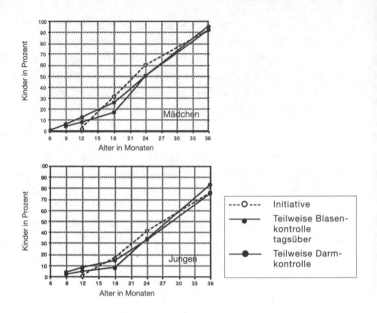

Beziehung zwischen der Eigeninitiative und der partiellen Darm- und Blasenkontrolle bei Mädchen (oben) und Jungen (unten) in der Zweiten Zürcher Longitudinalstudie (Largo 1996)

Topf gesetzt wird? Die folgende Graphik zeigt, daß dies nicht der Fall ist. Obwohl die Sauberkeitserziehung in beiden Studien zu verschiedener Zeit begonnen hat, trat die Eigeninitiative etwa im gleichen Alter auf. In der Ersten Studie sind die Kinder durchschnittlich mehr als zwölf Monate regelmäßig auf den Topf gesetzt worden, bevor sich die Eigeninitiative eingestellt hat. In der Zweiten Studie stimmt der Kurvenverlauf der Sauberkeitserziehung mit demjenigen der Eigeninitiative gut überein.

Die Entwicklung der Eigeninitiative entspricht weitgehend derjenigen der beginnenden Darm- und Blasenkontrolle. Die Eigeninitiative tritt dann auf, wenn die Blasen- und die Darmfunktionen herangereift sind.

Die Eigeninitiative spiegelt das Bedürfnis des Kindes wider, sauber und trocken zu werden. Ein Kind, das Eigeninitiative zeigt, will trocken und sauber werden. Es braucht dazu nicht

*Kind auf Topf,
Vater auf Toilette*

gedrängt zu werden. Wenn sich die Eigeninitiative einstellt, ist der Zeitpunkt für die Eltern gekommen, dem Kind zur Selbständigkeit zu verhelfen.

Vorbilder

Eltern, die mehrere Kinder haben, machen oft die folgende Erfahrung: Mit dem ersten Kind mühen sie sich ab, um es sauber und trocken zu kriegen. Sie setzen es wochen- und monatelang mehrmals am Tag auf den Topf, bis sich der lang ersehnte Erfolg schließlich einstellt. Beim zweiten, spätestens aber beim dritten Kind stellen sie eines Tages mit Erstaunen fest, daß es ohne ihr Dazutun sauber und trocken geworden ist. Was ist geschehen? Das später Geborene beobachtet, wie seine Geschwister auf die

Toilette gehen und ihr Geschäftchen verrichten. Es ahmt sie nach und wird so, weil es wie die anderen werden will, sauber und trocken.

Dem Erstgeborenen fehlt häufig das Vorbild, weil die Eltern die Toilettentüre hinter sich schließen und ihm damit jede Möglichkeit zur Nachahmung nehmen.

Damit ein Kind trocken und sauber wird, braucht es kein Sauberkeitstraining, sondern Vorbilder. Wenn seine Eigeninitiative erwacht, beginnt es Interesse an der Toilette zu zeigen. Es will dabeisein, wenn Eltern und Geschwister auf die Toilette gehen. Der Erwerb der Blasen- und der Darmkontrolle ist ein Paradebeispiel sozialen Lernens.

Selbständig werden

Die Eltern haben neben der Vorbildfunktion noch eine zweite Aufgabe: Sie sollen ihr Kind in seinem Bestreben, selbständig zu werden, unterstützen. Es geht dabei um praktische Hilfen, die für das Selbständigwerden wesentlich sind:
- Das Kind soll sich ohne fremde Hilfe von den Kleidern freimachen und sie auch wieder anziehen können. Eine Hose mit einem elastischen Bund erleichtert dies sehr. Knöpfe, Reißverschlüsse und Träger dagegen behindern das Kind.
- Die Hose runterzuziehen geht problemlos. Was dem Kind Schwierigkeiten bereitet, ist, die Hose hochzuziehen, weil der Hosenbund am Hinterteil hängenbleibt. Wenn die Eltern das Kind dazu anleiten, den Hosenbund mit einer Hand hinten zu fassen, kann das Kind die Hose mühelos heraufziehen.
- Das Kind will nicht auf den Topf gesetzt werden, sondern das Klo benutzen. Eltern und Geschwister benutzen schließlich auch nicht den Topf. Ein Kleinkind fühlt sich aber auf dem Klo oft ungemütlich, weil es befürchtet, in die Kloschüssel, nach vorne oder zur Seite zu fallen. Wenn die Öffnung der Kloschüssel mit einem Ring verkleinert wird, das Kind seine Füße auf einen Schemel stellen und sich seitlich festhalten kann, wird es entspannt sein Geschäft verrichten können.

Erziehungsstil

Im Rahmen des Fit-Konzeptes spielt die Selbstbestimmung für die Entwicklung eines guten Selbstwertgefühls eine besonders wichtige Rolle. Erziehung ist mehr als dem Kind zu bestimmten Fähigkeiten und Verhaltensweisen zu verhelfen. Die Art und Weise, wie wir mit dem Kind umgehen, ist genauso wichtig. Wie sich eine autoritätsbezogene (Erste Studie) und eine kindorientierte Erziehungshaltung (Zweite Studie) auf das Selbstwertgefühl auswirken, zeigt die folgende Tabelle.

	Erziehung	
	autoritätsbezogen	*kindorientiert*
Kontrolle	beim Erwachsenen	beim Kind
Motivation	abhängig von Belohnung/Strafe	eigene Befriedigung
Kind fühlt sich	fremdbestimmt	selbstbestimmt
Eigeninitiative	klein	groß
Selbstwertgefühl	gering	stark

Auswirkungen des Erziehungsstils auf die Eigeninitiative und das Selbstwertgefühl des Kindes

Bei der autoritätsbezogenen Erziehung wird das Kind durch die Eltern kontrolliert. Das erwünschte Verhalten ist von Gehorsam, Belohnung und Strafe abhängig. Weil sich das Kind fremdbestimmt fühlt, erlahmt seine Eigeninitiative: Nicht ich kann etwas erreichen, sondern die anderen bringen mich dazu. Sein Selbstwertgefühl bleibt gering.

Bei einer kindorientierten Erziehung bleibt die Kontrolle beim Kind. Das Kind bestimmt den Zeitpunkt, an dem es aktiv und selbständig werden will – nämlich dann, wenn es entwicklungsmäßig dazu bereit ist. Weil es aus eigener Kraft selbständig wird, fühlt es sich innerlich bestätigt und in seinem Selbstwertgefühl bestärkt.

Kräfte und Zeit sparen

Das Fit-Konzept ist weniger aufwendig als eine autoritätsbezogene Erziehung. Mit einer kindorientierten Sauberkeitserziehung kann der zeitliche und der kräftemäßige Aufwand drastisch vermindert werden. In der Zweiten Studie haben die Eltern ihre Kinder durchschnittlich 1300mal weniger auf den Topf gesetzt als diejenigen der Ersten Studie! Ein Kind wird innerhalb von wenigen Tagen oder längstens in ein bis zwei Wochen sauber und trocken, wenn sich die Eltern nach dem Kind richten: Sie warten auf seine Eigeninitiative, sind ihm ein Vorbild und unterstützen es in seinen Bemühungen, selbständig zu werden.

Kein Sonderfall

Die Leserin oder der Leser mag sich nun fragen: Schön und gut, bei der Entwicklung der Darm- und der Blasenkontrolle hat sich das Fit-Konzept bewährt. Wie aber steht es mit der übrigen Entwicklung?

Mit einer kindorientierten Erziehung werden nicht nur das Trocken- und das Sauberwerden, sondern auch viele andere kleine und große Entwicklungsschritte zu erfreulicheren und weniger anstrengenden Erfahrungen. Ein Aufwand bleibt, das wollen wir nicht verhehlen: Das Kind braucht eine kontinuierliche, qualitativ gute Betreuung.

Das Wichtigste in Kürze

1. Das Alter, in dem Kinder trocken und sauber werden, wird durch die individuelle Reifung bestimmt.
2. Ein früher Beginn und eine hohe Intensität der Sauberkeitserziehung beschleunigen die Entwicklung der Blasen- und Darmkontrolle nicht.
3. Das Kind zeigt mit seiner Eigeninitiative an, wann es bereit ist, trocken und sauber zu werden.
4. Um sauber und trocken zu werden, braucht das Kind kein Sauberkeitstraining, sondern Vorbilder zum Nachahmen (soziales Lernen).
5. Die Eltern haben zwei Aufgaben: Sie sind Vorbild und unterstützen das Kind in seinem Bestreben, selbständig zu werden.
6. Selbstbestimmtes Handeln führt zu einem guten Selbstwertgefühl.

Misfit

Urs hat sich auf die erste Klasse sehr gefreut. Drei Monate nach Schulbeginn beginnt er ins Bett zu machen, zuerst nur gelegentlich, dann jede Nacht. Zwei Monate später näßt er auch tagsüber ein. Schließlich muß Urs sogar in der Schule Windeln tragen.

Urs näßt nicht ein, weil seine Blasenfunktion – etwa durch eine Urininfektion – gestört wäre. Er näßt auch nicht ein, weil die Lehrerin und die Eltern streng zu ihm wären; im Gegenteil, alle bemühen sich sehr um ihn. Urs näßt ein, weil die schulischen Anforderungen seinen intellektuellen Fähigkeiten nicht entsprechen.

Den meisten Verhaltens- und Entwicklungsauffälligkeiten liegt keine organische Störung oder ein grundlegend falscher Umgang mit dem Kind durch Eltern oder Bezugspersonen zugrunde. Sie sind vielmehr die Folge eines Misfits, einer ungenügenden Übereinstimmung zwischen Kind und Umwelt. Die Ursachen, die zu einem Misfit führen können, sind:

- *Extremvariante der interindividuellen oder intraindividuellen Variabilität*
- *ungenügende Anpassung der Umwelt an die individuellen Bedürfnisse und Verhaltenseigenheiten des Kindes*
- *Kombinationen von Extremvariante und ungenügender Anpassung der Umwelt*

Im ersten Teil dieses Kapitels wollen wir uns mit den Ursachen, die zu einem Misfit führen können, befassen. Im zweiten Teil geht es darum, wie ein Misfit behoben werden kann.

Extremvarianten

Es gibt kein Entwicklungsmerkmal, welches von Kind zu Kind nicht unterschiedlich ausgeprägt wäre. Extremvarianten kommen daher in allen Entwicklungsbereichen vor, bei den Grundbedürfnissen, beim Bindungs- und Sozialverhalten sowie bei den Kompetenzen. Die Variante kann darin bestehen, daß eine bestimmte Entwicklungsstufe wie das freie Gehen spät auftritt oder daß eine Fähigkeit wie das Zahlenverständnis wenig ausgeprägt ist.

Ungewöhnliches Entwicklungstempo	*Ungewöhnliche Ausprägung*
später Gehbeginn spätes Trockenwerden frühe/späte Pubertät	ausgedehntes Schreien (Säuglingskoliken) geringer Schlafbedarf geringer Nahrungsbedarf
frühes Fremdeln	große Trennungsangst große Fremdenangst große Schüchternheit
frühe Trotzreaktion	ausgeprägte Trotzreaktion

langsame Sprachentwicklung
frühes Zahlenverständnis
	Teilleistungsstörung
	  Sprachschwäche (Dysphasie)
	  Rechenschwäche (Dyskalkulie)
	  figural-räumliche Vorstellungsschwäche
	  u. a. m.

	Begabung
	  logisch-mathematisches Denken
	  soziale Kompetenz
	  Musikalität
	  u. a. m.

	diskrepantes Entwicklungs-/Verhaltensprofil (innerer Misfit)

Einige Extremvarianten, bedingt durch ein ungewöhnliches Entwicklungstempo oder eine ungewöhnliche Ausprägung eines Entwicklungs-/Verhaltensmerkmals

Grundbedürfnisse. Die körperlichen Bedürfnisse können bei einem Kind so ungewöhnlich ausgeprägt sein, daß die Eltern kräftemäßig und zeitlich davon überfordert werden. So kann ein Säugling in den ersten Lebensmonaten derart viel schreien, daß die Eltern diese Zeit nur mit größter Anstrengung durchstehen. Solches ausgeprägte Schreien ist meist anlagebedingt und nur ausnahmsweise einem erzieherischen Unvermögen der Eltern zuzuschreiben. Die Nachbarn tun den Eltern unrecht, wenn sie annehmen, der Säugling schreie deshalb so viel, weil die Eltern ungeschickt mit ihm umgehen.

Häufig liegt eine Familiarität vor, daß heißt, die Variante kommt – wenn auch in unterschiedlicher Ausprägung – bei anderen Familienmitgliedern ebenfalls vor.

Die zweijährige Nicole schläft lediglich zehn Stunden pro Nacht und seit kurzem tagsüber überhaupt nicht mehr. Der Vater kommt ebenfalls mit sehr wenig Schlaf aus, nämlich drei bis vier Stunden pro Nacht. Die Mutter dagegen benötigt mindestens acht Stunden Schlaf. Die Eltern suchen die Schlafsprechstunde auf, weil es ihnen große Mühe bereitet, die Schlafenszeiten in der Familie so festzulegen, daß sich alle einigermaßen wohl fühlen.

Manche Eltern meinen, erzieherisch versagt zu haben, wenn ein Kind ein ungewöhnliches Verhalten zeigt, beispielsweise sehr spät trocken wird. Die meisten Extremvarianten sind – wie bereits erwähnt – nicht erziehungs-, sondern anlagebedingt und werden oft von einer Generation zur nächsten weitervererbt. So haben 40 bis 70 Prozent der Kinder, die im Schulalter noch einnässen, Familienangehörige, die als Kinder ebenfalls sehr lange eingenäßt haben. Extremvarianten der Entwicklung wie Leseschwäche, Scheuheit, später oder früher Pubertätsbeginn und Sprachschwäche kommen in manchen Familien gehäuft vor.

Wie die körperlichen Bedürfnisse ist auch das Bindungsverhalten bei Kindern unterschiedlich ausgebildet. So lösen sich Kinder verschieden rasch von ihren Hauptbezugspersonen. Einige Kinder sind noch im Alter von 14 Jahren emotional so wenig selbständig, daß sie selbst wenige Tage nicht ohne ihre Eltern auskommen können.

Der 14jährige Jeff weigert sich, in ein fünf Tage dauerndes Klassenlager zu gehen. Im vergangenen Jahr mußten ihn die Eltern vorzeitig aus einem Lager nach Hause holen, weil er dermaßen an Heimweh gelitten hatte. Der Mutter ist diese emotionale Abhängigkeit unverständlich. Die ältere Schwester war früh selbständig und macht nie solche Schwierigkeiten. Jeff ist bei dem Lehrer und seinen Schulkameraden sehr beliebt. Wieso kann er nicht eine Woche mit ihnen verbringen? Dem Vater ist Jeffs Verhalten peinlich, aber nicht unbekannt. Auch er hat als Kind an

Heimweh gelitten. Es fällt ihm selbst heute noch schwer, einige Tage von zu Hause wegzugehen. Die Mutter konnte ihn mit viel Überredungskunst bisher nicht dazu bringen, die Ferien mit der Familie im Ausland zu verbringen.

Die Eltern haben Jeff kaum anders erzogen als seine Schwester. Es ist eine Eigenheit seines Bindungsverhaltens, die ihn stärker als seine Schwester bei den Eltern hält und die er von seinem Vater geerbt hat. Die Stärke der Kind-Eltern-Bindung ist von der individuellen Anlage abhängig und nicht nur Ausdruck des elterlichen Erziehungsstils. Die emotionale Unselbständigkeit ihres Kindes wird den Eltern häufig zu Unrecht als Überbehütung angelastet.

Fremdenangst ist bei Kindern ebenfalls unterschiedlich ausgeprägt. So gibt es Kinder, die sich im Alter von zwei Jahren problemlos mit einem fremden Erwachsenen anfreunden können, wenn dieser geschickt auf sie eingeht. Andere sind selbst im Kindergartenalter und bei Anwesenheit der Mutter oder des Vaters nicht bereit, mit einer fremden Person zu sprechen.

Wenn die Eltern einem Kind mit einem ungewöhnlich starken Bindungsbedürfnis ein anderes Verhalten aufzwingen wollen, kann dies beim Kind große Ängste und Widerstände auslösen, die es noch anhänglicher machen. Ein schüchternes Kind, das zum sozialen Kontakt gezwungen wird, kann noch weiter verunsichert werden und sich noch mehr in sein Schneckenhaus zurückziehen. Als der Vater zu Jeff sagte: »Schluß jetzt mit dem Gejammer, du gehst ins Klassenlager«, erkrankte sein Sohn umgehend an einer »Bauchgrippe«.

Zuwendung und Anerkennung. Fordert ein Kind mehr Zuwendung als ein anderes, kann das einem echten Bedürfnis entsprechen und nicht einfach ein übertriebenes Verlangen sein. Selbst Geschwister wollen ganz unterschiedlich viel Zuwendung und Anerkennung von ihren Eltern. Ein Kind, das viel Anerkennung verlangt, muß nicht notwendigerweise von den Eltern verwöhnt worden sein.

Kompetenzen. Eltern und Fachleute unterschätzen oft, wie unterschiedlich sich gesunde »normale« Kinder entwickeln können. Zeigt ein Kind eine Extremvariante in seiner Entwicklung, sind sie je nach Art der Variante verschieden stark verunsichert. So beunruhigt sie eine Minderbegabung im Zeichnen oder im Musizieren meist nicht sonderlich, eine Lese- oder eine Rechenschwäche dagegen sehr.

Unter den Extremvarianten wirken sich die Teilleistungsschwächen in der Schule besonders nachteilig aus.

Die Lehrer sind nicht mehr bereit, Reto weiterhin im Gymnasium zu behalten. Seine Leistungen sind im großen und ganzen zwar ausreichend, was Reto aber in der Geometrie leistet, empfinden die Lehrer als eine Provokation: So schwach kann das räumliche Vorstellungsvermögen eines normal intelligenten 15jährigen doch gar nicht sein.

Die Eltern verlangen daraufhin eine neuropsychologische Untersuchung von Reto. Ein Ausschnitt der Ergebnisse ist hier dargestellt.

Reto war nicht der einzige in der Familie, der eine Minderbegabung in der figural-räumlichen Vorstellung aufwies. Beim

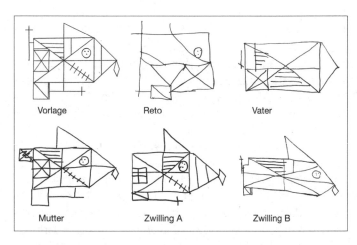

Rey-Figur aus der Erinnerung gezeichnet. Die Vorlage wurde von Reto und seinen Familienangehörigen abgezeichnet und 15 Minuten später aus dem Gedächtnis wiedergegeben.

Vater war diese Kompetenz genauso schwach ausgebildet wie bei Reto. Seine Zwillingsbrüder erbrachten bessere Leistungen. Die Mutter verfügte über ein durchschnittliches figural-räumliches Vorstellungsvermögen. Als den Lehrern diese Ergebnisse vorgelegt wurden, waren sie bereit, für Reto die Anforderungen in der Geometrie herabzusetzen.

Die meisten Leser haben wohl, als sie die Leidensgeschichte von Urs am Anfang dieses Kapitels gelesen haben, angenommen, daß Urs noch nicht schulreif sei und aus Überforderung einnäßt. Das Gegenteil trifft zu:

Urs ist ein begabtes Kind. Er beginnt zwischen drei und vier Jahren zu lesen. Als er in die erste Klasse eintritt, hat er bereits mehrere Bücher verschlungen. Seine schulischen Fähigkeiten entsprechen im Lesen, im Schreiben und im Rechnen denjenigen eines Zwölfjährigen. Sein großes Steckenpferd ist die Geographie. Sein topographisches Verständnis und seine Fähigkeit, Karten zu lesen, sind weit besser ausgebildet als bei den meisten Erwachsenen. Seine sozioemotionale Kompetenz entspricht seinem Alter. Urs unterscheidet sich darin nicht von seinen Schulkameraden.

Weil er in der Schulklasse nicht auffallen will und wie die anderen Schüler sein möchte, tut er so, als ob er weder lesen noch schreiben kann, und stellt sich beim Rechnen unbeholfen an. Diese Rolle macht Urs sehr unglücklich; außerdem langweilen ihn die Schulstunden gräßlich. Sein gestörtes Wohlbefinden äußert sich im Einnässen, obwohl Urs seit dem vierten Lebensjahr tagsüber und nachts trocken gewesen war.

Urs ist unglücklich, weil er seine intellektuellen Bedürfnisse in der Schule nicht ausreichend zu befriedigen vermag. Ein Kind kann nicht nur an seinen Schwächen sondern auch an seinen Stärken leiden. *Was das Wohlbefinden und das Selbstwertgefühl eines Kindes beeinträchtigt, ist nicht eigentlich eine Schwäche oder eine Stärke, sondern die fehlende Anpassung des Umfeldes an seine individuellen Eigenheiten.* Ein Misfit kann in einer schlechten oder einer überreichen Ernährung, einer Vernachlässigung oder einer Überbehütung oder einer Über- oder einer Unterforderung in der Leistung bestehen. Wenn die Bedürfnisse eines Kindes mit einer Extremvariante nicht angemessen befriedigt werden und/oder wenn die Lebensbedingungen seinen Neigungen und seinen Interessen nicht entsprechen, können Störungen im Verhalten, in den Körperfunktionen oder in der Entwicklung auftreten.

Obwohl Urs von Eltern, Lehrerin und Klassenkameraden viel Zuwendung erhält, ist er durch das Einnässen in seinem Beziehungsverhalten verunsichert. *Solche sekundären Verhaltensauffälligkeiten, die eine Folge bestehender Schwierigkeiten sind, werden häufig als primäre verkannt.* So gilt ein Schulkind, das Mühe mit dem Lesen und dem Schreiben hat, als verhaltensauffällig. Eltern und Lehrer halten seine erhöhte Bereitschaft, sich ablenken zu lassen, seine motorische Unruhe und Konzentrationsschwäche für die Ursache der Lese- und der Schreibschwäche. Dabei ist es genau umgekehrt: Diese Verhaltensauffälligkeiten sind die Folge einer chronischen Überforderung. Die Lese- und die Schreibschwäche führen zur vorzeitigen Erschöpfung beim Lesen und Schreiben. Sekundäre Verhaltensauffälligkeiten verschwinden, wenn der Misfit behoben wird.

Wie wir im Kapitel »Vielfalt« (S. 25) erfahren haben, gibt es nicht nur große Unterschiede zwischen den Kindern, sondern auch beim einzelnen Kind selbst (*intra*individuelle Unterschiede). Der Misfit ist gewissermaßen im Kind selbst angelegt. Sind die Diskrepanzen zwischen den Kompetenzen groß, können sie ihm sehr zu schaffen machen, wie die Geschichte von Patrick zeigt:

Patrick ist fünfeinhalb Jahre alt und besucht den Kindergarten. Er soll wegen aggressiven Verhaltens aus dem Kindergarten ausgeschlossen werden. Er hat mit einer Vase auf ein Mädchen eingeschlagen und es an der Wange verletzt. Nachdem die Kindergärtnerin ihn gerade noch davon abhalten konnte, einen großen Stein nach einem Kind zu werfen, wird Patrick zur Untersuchung seiner Aggressivität dem Kinderspital zugewiesen.

Die Untersuchung ergibt, daß Patrick geistig, sprachlich und auch in seinem Sozialverhalten normal entwickelt ist. Er leidet aber an einer motorischen Ungeschicklichkeit. Beim Zeichnen, beim Basteln und beim Herumspringen im Freien kann er mit den anderen Kindern nicht mithalten. Die Frustration über sein motorisches Unvermögen entlädt sich als Aggressivität, wenn er von den anderen Kindern wegen seiner Unbeholfenheit gehänselt wird. Sein unangepaßtes Verhalten verschlimmert sich darüber hinaus, weil er von den Kindern mehr und mehr ausgegrenzt und schließlich auch von den Erwachsenen wegen seines aggressiven Verhaltens abgelehnt wird.

Patrick wird einer Ergotherapie zugewiesen, um seine motorische Geschicklichkeit zu verbessern. Zusammen mit der Kindergärtnerin bemühen sich die Ärzte und die Therapeutinnen um eine soziale Eingliederung von Patrick. Damit die Kinder die motorischen Schwierigkeiten Patricks nachvollziehen und sein Verhalten besser verstehen können, werden sie aufgefordert, mit der schwächeren Hand – bei den meisten Kindern der linken – zu zeichnen und Figuren auszuschneiden. Ein Kind meint daraufhin: »Patrick hat zwei linke Hände.«

Patrick hatte zwar klare Vorstellungen, was er zeichnen oder basteln wollte, konnte sie aber nicht umsetzen. Sein motorisches Unvermögen machte ihn so wütend, daß er zeitweilig die Selbstbeherrschung verlor.

Ein anderes Kind hat keine motorische, sondern eine sprachliche Schwäche. Ihm bereitet das Reden große Mühe. Es kann sich nicht so ausdrücken, wie es möchte. Seine anderen Kompetenzen, vor allem auch das Denken, sind dem Alter entsprechend entwickelt. Je nach Temperament reagiert ein solches Kind darauf mit Tobsuchtsanfällen wie Patrick oder zieht sich zurück und verweigert die Kommunikation.

Diesen Kindern machen nicht nur ihre Schwächen zu schaffen, sondern auch der innere Zwiespalt zwischen Wollen und Nichtkönnen. Sie haben ihre inneren Vorstellungen, die genauso differenziert oder sogar noch differenzierter als bei anderen Kindern sind, die sie aber nicht ausdrücken und umsetzen können.

Solche Diskrepanzen in den Fähigkeiten eines Kindes sind für Eltern und auch für Erzieher oft schwer verständlich. Kinder wie Patrick stoßen daher häufig auf allgemeines Unverständnis. Patrick ist im Grunde kein aggressives Kind. Er verhält sich nur deshalb aggressiv, weil sein motorisches Unvermögen Frustrationen auslöst, mit denen er zeitweise nicht mehr umgehen kann.

Ungenügende Anpassung der Umwelt

Wenn die individuellen Bedürfnisse eines Kindes ungenügend befriedigt werden, werden sein Wohlbefinden und sein Selbstwertgefühl beeinträchtigt.

Diese Beeinträchtigung kann verschiedene Reaktionen beim Kind auslösen. Es lassen sich vier Schweregrade unterscheiden:

1. Beeinträchtigtes Wohlbefinden und Selbstwertgefühl.
 Das Kind wirkt unglücklich, lustlos und quengelig. Es ist an seiner Umgebung wenig interessiert und nur noch wenig aktiv.

Der zweieinhalbjährige Koni hat ein Brüderchen bekommen. Solange Bruno ruhig im Bettchen liegt, freut er sich darüber. Mit drei Monaten wird Bruno zunehmend aktiv und Koni immer lustloser. Er ist bald vollauf damit beschäftigt zu beobachten, ob und wie sich die Mutter mit dem Brüderchen abgibt. Er mag nicht mehr allein spielen.

Dieses Stadium kann leicht übersehen werden. Oft nehmen nur die Eltern die veränderte Stimmungslage und das verminderte Wohlbefinden bei ihrem Kind wahr.

2. Reaktives Verhalten.
 Das Kind meldet seine Bedürfnisse an und bemüht sich aktiv zu bekommen, was ihm fehlt.

Mit drei Jahren hängt Koni ständig am Rockzipfel der Mutter. Wenn die Mutter dem Brüderchen zu essen gibt oder ihn wickelt, will auch er gefüttert oder gewickelt werden. Nimmt die Mutter Bruno auf den Arm, will Koni auf ihrem Schoß Platz nehmen.

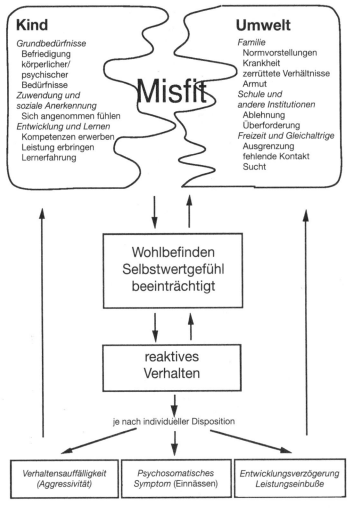

Misfit: Auswirkungen einer ungenügenden Anpassung der Umwelt an die individuellen Bedürfnisse und Eigenheiten eines Kindes

Koni versucht sich zu holen, was er vermißt: Körperkontakt und Zuwendung. Wenn die Eltern nicht oder nur ungenügend auf das Kind eingehen, kann es allerlei anstellen, um ihre Aufmerksamkeit zu erzwingen. Während die Mutter den kleinen Bruder wickelt, leert Koni die Gießkanne aus oder streut Blumenerde über den Fußboden: Negative Aufmerksamkeit erscheint ihm immer noch besser als gar keine. Wenn die Eltern auf solches Verhalten, das zugegebenermaßen ärgerlich ist, nur ablehnend reagieren und sich dem Kind nicht auch vermehrt zuwenden, kann die Situation leicht eskalieren.

3. **Verhaltensauffälligkeiten, psychosomatische Symptome und Entwicklungsverzögerungen**
   treten dann auf, wenn der Misfit anhält und zu einer chronischen Belastung führt.

   Mit vier Jahren näßt Koni wieder ein, nachdem er sechs Monate trocken gewesen war. Bruno ist ihm auf den Fersen. Er ist motorisch und im Spiel noch immer weit weniger entwickelt als Koni. Koni kann ihn aber immer weniger herumkommandieren. Das schlimmste aber ist: Bruno ist der erklärte Sonnenschein der Familie und Verwandtschaft.

4. **Dekompensation**
   ist selten. Wenn ein Kind immer wieder die Erfahrung macht, daß es selbst die minimal notwendige Geborgenheit und Zuwendung nicht bekommen kann, erlahmen schließlich seine Kräfte und seine Gegenwehr. Das Kind wird antriebslos und entwickelt sich nur noch langsam. Ein Beispiel dafür ist die Lebensgeschichte von Tobias im Kapitel »Entwicklung und Lernen« (S. 202).

Die häufigsten Ursachen, die zu einer mangelnden Anpassung der Umwelt an das Kind führen, sind in der folgenden Tabelle aufgeführt. Ein Misfit kann die Qualität und die Kontinuität in der Betreuung und/oder die Entwicklungsmöglichkeiten eines Kindes beeinträchtigen.

Familie

- Eltern
  - Normvorstellungen
  - übersteigerte Erwartungen
  - ungünstige Kindheitserfahrungen
  - Überbehütung

- sozioökonomische Faktoren
  - Arbeitslosigkeit
  - Schichtarbeit
  - Armut
  - ungenügende soziale Integration (z. B. Gastarbeiter)

- psychosoziale Faktoren
  - zerrüttete Familienverhältnisse
  - partnerschaftliche Schwierigkeiten
  - körperliche/psychische Krankheiten
  - Alkoholismus, andere Suchtkrankheiten

- Trennungen
  - Spitalaufenthalt
  - Scheidung
  - Krankheit, Tod von Bezugspersonen
  - Wechsel von Institutionen (Krippe, Hort, Schule)
  - Umzug der Familie

- Familienkonstellation
  - alleinerziehende Mütter/Väter
  - große Kinderzahl
  - Mehrlinge
  - ungünstige Geschwisterkonstellation

Außerfamiliärer Bereich: Schule, Freizeit

- Beziehungen zu Bezugspersonen (z. B. Lehrer)
  - Ablehnung

- Beziehungen zu Gleichaltrigen
  - fehlende Kontakte
  - Ausgrenzung

Leistung

- Über-/Unterforderung

Faktoren, die zu einer ungenügenden Anpassung der Umwelt an die Bedürfnisse und Eigenheiten eines Kindes führen können.

Eltern gelingt es oft nicht, so auf das Kind einzugehen, wie sie es sich vorgenommen haben. Normvorstellungen, übersteigerte Erwartungen und mangelndes Verständnis für die kindliche Entwicklung beeinträchtigen ihre Einstellung zum Kind und den Umgang mit ihm.

Normvorstellungen. Manche Eltern und Fachleute erwarten immer wieder, daß sich Kinder gleich verhalten. So können sie sich mit der Entwicklung ihres Kindes nicht abfinden, obwohl es sich durchaus im Rahmen der normalen Variabilität entwickelt und keine Extremvariante ist. Normvorstellungen führen zu falschen Erwartungen und einer intoleranten Erziehungshaltung: Weil Eltern und Bezugspersonen das kindliche Verhalten nicht akzeptieren können, wird es als Störung empfunden. So wird ein Junge für seine Trotzreaktionen bestraft, was seinen Trotz nur noch verstärkt. Ein Mädchen, das nicht so viel ißt, wie die Eltern erwarten, wird zum Essen gezwungen, was es am Familientisch noch widerspenstiger macht. Ein Junge, der motorisch aktiv ist, soll sich in der engen Wohnung ruhig verhalten, was seine Unruhe noch vergrößert.

Erwartungen. Manche Eltern stellen übertriebene Erwartungen an sich selbst und an ihr Kind. Sie haben sich beispielsweise vorgenommen, ihr Kind so beziehungsfähig wie nur möglich zu machen, und so bemühen sie sich frühzeitig um einen Platz in einer Spielgruppe. Es verletzt ihre Erwartungen, wenn ihr Kind im Alter von drei Jahren noch nicht mit anderen Kindern spielt und sogar weint, wenn die Mutter weggehen will. Haben sie das Kind zu stark an sich gebunden? Wird es den Anschluß bei den anderen Kindern noch schaffen? Die Eltern haben gar nichts falsch gemacht, und das Kind hat auch noch nichts verpaßt. Es ist lediglich noch nicht bereit, zwei bis drei Stunden ohne eine Hauptbezugsperson auszukommen. Einige Kinder beginnen bereits in diesem Alter, sich von den Hauptbezugspersonen zu lösen, andere sind erst mit vier bis fünf Jahren soweit.

Ungünstige Kindheitserfahrungen. Wie Eltern sich als Kinder gefühlt, wie sie erzogen wurden und wie sie die Schule erlebt haben – das alles bestimmt ihre eigene Erziehungshaltung. Übersteigerte Erwartungen haben ihre Wurzeln häufig in den eigenen,

»Chancengleichheit«

leidvollen Schulerfahrungen. Die Eltern hoffen, daß ihr Kind in der Schule erfolgreicher sein wird als sie. Ist das Kind etwas langsam in Lesen und Rechnen, kann dies bei den Eltern große Ängste auslösen, die den Eltern den Zugang zum Kind verstellen. Sie versuchen mit Ermahnungen und Druck (Zusatzstunden), Strafen (du mußt mehr lesen, sonst darfst du nicht mehr fernsehen) und Belohnungen (für ein gutes Zeugnis bekommst du ein Fahrrad), das Kind zu besseren Leistungen anzutreiben. Was dabei Schaden nimmt, ist das Selbstwertgefühl des Kindes. Das Kind spürt, daß seine Leistungen den Eltern nicht genügen, und empfindet sich als Versager. Manche Eltern und Lehrer stellen die Leistung immer noch über das Selbstwertgefühl und vergessen dabei, daß ein gutes Selbstwertgefühl für die spätere Lebenstüchtigkeit mindestens so wichtig ist wie die schulische Leistungsfähigkeit.

Inadäquate Vorstellungen und Erwartungen von Eltern und Bezugspersonen wirken sich auf die Entwicklung, das Leistungsvermögen sowie das Wohlbefinden und das Selbstwertgefühl eines Kindes nachteilig aus. *Jedes Kind versucht sein*

Bestes zu geben. Es möchte, daß die Eltern und andere Bezugspersonen seine Entwicklungsfortschritte und Leistungen anerkennen. Erziehungsvorstellungen und Erwartungen, denen es nicht entsprechen kann, nimmt es sehr genau wahr und erlebt sie als Ablehnung: Meine Eltern und mein Lehrer wollen mich anders haben, als ich bin. Zunächst bemüht sich das Kind, ihre Erwartungen zu erfüllen. Übersteigen seine Anstrengungen schließlich seine Kräfte, kommt es zu Verhaltensauffälligkeiten (z. B. motorischer Unruhe), psychosomatischen Symptomen (z. B. Asthmaanfällen) oder Leistungsverweigerung (ich will nicht mehr lesen). Wird das Kind längere Zeit überfordert und macht es die Erfahrung, daß es seinen Eltern und anderen Bezugspersonen auch mit größter Anstrengung nicht genügen kann, wird es entmutigt. Bestgemeinte Hilfe und Unterstützung können auf diese Weise zu Passivität und Verweigerung führen.

Eine besondere Form unangemessener Erziehung ist die Überbehütung. Sie bedeutet nicht, wie das Wort nahelegt, ein Zuviel an Geborgenheit und Zuwendung. So etwas kann es aus der Sicht des Kindes gar nicht geben. Überbehütung bedeutet vielmehr eine zu starke Kontrolle, häufig verbunden mit Vernachlässigung, Ablehnung und Überforderung. Die Bezugsperson läßt sich nicht von den individuellen Bedürfnissen des Kindes leiten, sondern von nicht kindgerechten Vorstellungen und eigenen Bedürfnissen, die sie zu befriedigen sucht. Sie bestimmt, was und wieviel das Kind zu essen bekommt, wie viele Stunden es nachts im Bett verbringen muß oder wann es mit welchen Kindern spielen darf. Das Kind erlebt eine solche Bezugsperson nicht als Hort der Geborgenheit, sondern als Kontrollinstanz, die es in seiner Entwicklung und seiner Selbständigkeit behindert. *Da die Bezugsperson das Kind nicht ausreichend über die emotionale Beziehung führen kann und das Kind ihr ständig zu entfliehen sucht, setzt sie übermäßig viel Belohnung aller Art ein, um das Kind kontrollieren zu können.* Für Außenstehende entsteht der Eindruck von Überbehütung und Verwöhnung.

Überbehütung bedeutet für das Kind nicht besonders behütet und umsorgt, sondern fremdbestimmt zu sein: Die Bezugsperson weiß immer besser, was für das Kind gut ist. Aus dieser Erfahrung heraus kann es sich eine passive Lebenshaltung aneignen, oder es setzt sich gegen die Überbehütung zur Wehr. Es versucht, sich Freiräume zu erkämpfen und sich der Kontrolle zu entziehen. Sein widerspenstiges Verhalten verstärkt wiederum die Kontrollbemühungen der Bezugsperson. Hält dieser Machtkampf jahrelang an, kann aus dem Kind ein Neinsager werden, der sich unter keinen Umständen vereinnahmen lassen will. Er verweigert selbst dann, wenn dies zu seinem Nachteil ist.

Die meisten Eltern bemühen sich sehr, ihr Kind gut zu betreuen und ihm die notwendigen Lernerfahrungen zu ermöglichen. Eine Reihe von Faktoren können aber dazu führen, daß die Eltern ihre Aufgabe nur noch ungenügend erfüllen können (vgl. Tabelle S. 305).

Sozioökonomische Faktoren. Ungünstige wirtschaftliche und soziale Bedingungen können Eltern und Bezugspersonen daran hindern, so für ihr Kind zu sorgen, wie sie es möchten. Soziale Isolation, Arbeitslosigkeit und Armut nehmen auch in Europa wieder zu. Besonders gefährdet sind Familien, die am Rande der Gesellschaft leben.

Murats Schulleistungen sind miserabel. An seinen intellektuellen Voraussetzungen kann es nicht liegen, denn diese sind gut. Was Murats Leistungsfähigkeit beeinträchtigt, sind die vielfältigen familiären Belastungen. Seine Eltern sind vor einigen Jahren mit ihren drei Kindern aus der Türkei in die Schweiz gezogen. In die schweizerische Gesellschaft sind sie kaum integriert, haben aber enge Beziehungen zu türkischen Familien. Beide Eltern arbeiten. Der Vater verläßt das Haus um sechs Uhr morgens und kehrt um fünf Uhr abends zurück. Die Mutter beginnt ihre Arbeit um sechs Uhr abends und kehrt um ein Uhr morgens zurück. Wenn die Mutter abwesend ist, muß Murat auf seine beiden kleineren Geschwister aufpassen. Er begleitet die Mutter auch beim Einkaufen, da sie kaum Deutsch spricht und sich alleine auf der Straße unwohl fühlt. Für Hausaufgaben bleibt ihm kaum mehr Zeit.

Berufliche und finanzielle Belastungen können den Eltern so zusetzen, daß sie für ihre Familie nicht mehr die notwendige Zeit und Kraft aufbringen. Die elterliche Fürsorge ist selbst in Mittelstandsfamilien aus diesen Gründen immer häufiger beeinträchtigt.

Psychosoziale Faktoren. Eltern, die in ihrem Wohlbefinden beeinträchtigt sind, bringen oft nicht mehr die Kraft auf, um die Bedürfnisse ihres Kindes ausreichend zu befriedigen. Schwierige Familienverhältnisse oder körperliche und psychische Krankheiten der Eltern können sich so nachteilig auf die Betreuung der Kinder auswirken.

Eltern, die sich als Partner nicht mehr verstehen, können in ihre eigenen Nöte so verstrickt sein, daß ein Kind in ihren Gefühlen und ihrem Denken kaum noch Platz findet. Eine Mutter, die unter Depressionen leidet, vermag nur noch zeitweise oder überhaupt nicht mehr auf ihr Kind einzugehen.

Die Auswirkungen, die eine körperliche oder eine psychische Krankheit, eine Sucht oder auch ein schwerer Beziehungskonflikt auf das Wohlbefinden der Eltern haben kann, vermag ein Kind nicht zu begreifen. So kann es sich nicht oder nur ungenügend in seine Mutter einfühlen, wenn diese an schwerer Migräne leidet. Ist die Mutter beschwerdefrei, ist sie fröhlich und für das Kind jederzeit ansprechbar. Wenn sie ein Migräneanfall befällt, zieht sie sich in ein dunkles Zimmer zurück, will ihre Ruhe haben und ist für das Kind kaum noch verfügbar. Den Rückzug der Mutter kann das Kind leicht als Ablehnung empfinden. Ihre Beschwerden und ihr Verhalten sind für das Kind mindestens in den ersten Lebensjahren nicht nachvollziehbar und deshalb auch nicht zu erfüllen.

Alkoholismus und andere Suchtkrankheiten können besonders schlimme Auswirkungen auf das Wohlbefinden eines Kindes haben. Sucht macht eine Person in ihrem Verhalten unbeständig. Wechselhaftes Verhalten erlebt das Kind als Unberechenbarkeit, die zutiefst verunsichert. Ein Vater, der an Alkoholismus leidet, ist im nüchternen Zustand einfühlsam sowie verständnisvoll und kümmert sich liebevoll um das Kind. Wenn er betrunken ist, wird er zu einem blindwütigen Grobian, der Mutter und Kind beschimpft und physisch bedroht. Das Kind weiß nie, in welcher Verfassung der Vater ihm heute begegnen wird. Es versteht auch nicht, weshalb sich der Vater so unterschiedlich verhält, und sucht die Gründe allenfalls bei sich selbst.

Trennungen. Zu einer Trennung von Hauptbezugspersonen kann es kommen, wenn ein Kind ins Krankenhaus muß, Mutter oder Vater erkrankt, oder die Eltern sich scheiden lassen. Wie nachteilig sich solche Ereignisse auf das psychische Wohlbefinden der Kinder auswirken können, ist in verschiedenen Studien untersucht worden (Robertson 1971, Quinton 1976, Wohlkind 1983).

Ein einmaliger Krankenhausaufenthalt, der nur wenige Tage dauert, führt bei den meisten Kindern lediglich zu einer kurzfristigen emotionalen Verunsicherung. Wiederholte und längere Krankenhausaufenthalte können ihr psychisches Wohlbefinden tiefgreifend und für längere Zeit beeinträchtigen. Am meisten betroffen sind die Kinder im Alter zwischen zwei und fünf Jahren.

Bei einem Krankenhausaufenthalt sind für ein Kind nicht die körperlichen Schmerzen das schlimmste, sondern der Mangel an Bezugspersonen. Schwestern und Ärzte können, auch wenn sie sich noch so sehr bemühen, die kindlichen Bedürfnisse nach Nähe, Sicherheit und Zuwendung nicht ausreichend befriedigen. Die Verunsicherung und die Hilflosigkeit des Kindes wird dadurch noch verstärkt, daß es sich den Schwestern und den Ärzten ausgeliefert fühlt. Es ist fremdbestimmt, da es auf die Personen und den Betrieb kaum Einfluß nehmen kann. Zunächst versucht das Kind, sich zur Wehr zu setzen; es verweigert sich und ist aggressiv. Da es sich nicht durchzusetzen vermag, erlahmt sein Widerstand, und es wird, wenn die Hilflosigkeit andauert, passiv und schließlich depressiv.

Nach der Rückkehr in die Familie können die Krankenhauserfahrungen noch längere Zeit nachwirken. Das Kind ist überaus anhänglich, hat tagsüber große Trennungsängste und will nachts nicht mehr allein schlafen. Es näßt ein oder leidet an einer anderen psychosomatischen Störung.

In den vergangenen 20 Jahren haben sich Schwestern und Ärzte sehr darum bemüht, die Krankenhäuser stärker den Bedürfnissen der Kinder anzupassen. So wurden die Besuchszeiten erweitert und das Rooming-in für Kind und Eltern eingeführt. Ein Krankenhausaufenthalt ist für ein Kind aber nach wie vor eine große emotionale Belastung, die nur durch vertraute Personen, die eine ständige Betreuung gewährleisten, gemildert werden kann.

Erkrankt oder stirbt eine Hauptbezugsperson, hat dies oft schwerwiegende Auswirkungen auf das Kind. Inwieweit ein solcher Verlust aufgefangen werden kann, hängt von der Anzahl und der Verfügbarkeit der verbliebenen Bezugspersonen ab.

In unserer Gesellschaft erlebt mindestens ein Drittel der Kinder, daß sich ihre Eltern trennen und scheiden lassen. Eine Reihe von Studien hat gezeigt, daß es nicht eigentlich die Trennung von Vater oder Mutter ist, die sich nachteilig auf das Wohlbefinden des Kindes auswirkt (Rutter 1975, Wohlkind 1983). Es sind vielmehr die Streitereien der Eltern und die gegenseitigen emotionalen Verletzungen vor und allenfalls auch noch nach der Scheidung, die dem Kind das Gefühl geben, nicht geliebt zu werden.

Der entscheidende Faktor für das psychische Wohlbefinden des Kindes ist die Qualität der Beziehungen zwischen dem Kind und seinen Bezugspersonen vor und nach der Scheidung. Fühlt sich das Kind in der ganzen Zeit umsorgt und aufgehoben und nehmen sich – neben Mutter und Vater – auch Verwandte und Freunde des Kindes an, muß eine Scheidung nicht zwangsläufig zu einer negativen Erfahrung für das Kind werden.

Eltern und Bezugspersonen unterschätzen oft die Auswirkungen, die Unterbrechungen in der Betreuung oder der Verlust einer Bezugsperson für ein Kind haben kann. So kann ein Wechsel von einer Krippe in eine andere für ein Kind einen erheblichen Verlust von Bezugspersonen zur Folge haben. Der Weggang der Kindergärtnerin oder Lehrerin macht den Kindern erheblich zu schaffen, die sich so stark gebunden haben, daß sie sich nur mit Mühe von ihr lösen können und nicht ohne weiteres bereit sind, sich einer anderen Person zuzuwenden.

Familiäre Konstellationen können die Eltern so sehr belasten, daß die Qualität der Betreuung darunter leidet. Wenn beispielsweise Eltern, die bereits zwei Kinder haben, noch Zwillinge bekommen, ist eine chronische Überforderung unvermeidlich, sofern sie nicht von ihren Verwandten, Bekannten und allenfalls der Fürsorge langfristig tatkräftige Unterstützung erhalten.

Ungünstige Geschwisterkonstellationen bereiten den Eltern gelegentlich Schwierigkeiten. So können drei oder auch vier Kinder für die Eltern weniger aufwendig sein als zwei, die sich aufgrund ihres Alters, ihres Temperaments und ihrer Interessen nicht gut miteinander vertragen. Geschwistereifersucht kann den Eltern, insbesondere wenn die Kinder noch klein sind, zu schaffen machen. Sie ist besonders häufig und ausgeprägt, wenn der Altersabstand zwischen den Kindern etwa drei Jahre beträgt.

Alle Eltern sind in der Betreuung ihrer Kinder zeitweise überfordert und können ihnen nicht immer gerecht werden. Das Wohlbefinden eines Kindes wird erst dann ernsthaft beeinträchtigt, wenn die Episoden so häufig werden und so lange dauern, daß sich beim Kind das Grundgefühl einstellt: Meine Eltern und Bezugspersonen lehnen mich ab.

Eine subtile Auswirkung elterlicher Überforderung besteht darin, daß die Bezugsperson physisch wohl anwesend, für das Kind aber nicht ansprechbar ist. So sitzt ein Vater nach der Arbeit erschöpft vor dem Fernseher und mag nicht mehr auf sein Kind eingehen. Das Kind fühlt sich kaum weniger verlassen, als wenn der Vater gar nicht da wäre. Es gibt aber auch Väter, die mit ihrer Erschöpfung anders umgehen können. Sie sind immer noch bereit, sich ihrem Kind zuzuwenden, weil sie die Beschäftigung mit ihrem Kind nicht als eine Belastung, sondern als Befriedigung und Erholung empfinden.

Außerfamiliärer Bereich. Je älter ein Kind wird, desto mehr wird sein Wohlbefinden und sein Selbstwertgefühl durch Personen und Erfahrungen außerhalb der Familie bestimmt. Die Geschichte von Yvonne zeigt, wie wichtig außerfamiliäre Bezugspersonen und die Beziehungen zu Gleichaltrigen im Schulalter sind.

Die elfjährige Yvonne wurde zweimal als Notfall ins Kinderspital eingewiesen. Der Anlaß war beide Male eine plötzliche

Bewußtlosigkeit in der Schule. Eine medizinische Untersuchung ergab: Yvonne war gesund, insbesondere waren ihre Hirnfunktionen nicht gestört.

Ein eingehendes Gespräch mit Yvonne und ihren Eltern brachte folgenden Sachverhalt zum Vorschein: Die Familie war vor acht Wochen umgezogen. In der vorhergehenden Schulklasse war Yvonne die Klassenerste und Lieblingsschülerin des Lehrers gewesen. Sie hatte auch eine führende Stellung unter ihren Klassenkameradinnen inne. In der neuen Klasse konnte Yvonne diese Position leistungsmäßig und sozial nicht mehr einnehmen. Sie erbrachte wohl immer noch gute Schulleistungen, war aber nicht mehr die Klassenbeste. Weil sie sich sehr dominant verhielt, reagierten ihre Mitschülerinnen mit Ablehnung. Beide Ohnmachten wurden durch Situationen ausgelöst, mit denen sich Yvonne weder abfinden wollte noch konnte. Sie entzog sich mit Ohnmachten dieser unerträglichen Situation und erhielt darüber hinaus mehr Zuwendung.

Yvonnes Geschichte ist für das Verständnis eines Misfits in verschiedener Hinsicht aufschlußreich:
- In der neuen Schulklasse waren die Bedingungen für Yvonne keineswegs ungünstig. *Eine relative Verschlechterung* von Leistungen und sozialer Stellung reichte jedoch aus, um Yvonne gründlich zu verunsichern.
- Von den Kameraden angenommen zu werden, ist für das Wohlbefinden eines Kindes im Schulalter von großer Bedeutung. Nicht alle Kinder sind aber darauf in gleichem Ausmaß angewiesen. Kinder wie Yvonne brauchen, um sich wohl zu fühlen, eine starke soziale Stellung bei ihren Kameraden. Sie gehen notfalls auch die Risiken einer Mutprobe ein, um ihre Kameraden zu beeindrucken. Es kommt auch immer wieder vor, daß Kinder zu Hause Geld stehlen, um sich mit Süßigkeiten die Akzeptanz der Kameraden zu erkaufen.

Die Ursache für einen Misfit muß nicht nur in der aktuellen Lebenssituation, sondern sie kann auch in der Vergangenheit liegen.

Anna verbringt die ersten zwei Lebensjahre in rumänischen Waisenhäusern, deren Personal wenig qualifiziert ist und sehr häufig wechselt. Im Alter von zwei Jahren wird Anna von ihren Adoptiveltern in die Schweiz gebracht. Sie ist überaus anhänglich und ängstlich. Sie läßt ihre Mutter keinen Moment aus den Augen und will auch in deren Zimmer schlafen. Wenn die Mutter Anna für einige Minuten allein läßt, weil sie im Keller etwas holen muß, ist Anna außer sich.

Im Alter von vier Jahren kann Anna einige Zeit ohne ihre Mutter auskommen. In der Spielgruppe verlangt sie von der Gruppenleiterin und den anderen Kindern sehr viel Aufmerksamkeit. Dreimal innerhalb von vier Wochen versucht sie aus der Spielgruppe wegzulaufen. Sie will zu Hause nachsehen, ob die Mutter noch da ist.

Kontinuität und Qualität der Betreuung wirken sich auf das zukünftige Beziehungsverhalten eines Kindes aus. Sie wecken beim Kind immer wieder Erwartungen und allenfalls auch Ängste. War es beim vorangegangenen Lehrer der Lieblingsschüler, dann kommt es zu einem neuen Lehrer mit entsprechend hohen Erwartungen. Erhält es von ihm nicht das gleiche Maß an Zuwendung, kann es sich leicht abgelehnt und ungerecht behandelt fühlen. Hat das Kind mit dem früheren Lehrer eher negative Erfahrungen gemacht, sind seine Erwartungen niedrig. Erhält das Kind vom jetzigen Lehrer mehr Aufmerksamkeit als erwartet, kann sich dies positiv auf sein Wohlbefinden auswirken.

Kombinationen von ungünstigen Umweltbedingungen und Extremvarianten

Die Risiken, die in der Tabelle auf S. 305 aufgeführt werden, können einzeln oder in Kombinationen auftreten und dabei die Qualität der Betreuung und die Entwicklung eines Kindes mehr oder weniger stark beeinträchtigen. Risikofaktoren müssen sich nicht zwangsläufig negativ auswirken. Ein einzelnes Risiko, beispielsweise Arbeitslosigkeit, kann von den Eltern zumeist kompensiert werden. Wenn zwei oder mehr Risikofaktoren zusammenkommen, können die Eltern ihrem negativen Einfluß auf die Familie und die Kinder immer weniger entgegenwirken. Risikofaktoren können sich nicht nur addieren, sondern haben oft sogar einen kumulativen Effekt; das heißt, mit jedem weiteren Risikofaktor vergrößert sich die Belastung um ein Mehrfaches.

Karin wird im Alter von elf Monaten wegen einer Wachstumsstörung und zurückgebliebener Entwicklung ins Kinderspital eingewiesen. Sie kann sich noch nicht fortbewegen und vermag den Kopf im Sitzen kaum zu halten. Sie hat ihr bisheriges Leben zumeist liegend im Bettchen zugebracht. Sie zeigt deutliche Zeichen einer allgemeinen Vernachlässigung.
Der Vater ist seit längerem arbeitslos und alkoholkrank. Er sollte für Karin und die vierjährige Schwester sorgen, während die Mutter im Schichtbetrieb in einer Gaststätte arbeitete. Sie ist zusätzlich belastet, weil sie ihre eigene Mutter pflegen muß, die seit einigen Monaten an einer Krebserkrankung leidet.

Es gibt Schutzfaktoren, beispielsweise ein verläßliches, unterstützendes Netz von Verwandten, die den Risiken entgegenwirken können. Wenn die Eltern Schichtarbeit leisten, muß dies nicht zwangsläufig negative Folgen für ihre Kinder haben. Werden die Kinder von anderen Bezugspersonen ausreichend betreut, können sie die häufige Abwesenheit der Eltern verkraften. Wenn die Mutter an Migräne leidet, kann ihr Rückzug und ihre mangelnde Verfügbarkeit dem Kind weniger ausmachen, wenn es nicht allein in der Wohnung bleiben muß, sondern den Nachmittag bei einer Nachbarin und mit anderen Kindern verbringen darf.

Risikofaktoren können sich auch mit einer Extremvariante verbinden und so zu einer Überforderung der Familie führen. Schichtarbeit können die Eltern noch bewältigen. Wenn ihr Säugling aber sehr viel schreit und mehrmals pro Nacht aufwacht, sind die Eltern überfordert. Übermüdete Eltern bringen ihr an sich gesundes Kind gelegentlich in ein Krankenhaus in der Hoffnung, daß es dort aufgenommen wird, und sie einige Nächte durchschlafen und sich erholen können.

»Gesundes Maß« an Misfit

Wir hören immer wieder von Menschen, die deshalb so erfolgreich seien, weil sie eine schwierige Kindheit durchgemacht hätten. Solche Lebensgeschichten sollen belegen, daß Streß die kindliche Entwicklung fördert. Menschen mit sehr guten psychischen und physischen Voraussetzungen können tatsächlich Spitzenleistungen erbringen, wenn sie als Kind widrige Umstände gemeistert und auch einigermaßen unbeschadet überstanden haben. Wir sollten aber die Menschen nicht vergessen, die nicht dieselben Voraussetzungen hatten und es deshalb nicht geschafft haben. Menschen, die hoffnungslos überfordert waren und im schlimmsten Fall zugrunde gegangen sind, bilden bei weitem die Mehrzahl. »Was mich nicht umbringt, macht mich stärker« ist ein Leitspruch, den man allenfalls auf sich selbst, nicht aber auf andere Menschen und schon gar nicht auf Kinder anwenden sollte.

Das Fit-Konzept will nicht einer streßfreien Kindheit das Wort reden. Konflikte gehören zum Leben und lassen sich auch nicht vermeiden. Durch die Vielfalt bei Kindern und Bezugspersonen kommt es zwangsläufig immer wieder zu Auseinandersetzungen. Misfits sollten aber kein Erziehungskonzept sein. Ein Kind wächst nicht stärker, wenn wir es gelegentlich hungern lassen. Es entwickelt sich auch nicht besser, wenn wir ihm Geborgenheit und Zuwendung vorenthalten. Ein verunsichertes Kind wird nicht emotional stärker, sondern schwächer und im Beziehungsverhalten abhängiger. Einem Kind die notwendige Geborgenheit und Zuwendung zu geben hat nichts mit Verweichlichung zu tun. Entzug oder gezielte Gabe von Zuwendung sind keine tauglichen Mittel, um ein Kind leistungsfähiger zu machen. Solche Erziehungsstrategien vermindern die Leistungsfähigkeit und führen zu einem beeinträchtigten Wohlbefinden sowie einem verminderten Selbstwertgefühl.

Misfit abklären

Wenn sich ein Kind unwohl fühlt, passiv und desinteressiert ist, Verhaltensauffälligkeiten oder psychosomatische Symptome zeigt, sollten wir uns fragen: Weshalb verhält sich das Kind so? Was steckt hinter den Auffälligkeiten? Worin besteht der Misfit? Und wie können wir ihn beheben?

Die Art der Verhaltensauffälligkeit, beispielsweise Einnässen, gibt uns keinen Aufschluß über die Ursache des Misfits. Ein Kind kann aus unterschiedlichen Gründen einnässen: weil seine

Erwartung der Eltern		langsam	durchschnittlich	rasch
	hoch	sehr besorgt	leicht besorgt	zufrieden
	durchschnittlich	leicht besorgt	zufrieden	leicht erfreut
	niedrig	zufrieden	leicht erfreut	sehr erfreut

Entwicklung des Kindes

Erwartungen der Eltern und Entwicklung des Kindes. Je nach ihren Erwartungen schätzen die Eltern die Entwicklung ihres Kindes unterschiedlich ein.

Blasenfunktion nur sehr langsam ausreift, weil es von seinen Eltern zuwenig Zuwendung bekommt, weil es von seinen Kameraden abgelehnt wird oder weil es an einer Leistungsüberforderung leidet.

Um die Ursache eines Misfit zu finden, werden wir im folgenden so vorgehen, daß wir einerseits das Kind mit seinen individuellen Bedürfnissen und Eigenheiten und andererseits seine Umwelt zu erfassen suchen. Dabei gilt es insbesondere auf mögliche Diskrepanzen zwischen dem Kind und seiner Umwelt zu achten.

Wenn sich ein Kind durchschnittlich entwickelt, schätzen nicht alle Eltern seine Entwicklung gleich ein. Haben sie durchschnittliche Erwartungen, sind sie zufrieden. Sind ihre Erwartungen niedrig, sind sie sogar erfreut. Sind ihre Erwartungen aber hoch, sind die Eltern bereits leicht besorgt. Wenn Eltern die motorische Aktivität bei ihrem Kind als störend empfinden, kann diese ungewöhnlich groß und/oder die Erwartung der Eltern nicht kindgerecht sein.

Wie lassen sich die drei Bereiche Geborgenheit, Zuwendung und soziale Anerkennung sowie Entwicklung und Leistung richtig einschätzen?

Geborgenheit: Die wichtigsten Aspekte, die bei der Beurteilung eine Rolle spielen, sind in der Tabelle auf S. 320 aufgeführt.

Um eine mögliche Extremvariante aufzufinden, wird die individuelle Ausprägung der körperlichen und der psychischen Bedürfnisse beim Kind und bei den Familienangehörigen eingeschätzt. So kann die Ursache einer Durchschlafstörung bei einem zweijährigen Kind ein geringes Schlafbedürfnis sein. Ein Dreijähriger weigert sich, allein in einer Spielgruppe zu bleiben, weil sein Bindungsbedürfnis sehr groß ist.

Die bisherigen Erfahrungen, die ein Kind mit Bezugspersonen, Geschwistern und Gleichaltrigen gemacht hat, bestimmen sein Beziehungsverhalten mit. Die Ursache für einen Misfit kann in einer ungenügenden Kontinuität oder einer unzureichenden Qualität der Betreuung liegen, die das Kind in einen chronischen Streßzustand versetzen und zu Verhaltensauffälligkeiten führen kann. Wenn die Kindergärtnerin einem Kind nicht die Nähe und die Aufmerksamkeit zuteil werden läßt, die es benötigt, fühlt es sich unwohl und kann in seinem Verhalten auffällig werden.

Wie Bezugspersonen die kindlichen Bedürfnisse einschätzen, kann wesentlich zum Verständnis eines Misfits beitragen. So kann es sein, daß die Kindergärtnerin die Bedürfnisse des Kindes unterschätzt hat. Der Misfit kann auch zustande kommen, wenn sie seinen Bedarf nach Nähe und Zuwendung wohl bemerkt hat, ihn aus Zeitgründen aber nicht befriedigen konnte.

Besondere Konstellationen und Beziehungen unter den Geschwistern können bei einem Kind zu Eifersucht und Verhaltensauffälligkeiten wie etwa Aggressivität oder emotionalem Rückzug führen. Mangelnder Kontakt oder gar Ablehnung durch Kameraden können ein Schulkind in seinem Wohlbefinden beeinträchtigen.

Kind

- Wie ist die individuelle Ausprägung der
  körperlichen Bedürfnisse?
  psychischen Bedürfnisse?

- Welche Lernerfahrungen hat das Kind bisher gemacht?

- Wie sind die körperlichen und psychischen Bedürfnisse bei den einzelnen Familienmitgliedern ausgeprägt?

Umwelt

- Ist die Kontinuität der Betreuung gewährleistet?
  Wer sind die Bezugspersonen?
  Wie verläßlich, beständig und angemessen sind sie in ihrem Verhalten?
  Wie schätzen sie die Bedürfnisse des Kindes ein?

- Welche Stellung nimmt das Kind unter den Geschwistern ein?
  Wie ist die Qualität der Beziehungen?

- Wie sind die Beziehungen zu den Gleichaltrigen?
  Wie sind die Kontaktmöglichkeiten?

Geborgenheit. Einschätzung von Grundbedürfnissen, Qualität der Betreuung sowie Beziehungen zu Bezugspersonen und Gleichaltrigen

Zuwendung und soziale Anerkennung. Wie groß der individuelle Bedarf eines Kindes an Zuwendung und Anerkennung ist, kann im Vergleich mit Geschwistern und gleichaltrigen Kindern einigermaßen zuverlässig abgeschätzt werden.

Kind

- Wieviel Zuwendung und Anerkennung braucht das Kind?
- Welche Lernerfahrungen hat es gemacht?
- Wie groß ist das Bedürfnis nach Zuwendung und Anerkennung bei den Familienmitgliedern?

Umwelt

- Wie verhalten sich die Bezugspersonen:
  Form und Ausmaß von Zuwendung und Anerkennung?
  Gemeinsame Aktivitäten?
  Einstellung bezüglich Person, Verhalten und Leistung des Kindes?
- Wieviel Zuwendung bekommt das Kind von seinen Geschwistern?
  Stellung und Akzeptanz?
- Wieviel Zuwendung bekommt das Kind von Gleichaltrigen?
  Dauer und Ausmaß des Kontaktes
  Stellung und Akzeptanz?

Zuwendung und soziale Anerkennung. Einschätzung von Bedürfnissen und Lernerfahrungen des Kindes sowie von Zuwendung und Anerkennung, die es von Bezugspersonen und Gleichaltrigen erhält.

Hinweise für einen Mangel an Zuwendung und Anerkennung können sich aus den unterschiedlichen Verhaltensweisen ergeben, wenn das Kind mit verschiedenen Bezugspersonen zusammen ist. So ist ein Kind, das an Geschwistereifersucht leidet, für die Mutter vor allem dann schwierig, wenn das nächstjüngere Geschwister dabei ist. Ist das Kind mit der Mutter allein, ist es zumeist problemlos und genießt es, die Mutter für sich zu haben. Wenn es mit dem Geschwister allein ist, gibt es oft ebenfalls weniger Schwierigkeiten, als wenn die Mutter dabei ist. Die Ursache für die Geschwistereifersucht ist nicht eigentlich das jüngere Geschwisterchen, sondern das Gefühl, von der Mutter weniger Nähe und Zuwendung zu erhalten.

Die für das Kind wichtige Zuwendung besteht weniger in verbalem Zuspruch und Lob, als vielmehr in gemeinsamen Erlebnissen. Ob ein Kind ausreichend Zuwendung bekommt, läßt sich an der Häufigkeit und der Qualität gemeinsamer Erfahrungen abschätzen. Wieviel Zeit verbringt beispielsweise der Vater während der Woche mit seinem Kind und auf welche Weise?

Jede Bezugsperson beurteilt Persönlichkeit, Verhalten und Leistung eines Kindes anders. Während die eine Bezugsperson vor allem das angepaßte Verhalten eines Kindes schätzt, ist eine andere von dessen Lebhaftigkeit angetan. Kinder sind für Bezugspersonen unterschiedlich attraktiv und erhalten deshalb auch verschieden viel Zuwendung und Anerkennung.

Spätestens ab dem Kindergartenalter ist die Anerkennung, die ein Kind von Geschwistern und Gleichaltrigen erhält, für sein Wohlbefinden ausschlaggebend. Einem Kind kann es nur gut gehen, wenn es von den anderen Kindern ein Mindestmaß an Anerkennung erhält.

Entwicklung und Leistung. Je älter ein Kind wird, desto zuverlässiger lassen sich seine Kompetenzen einschätzen. Jedes Kind hat sein individuelles Profil an Stärken und Schwächen, das vom ihm selbst, von den Eltern und anderen Bezugspersonen wie Lehrer oft unterschiedlich wahrgenommen wird. Für Eltern und Lehrer stehen häufig die Schwächen und nicht so sehr die Stärken eines Kindes sowie sekundäre Verhaltensauffälligkeiten – wie motorische Unruhe oder Konzentrationsschwäche – im Vordergrund. Wichtige Hinweise auf einen möglichen Misfit ergeben sich aus den Diskrepanzen zwischen dem Kompetenzprofil des Kindes sowie den Sichtweisen und Erwartungen der Bezugspersonen. Der Misfit besteht zumeist in einer Überforderung des Kindes, seltener in einer Unterforderung.

Die bisherigen Lernerfahrungen können die Leistungsfähigkeit eines Kindes wesentlich beeinflussen. Ein Kind, das in der Schule überwiegend positive Erfahrungen machen konnte, wird sich anders verhalten als ein Kind, das großen Belastungen ausgesetzt war und sich als Versager fühlt.

Kind

- Wie sieht sein Profil der Kompetenzen aus?
  sozial
  sprachlich
  logisch-mathematisch
  motorisch-kinästhetisch
  figural-räumlich
  musikalisch
- Wie schätzt das Kind seine Kompetenzen ein?
- Welche Lernerfahrungen hat das Kind bisher gemacht?
- Wie sind die Kompetenzen bei den einzelnen Familienangehörigen ausgebildet?

Umwelt

- Wie schätzen die Bezugspersonen die Kompetenzen des Kindes ein?
  Wo sehen sie seine Stärken und Schwächen?
  Welche Erwartungen haben sie?
- Welche Stellung nimmt das Kind unter den Geschwistern in Entwicklung und Leistung ein?
- Welche Stellung nimmt das Kind unter Gleichaltrigen in Entwicklung und Leistung ein?

Entwicklung und Leistung. Einschätzung der Kompetenzen des Kindes und der Familienangehörigen, Einstellung der Bezugspersonen zu den Kompetenzen des Kindes sowie leistungsmäßige Stellung unter Geschwistern und Gleichaltrigen.

Wohlbefinden und Selbstwertgefühl eines Kindes hängen vom leistungsmäßigen Vergleich mit seinen Geschwistern und gleichaltrigen Kindern ab. Dabei ist die subjektive Einschätzung, die ein Kind immer vornimmt, besonders bedeutungsvoll. Wenn ein Vierjähriger eine dreijährige Schwester hat, die besser spricht als er, wird er verunsichert. Ein Erstkläßler wird von seinem sechsjährigen Bruder in Bedrängnis gebracht, wenn dieser die Zahlen ebenso gut beherrscht wie er, obwohl er noch nicht zur Schule geht.

Misfit beheben

Wir neigen dazu, unmittelbar auf ein unerwünschtes Verhalten eines Kindes zu reagieren, weil wir aus unseren Gefühlen heraus handeln und häufig auch, weil wir glauben, daß wir damit das Verhalten – auch zukünftig – unterdrücken könnten. Eine solche Reaktion ist aber oft nicht sinnvoll und kann gegenteilige Wirkung haben.

Der achtjährige Bruno kommt hungrig aus der Schule. Als er in der Küche feststellt, daß es zum Mittagessen nicht Spaghetti, wie von der Mutter versprochen, sondern nur Kartoffelklöße gibt, bekommt er einen Wutanfall, schreit in der Wohnung herum und schlägt im Vorbeigehen seine kleine Schwester.

Wie soll sich die Mutter verhalten?
- Sie findet Brunos Verhalten unangebracht, insbesondere gegenüber der Schwester, die nichts dafür kann, daß es keine Spaghetti gibt. Da sie ein solches Verhalten nicht tolerieren will, schickt sie Bruno zur Strafe für eine halbe Stunde in sein Zimmer und läßt ihn anschließend allein essen. Bruno fühlt sich abgelehnt, und seine Stimmung sinkt auf einen Tiefpunkt.
- Die Mutter ist sich bewußt, daß die Kartoffelklöße lediglich die berühmten letzten Tropfen waren, die das Faß zum Überlaufen brachten. Die Frustration muß bei Bruno tiefer sitzen. Sie wartet, bis er sich ausgetobt hat und erklärt ihm, daß sie aus Zeitgründen nicht einkaufen konnte und daß es deshalb keine Spaghetti zum Mittagessen gibt. Sie bittet ihn, ihr bei der Zubereitung des Salats zu helfen. Bruno beruhigt sich, und das Mittagessen verläuft friedlich. Danach spricht die Mutter mit Bruno. Dabei stellt sich heraus, daß der Morgen in der Schule für ihn sehr frustrierend verlaufen ist. Er konnte mit den anderen Schülern nicht mithalten. Die Mutter nimmt sich vor, mit der Lehrerin zu reden.

Das Gespräch mit der Lehrerin ergibt, daß ihr Sohn überfordert ist. Bruno wechselt in die Einschulungsklasse, die seinem Entwicklungstempo besser entspricht.

Unerwünschtes Verhalten, insbesondere Aggressivität, können Eltern nicht leicht aushalten oder übergehen. Oft müssen sie darauf reagieren, um Schlimmeres zu verhüten. Direkte Interventionen bringen störendes Verhalten aber kaum zum Verschwinden. Ein Kind ist aggressiv oder verhält sich sozial unangepaßt, weil es unglücklich ist. *Solange sein Wohlbefinden und sein Selbstwertgefühl beeinträchtigt sind, wird das Kind immer wieder in ein störendes Verhalten zurückfallen.* Wenn es ihm besser geht, werden die Verhaltensauffälligkeiten von selbst verschwinden.

Liegt als Ursache des Misfits eine Extremvariante vor, sollten die Eltern und Bezugspersonen diese akzeptieren und sich darauf einstellen. Das kann für die Eltern schwierig sein, beispielsweise wenn ein sechs Wochen alter Säugling bis zu drei Stunden pro Abend schreit oder wenn ein Achtjähriger jede Nacht einnäßt. Es kann einem Lehrer Mühe bereiten, zu akzeptieren, daß ein Schüler eine familiär bedingte Leseschwäche aufweist. Eltern und Bezugspersonen wie Lehrer können mit einer Verhaltensvariante besser umgehen, wenn sie wissen, daß diese anlagebedingt und nicht die Folge eines erzieherischen Versagens ihrerseits ist.

Wie sollen sich die Eltern verhalten, wenn ihr achtjähriger Sohn wegen einer Reifungsverzögerung jede Nacht einnäßt?

- Sie versuchen nicht, dem Kind das Einnässen abzugewöhnen. Sie akzeptieren, daß sich seine Blasenkontrolle nur langsam entwickelt.

- Sie ersparen dem Kind weitere negative Erfahrungen, indem sie möglichst wenig Aufhebens um das Einnässen machen. Der Junge wechselt selbst die Bettwäsche und bringt die nassen Laken in die Waschküche.

- Sie überspielen die Schwäche nicht. Sie geben dem Kind zu verstehen, daß sie spüren und sich bewußt sind, daß auch ihm die Schwäche zu schaffen macht. Ein Vater, der seinem Sohn sagt, daß auch er als Kind einnäßte, kann ihm damit sehr helfen: Der Sohn fühlt sich verstanden und bekommt die Zuversicht, daß auch er einmal trocken sein wird.

Wie sollen die Eltern und Lehrer mit einem Kind umgehen, das eine Leseschwäche hat?
- Sie üben nicht mit ihm, um das Lesen zu beschleunigen. Sie wissen, daß übermäßiges Üben für das Kind mit negativen Erfahrungen verbunden ist.
- Sie passen ihre Anforderungen seiner Lesefähigkeit an, so daß das Kind beim Lesen Erfolgserlebnisse hat.
- Sie versuchen herauszufinden, welche Lernstrategie für ihr Kind die beste ist. Kinder lernen auf verschiedene Weise lesen.
- Die Eltern reiten nicht auf der Schwäche herum, sondern betonen die Stärken und stabilisieren damit das Kind in seinem Wohlbefinden und seinem Selbstwertgefühl.

Besteht der Misfit in einer fehlenden Übereinstimmung mit der Umwelt, sollten wir uns nicht damit begnügen, Verhaltensauffälligkeiten oder psychosomatische Symptome zu bekämpfen. Im erzieherischen Alltag neigen wir oft dazu, unsere erzieherischen Bemühungen darauf zu beschränken.
- Die Eltern von *Koni* wollen verhindern, daß der Vierjährige seinen kleinen Bruder weiter plagt. Zuerst weisen sie ihn zurecht, dann sperren sie ihn als Strafe in sein Zimmer ein und schließlich bekommt er einen Klaps auf den Hintern. Seine Eifersucht wird damit nicht kleiner sondern größer, weil sich Koni von den Eltern abgelehnt fühlt. Seine Frustration und damit auch die erzieherischen Schwierigkeiten nehmen zu. Strafe erlebt ein Kind, das wie Koni nach Geborgenheit und Zuwendung verlangt, immer als Ablehnung.
- *Yvonne* bekommt ein Medikament gegen sogenannte orthostatische Schwächezustände. Dieses Medikament hebt den Blutdruck etwas an, so daß Ohnmachten, die durch eine ungenügende Blutversorgung des Gehirns ausgelöst werden, weniger wahrscheinlich sind. Yvonne bekommt durch die Behandlung den Eindruck, daß sie an einer Krankheit leidet. Ihr Problem ist zudem nicht gelöst.
- *Urs* wird mit Verhaltenstherapie und einem Medikament behandelt, das die Urinproduktion herabsetzen soll. Urs braucht

aber keine solche Behandlung, da seine Blasenkontrolle seit dem dritten Lebensjahr eigentlich ausreichend funktioniert. An seinem beeinträchtigten Wohlbefinden und seinem Selbstwertgefühl ändert eine solche Therapie kaum etwas.

Solche Direktmaßnahmen können die unmittelbaren Auswirkungen einer Störung wohl mindern, lösen aber das Grundproblem des Kindes nicht. *Unser erzieherisches Anliegen sollte nicht darin bestehen, unerwünschte und störende Verhaltensweisen zu unterdrücken, sondern die Übereinstimmung zwischen Kind und Umwelt wiederherzustellen.*

Bei *Koni* besteht der Misfit nicht primär in einer negativen Beziehung zum Bruder, sondern darin, daß er nicht ausreichend Geborgenheit und Zuwendung von seinen Hauptbezugspersonen erhält.

Die Eltern bemühen sich, sein negatives Verhalten zu ignorieren und versuchen ihm mehr Geborgenheit und Zuwendung zu geben, das heißt, sie nehmen sich mehr Zeit für Koni. Koni schätzt es überaus, mit dem Vater oder der Mutter zusammenzusein, ohne daß der Bruder dabei ist. Diesen größeren Aufwand können sich die Eltern leisten, weil die Großmutter den kleinen Bruder häufiger betreut.

Die Eltern lassen die beiden Brüder im selben Zimmer schlafen. Die ersten Nächte verlaufen ziemlich unruhig. Da die Eltern nicht eingreifen, gewöhnen sich die beiden aneinander und arrangieren sich. Es kehrt Ruhe im Schlafzimmer ein. Zwischen beiden Brüdern entwickelt sich eine positive Beziehung.

Yvonne fiel in Ohnmacht, weil sie zu wenig Anerkennung vom Lehrer bekam und ihr die soziale Stellung unter den Kameradinnen nicht genügte. Ein Gespräch mit dem Lehrer ergibt, daß er Yvonne bisher kaum zur Kenntnis nehmen konnte. Er unterrichtet die Klasse erst seit vier Monaten und hat auch die anderen Schüler nur wenig kennengelernt. Er verspricht, sich mehr um Yvonne zu kümmern. Yvonne nimmt Reitstunden, was ihr Selbstwertgefühl zusätzlich stärkt.

Die eigentliche Lösung ergab sich drei Monate später: Yvonne tritt von der dritten in die vierte Schulklasse über. Sie bekommt einen anderen Lehrer, mit dem sie sich auf Anhieb gut versteht. Die Klasse wird neu zusammengesetzt, was ihr hilft, eine befriedigende Position unter den Schulkameradinnen zu finden.

Urs leidet an einer intellektuellen Unterforderung. Das Einnässen verschwindet, als er in der Schule seinen Fähigkeiten entsprechend beschäftigt und von der Lehrerin als »Hilfslehrer« eingesetzt wird. Seinen Klassenkameraden war nicht verborgen geblieben, daß Urs ihnen in den schulischen Leistungen weit voraus war. Ganz wichtig für ihn ist die Erfahrung, daß er von den anderen Kindern wegen seiner Begabung nicht abgelehnt wird und diese seine Hilfestellung dankbar annehmen.

In der Schule werden die Kinder häufiger über- als unterfordert. Auch bei Überforderung geht es darum, die schulischen Anforderungen an das Kind so anzupassen, daß *der Schultag für das Kind aus überwiegend positiven Erfahrungen besteht.*

Individuelle Lösungen

Jeder Misfit ist genauso einmalig wie das Kind. Ein Kind kann Schlafstörungen haben, weil es von den Kameraden abgelehnt wird, weil es an einer Überforderung seiner Leistungsfähigkeit leidet oder weil es von den Eltern zuwenig Zuwendung bekommt. Die Auflösung eines Misfits ist immer individuell, abhängig von den Bedürfnissen und Eigenheiten des Kindes. Sie besteht nicht darin, möglichst »gute« Bedingungen zu schaffen, sondern solche, die dem Kind angepaßt sind. Das Ziel haben wir dann erreicht, wenn das Kind abends mit dem Gefühl einschlafen kann: *Heute habe ich mich wohl gefühlt, habe ausreichend Zuwendung erhalten und habe geleistet, was ich wollte und was ich zustande bringen kann.*

Das Wichtigste in Kürze

1. Unter einem Misfit verstehen wir eine mangelnde Übereinstimmung zwischen Kind und Umwelt.

2. Ein Misfit kann sich auf ein Kind unterschiedlich auswirken:
   - vermindertes Wohlbefinden und reduziertes Selbstwertgefühl
   - reaktives Verhalten (z. B. Kind verlangt zusätzlich mehr Nähe und Zuwendung)
   - Verhaltensauffälligkeiten, psychosomatische Symptome, Beeinträchtigung von Entwicklung und Leistung
   - Depression
3. Die Ursachen, die zu einem Misfit führen können, sind:
   - Extremvariante der Entwicklung/des Verhaltens
   - ungenügende Anpassung der Umwelt an das Kind
   - Kombinationen von Extremvarianten und ungenügender Anpassung der Umwelt
4. Extremvarianten bestehen in einem ungewöhnlichen Entwicklungstempo oder in einer ungewöhnlichen Ausprägung eines Entwicklungsmerkmals (z. B. verlangsamte Sprachentwicklung oder Rechenschwäche).
5. Eine ungenügende Anpassung der Umwelt an die Bedürfnisse und die Eigenheiten eines Kindes kann zu einem Misfit führen:
   - Grundbedürfnisse, z. B. mangelnde Geborgenheit wegen häufigen Wechsels der Bezugspersonen
   - soziale Anerkennung, z. B. ungenügende Anerkennung durch gleichaltrige Kinder
   - Entwicklung und Leistung, z. B. Überforderung in der Schule
6. Wenn ein Kind auffällig ist, sollten wir uns nicht damit zufriedengeben, uns nur mit dem störenden Verhalten zu beschäftigen. Wir müssen uns vielmehr fragen: Worin besteht der Misfit? Wie kann er behoben werden?
7. Jeder Misfit ist genauso einmalig wie das Kind. Die Auflösung eines Misfits ist immer individuell, abgestimmt auf die Bedürfnisse und die Eigenheiten des Kindes.

VI. Gehorsam und Selbstbestimmung

Gehorsam

> *Für die Erziehung ist Gehorsam notwendig, weil er dem Gemüt Ordnung und Unterwürfigkeit gegen die Gesetze gibt. Ein Kind, das gewohnt ist, seinen Eltern zu gehorchen, wird auch, wenn es frei und sein eigener Herr wird, sich den Gesetzen und Regeln der Vernunft unterwerfen, weil es einmal schon gewöhnt ist, nicht nach seinem eigenen Willen zu handeln. Dieser Gehorsam ist so wichtig, daß eigentlich die ganze Erziehung nichts anderes ist als die Erlernung des Gehorsams.*
>
> Johann Georg Sulzer, 1748

Gehorsam in dem Sinne, daß sich das Kind auf die Erwachsenen einstellt, ist eine Grundvoraussetzung für jede Art von Erziehung. Die Frage, die wir uns stellen müssen, ist also nicht: Gehorsam – ja oder nein, sondern: welche Art von Gehorsam? Für den Pädagogen Johann Georg Sulzer bedeutete Gehorsam, sich das Kind untertan zu machen. Diese uralte und noch heute weitverbreitete Vorstellung müssen wir in ihrem Kern verstehen, damit wir den Einfluß, den sie auf unsere Erziehungshaltung noch immer ausübt, richtig einschätzen können.

Eine Erblast

Erziehung durch Zucht zum Gehorsam ist ein zentraler Wert der jüdisch-christlichen Kultur. Sie hat eine sehr lange Tradition, schrieb doch bereits der Prophet Jesus Sirach (30,1): »Wer sein Kind lieb hat, der hält es stets unter der Rute, daß er hernach Freude an ihm erlebe.« Weshalb Gehorsam die Essenz der Erziehung ist und wie Gehorsam zu erreichen ist, begründet Sulzer 1748 folgendermaßen:

Ich rate also allen denen, die Kinder zu erziehen haben, daß sie die Vertreibung des Eigensinns und der Bosheit gleich ihre Hauptarbeit sein lassen und so lange daran arbeiten, bis sie zum Ziel gekommen sind.

Gibt man ihrem Eigensinn einmal nach, so ist er das zweite Mal schon stärker und schwerer zu vertreiben. Haben die Kinder einmal erfahren, daß sie durch Erbosen und Schreien ihren Willen durchsetzen, so werden sie nicht ermangeln, dieselben Mittel wieder anzuwenden. Endlich werden sie zu Meistern ihrer Eltern und Aufwärterinnen und bekommen ein böses, eigensinniges und unleidliches Gemüt, wodurch sie hernach ihre Eltern als wohlverdienten Lohn der guten Erziehung, so lange sie leben, plagen und quälen. Sind aber die Eltern so glücklich, daß sie ihnen gleich anfangs durch ernstliches Schelten und durch die Rute den Eigensinn vertreiben, so bekommen sie gehorsame, biegsame und gute Kinder, denen sie hernach eine gute Erziehung geben können. Wo einmal ein guter Grund der Erziehung gelegt werden soll, da muß man nicht nachlassen zu arbeiten, bis man sieht, daß der Eigensinn weg ist, denn dieser darf absolut nicht dasein. Es bilde sich niemand ein, daß er etwas Gutes in der Erziehung wird tun können, ehe diese zwei Hauptfehler behoben sind. Er wird vergeblich arbeiten. Hier muß notwendig erst das Fundament gelegt werden. (J. G. Sulzer *Versuch einiger vernünftiger Gedanken von der Aufziehung und Unterweisung der Kinder*, 1748, zitiert nach Rutschky 1993)

Nach Sulzer baut Erziehung auf unbedingtem Gehorsam auf. Dieses pädagogische Dogma hat bis in unser Jahrhundert nachgewirkt. Erst auf der Grundlage eines solchen Gehorsams ist es möglich, ein Kind zu erwünschten Verhaltensweisen hinzuführen.

Weshalb war für Pädagogen wie Sulzer Gehorsam so wichtig? Sie nahmen an, daß das Kind grundsätzlich schlecht auf die Welt kommt und zum Guten erzogen werden muß. Hauptaufgabe der Erziehung ist es, Unarten und Charakterfehler frühzeitig auszumerzen. Eigensinn, Halsstarrigkeit, Trotz und die Heftigkeit kindlicher Gefühle können nur vertrieben werden, wenn das Kind zuerst gehorsam gemacht wurde. Um so früher die Eltern damit beginnen, desto besser. Daniel Schreber, Reformer der körperlichen Erziehung und Begründer der Schrebergärten, riet 1858 den Eltern: »Man muß schon im 5. Lebensmonat beginnen, das Kind vom schädlichen Unkraut zu befreien« (zitiert nach Rutschky 1993). Sulzer stellte die folgenden Überlegungen an, um zu begründen, weshalb es notwendig und vorteilhaft ist, den Willen des Kindes so früh als möglich zu brechen:

Diesen Gehorsam aber den Kindern einzupflanzen ist nicht sehr leicht. Es ist ganz natürlich, daß die Seele ihren Willen haben will, und, wenn man nicht in den ersten zwei Jahren die Sache richtig gemacht hat, so kommt man hernach schwerlich zum Ziel. Diese ersten Jahre haben unter anderem auch den Vorteil, daß man da Gewalt und Zwang brauchen kann. Die Kinder vergessen mit den Jahren alles, was ihnen in der ersten Kindheit begegnet ist. Kann man da den Kindern den Willen nehmen, so erinnern sie sich hernach niemals mehr, daß sie einen Willen gehabt haben, und die Schärfe, die man wird brauchen müssen, hat auch eben deswegen keine schlimmen Folgen. (Zitiert nach Rutschky 1993)

Gewalt und Zwang werden als vertretbare Erziehungsmittel angesehen. Sulzer meint, daß sich Kinder später nicht mehr daran erinnern würden, was ihnen in der Kindheit angetan wurde. Dies war ein fataler Trugschluß, wie wir heute wissen.

Fünf Teufel müßten dem Kind ausgetrieben werden: Lüge, Verstellung, Boshaftigkeit, Grausamkeit und Egoismus. Einen eigenen Willen und eine eigene Meinung zu haben gilt als besonders verpönt. Das Trotzverhalten des Kleinkindes müsse mit allen Mitteln bekämpft werden, weil es sonst zu allem Bösen führe wie Lüge, Schlauheit, Betrug, Kleptomanie und vor allem Eigensinn (S. Landmann, 1896, zitiert nach Rutschky 1993). Ein weiterer wichtiger Bestand des Gehorsams sei der Sinn für Ordnung. Die Ordnung wird als etwas Heiliges und Unverletzliches betrachtet, weil sie die Erziehung zur Tugendhaftigkeit überhaupt erst ermögliche.

Das erste und allgemeinste, worauf man nun zu sehen hat, ist, daß man den Kindern eine Liebe zur Ordnung einpflanzt: Das ist das erste Stück, das wir zur Tugend fordern.

Man muß alles, was man mit den Kindern vornimmt, nach den Regeln einer guten Ordnung vornehmen. Das Essen und Trinken, die Kleidung, das Schlafen und überhaupt die ganze kleine Haushaltung der Kinder muß ordentlich sein und ja niemals nach ihrem Eigensinn oder ihrer Wunderlichkeit im geringsten abgeändert werden, damit sie in ihrer ersten Kindheit lernen, sich den Regeln der Ordnung genau zu unterwerfen. Die Ordnung, die man ihnen hält, hat unstreitig einen Einfluß auf das Gemüt, und wenn die Kinder ganz jung einer guten Ordnung gewohnt werden, so vermeinen sie hernach, daß dieselbe ganz natürlich sei, weil sie nicht mehr wissen, daß man sie ihnen durch die Kunst beigebracht hat.

Kann man schon mit den Kindern sprechen, so muß man ihnen bei allen Anlässen die Ordnung als etwas Heiliges und Unverletzliches vorstellen. Wollen sie etwas haben, das wider die Ordnung ist, so sage man ihnen: Mein liebes Kind, dies kann unmöglich geschehen, es ist wider die Ordnung, diese darf niemals überschritten werden. (Sulzer, zitiert nach Rutschky 1993)

Bemerkenswert und für Kinder erfreulich zu vernehmen ist, daß sich die Mütter offenbar – sehr zum Bedauern der Pädagogen – nur ungenügend an deren Weisungen gehalten haben:

Im Familienkreis vertreten schwache Mütter meistens das philanthropische Prinzip, während der Vater mit kurzem Wesen unbedingten Gehorsam fordert. Dafür wird die Mutter auch am meisten von ihren Kleinen tyrannisiert, darum gilt dem Vater die meiste Ehrfurcht und deshalb ist dieser das Haupt des Ganzen, dessen Geist von ihm seine Richtung erhält. (L. Keller, 1852, zitiert nach Rutschky 1993)

Die Mütter, denen doch gewöhnlich die Erziehung der Kinder überlassen bleibt, verstehen es sehr selten, der Heftigkeit erfolgreich entgegenzutreten. (S. Landmann, 1896, zitiert nach Rutschky 1993)

Vaterliebe erwähnen diese Pädagogen nie, die Vaterlandsliebe haben sie dafür um so mehr betont, und Mutterliebe war ihnen höchst verdächtig. Wie negativ sie mütterliche Zuwendung eingeschätzt haben, geht aus dem nachfolgenden Text in aller Deutlichkeit hervor:

Die Affenliebe kann nicht hart sein, nicht verwehren, nicht nein sagen für das wahre Wohl des Kindes, sie kann nur ja sagen zu seinem Schaden; sie läßt sich vom blinden Gutsein wie von einem Naturtrieb beherrschen, erlaubt, wo sie verbieten, ist nachsichtig, wo sie strafen, läßt geschehen, wo sie verwehren sollte. Die Affenliebe ermangelt jeden klaren Bewußtseins in Beziehung auf das Erziehungsziel; sie ist kurzsichtig; sie will dem Kind wohltun, aber sie wählt falsche Mittel, sie läßt sich von augenblicklichen Empfindungen verleiten, anstatt sich von ruhiger Besonnenheit und Überlegung leiten zu lassen. Sie wird, anstatt das Kind zu verführen, von diesem verführt. Sie hat keine ruhige, eigene Widerstandskraft und läßt sich von des Kindes Widerspruch, Eigensinn, Trotz oder auch von Bitten, Schmeicheleien, Tränen des jungen Tyrannen tyrannisieren. Sie ist das Gegenteil von wahrer Liebe, die auch vor Strafen nicht zurückschreckt. (A. Matthias, 1902, zitiert nach Rutschky 1993)

Dieser Auszug – der bereits aus unserem Jahrhundert stammt! – ist ein tröstlicher Hinweis darauf, daß sich die Mütter weit mehr von den Bedürfnissen ihrer Kinder leiten ließen als vom Gedankengut der Fachleute (das ist wohl auch heute noch so). Autoritäre Erziehungspraktiken scheinen vor allem ein männliches Anliegen gewesen zu sein.

Nachwirkungen

Die wichtigsten erzieherischen Grundsätze und Erziehungsmittel der »schwarzen Pädagogik« sind in der folgenden Tabelle zusammengefaßt. Sie wurden von Heinrich Hoffmann in seinem

1845 erstmals erschienen *Struwwelpeter* trefflich in Bildern und Versen festgehalten.

Erziehungshaltung

Das Kind kommt schlecht auf die Welt.
Die bösen Seiten seines Wesens müssen ausgetrieben und gute anerzogen werden.
Ordnung und Unterwürfigkeit sind die Grundlagen der Tugendhaftigkeit.
Das Kind muß die Autorität des Erwachsenen vorbehaltlos anerkennen.
Sein Wille muß mit Zwang und Gewalt gebrochen werden.
Negative Gefühlsäußerungen müssen unterdrückt werden, damit sie nicht überhandnehmen.

Auswirkungen

Das Kind gehorcht nicht aus sich heraus, sondern aus Angst vor der Bestrafung.
Es ist gehemmt in der Entfaltung seiner Fähigkeiten.
Es ist nicht konflikt- und kritikfähig.
Es ist fremdbestimmt.
Es entwickelt ein schwaches Selbstwertgefühl.
Derart erzogen, wird das Kind zu einem autoritätsgläubigen Erwachsenen.

Schwarze Pädagogik. Elemente der autoritären Erziehung

Wie sehr wirkt die »schwarze Pädagogik« heute noch nach? Wahrscheinlich mehr, als wir annehmen und uns lieb sein kann. Dafür gibt es mehrere Gründe:

Angst vor dem »bösen« Kind. Manche Erwachsene glauben noch immer tief in ihrem Innersten: Wenn sich das Kind nicht fürchten muß, wird es sich nicht zum Guten entwickeln. Diese Angst hat ihre Wurzeln in den überlieferten Erziehungsvorstellungen, daß ein Kind sich nicht zu einem sozialen Wesen entwickeln kann, wenn es nicht dazu gezwungen wird. Dahinter steckt immer noch der Glaube, daß Kinder böse geboren werden und zum rechten Verhalten erzogen werden müssen.

Wir haben uns von dem alten Vorurteil noch nicht ganz befreit, daß sich ein Kind sozial wünschenswerte Verhaltensweisen nur aneignet, wenn sie ihm aufgezwungen werden. Wir sind von der inneren Bereitschaft des Kindes nicht restlos überzeugt, daß es sich aus sich heraus zum Guten entwickeln kann und uns nachstreben will. Vielleicht genügt es uns auch nicht, daß das Kind nur so werden wird, wie wir sind – weil wir uns selbst als schlecht empfinden und möchten, daß das Kind besser wird.

Angst, die Kontrolle über das Kind zu verlieren. In uns steckt immer noch die Befürchtung, daß, wenn wir nett zu einem Kind sind, es unser Wohlwollen mißbrauchen wird. Wir glauben ihm immer wieder den Meister zeigen zu müssen, damit wir es unter Kontrolle behalten können: Wir bestimmen, und wir können unseren Willen jederzeit durchsetzen. Diese Angst ist dann berechtigt, wenn zwischen dem Kind und uns eine vertrauensvolle Beziehung fehlt.

Angst vor negativen Gefühlen. Auf negative Gefühlsäußerungen reagieren wir oft mit Zwang und Druck, weil wir uns von ihnen bedroht fühlen. Wir glauben, solche Gefühlsregungen unterdrücken zu müssen, damit sie nicht immer mächtiger werden. So erleben manche Eltern die kindliche Aggressivität einer Trotzreaktion als willentlichen Akt der Auflehnung und versuchen, dem Kind das Verhalten – allenfalls mit körperlicher Strafe und Ablehnung – auszutreiben. Die Folge ist, daß die Trotzreaktionen an Häufigkeit und Stärke nicht ab- sondern zunehmen. Trotzreaktionen werden dann schwächer, wenn die Eltern darauf nicht reagieren, den Forderungen des Kindes aber auch nicht nachgeben. Trotzreaktionen entspringen nicht kindlicher Bösartigkeit, sondern sind ein normaler und notwendiger Ausdruck der Ich-Entwicklung. Ihr Ausbleiben wäre ein Grund zur Besorgnis.

Wahrscheinlich machen uns die emotionalen Ausbrüche der Kinder auch deshalb angst, weil sie negative Gefühle in uns aktivieren und wir unsere eigenen Aggressionen unterdrücken müssen.

Fit-Konzept und autoritäre Erziehung

Autoritäre und kindorientierte Erziehung unterscheiden sich nicht so sehr in ihrer Zielsetzung, etwa dem respektvollen Umgang mit anderen Menschen, als vielmehr in den Erziehungsmitteln, die sie anwenden, und vor allem in der Lernerfahrung, die das Kind dabei macht:

In der autoritären Erziehung erklärt sich der Erwachsene zur unumstrittenen Autorität. Das Kind hat ihn als Autoritätsperson vorbehaltlos anzuerkennen. Allenfalls wird es mit Zwang und Gewalt dazu gebracht. Ein eigener Wille wird als bedrohlich angesehen und soll deshalb gebrochen werden. Der Erwachsene weiß es immer besser und bestimmt. Wenn das Kind gehorcht, erhält es vielleicht eine Belohnung. Gehorcht es nicht, wird es bestraft.

In einer kindorientierten Erziehung macht das Kind den Erwachsenen zu seiner Autorität, indem es sich an ihn bindet und damit von ihm emotional abhängig wird. Bezugspersonen sind für ein Kind natürliche Autoritäten.

Bestrafen und Belohnen sind wichtige Werkzeuge der autoritären Erziehung. Sie dienen dazu, erwünschte Verhaltensweisen hervorzurufen und zu festigen sowie unerwünschte Verhaltensweisen auszulöschen und zu unterdrücken. Damit gehen die entsprechenden Emotionen von Angst, Schmerz und Ablehnung bzw. Bestätigung, Ermunterung und Zuwendung einher.

Bestraft zu werden ist für das Kind nicht nur wegen des Schmerzes und der Demütigung abträglich, sondern vor allem, weil es sich immer auch abgelehnt fühlt. Mit zornigen Worten, Verboten oder körperlicher Züchtigung geben ihm die Eltern zu verstehen: So wie du bist, mögen wir dich nicht. Wird ein Kind häufig bestraft, kann allein die Furcht vor der Bestrafung zu einer Dauerbelastung werden. Im schlimmsten Fall fühlt sich das Kind grundsätzlich abgelehnt.

Bestrafungen sollen in einer kindorientierten Erziehung möglichst nicht angewendet, können aber nie ganz vermieden werden. Selbst die erfahrensten Eltern kommen nicht ohne Strafen aus, und sei es auch nur, um das Kind vor Gefahren zu bewahren.

Belohnungen werden auch heute noch als ein akzeptiertes und wünschenswertes Erziehungsmittel angesehen. Die Eltern werden von manchen Fachleuten zum Loben geradezu angehalten. Dabei wird übersehen, daß durch die Belohnung oftmals eine

unnötige emotionale Abhängigkeit entsteht. Dazu einige kritische Überlegungen:
- Weshalb soll Wohlverhalten belohnt werden? Mit einer Belohnung geben die Eltern dem Kind zu verstehen, daß sein Wohlverhalten keine Selbstverständlichkeit ist. Belohnungen halten das Kind unselbständig und hindern es daran, Eigenverantwortlichkeit zu entwickeln. Mithelfen im Haushalt sollte nicht mit Belohnung erkauft werden müssen. Ein Kind soll nicht bestochen werden, um »gut« zu sein.
- Ein Kind, das in einer positiven Weise an seine Bezugspersonen gebunden ist, eignet sich das erwünschte Verhalten an, nicht weil es dafür gelobt werden will, sondern weil es unabhängig werden und wie die anderen sein möchte. Es will selbständig essen, trocken und sauber werden und sich allein anziehen können. Jedes Kind will, wenn es in der Entwicklung soweit ist, lesen lernen. Es muß nicht mit Belohnungen dazu motiviert werden. Sein Selbstwertgefühl entwickelt sich besser, wenn es sich Fähigkeiten aus einem inneren Bedürfnis heraus aneignen kann und nicht durch Bestrafung oder Belohnung dazu gebracht wird.
- Belohnungen können ein Kind zur Einstellung verführen, daß es nichts tun muß, wenn dabei keine Belohnung herausspringt. Belohnungen haben die fatale Eigenschaft, sich zu vermehren. Denn es gibt keine Belohnung, die auf Dauer zufriedenstellen kann. Verwöhnung setzt spätestens dann ein, wenn ein Kind in seinem Verhalten nicht mehr durch die Beziehungen zu seinen Bezugspersonen und ihre Wertvorstellungen, sondern nur noch durch Belohnungen bestimmt wird.

Selbstverständlich soll ein Kind Zuwendung bekommen. Die Wertschätzung soll aber seiner Person gelten und nicht eine Belohnung für Wohlverhalten und Leistung sein.

Wohlerzogensein ist ein weiteres Anliegen der autoritären wie auch der kindorientierten Erziehung. Sie wenden aber verschiedene Strategien an, um dieses Ziel zu erreichen. Eine formale Höflichkeit – wie Händchen geben oder freundlich grüßen – will die autoritäre Erziehung mit Belohnung und Strafe erreichen. Eine solche Höflichkeit ist aber niemals echt, weil sie aufgezwungen ist und keinem inneren Gefühl entspringt. Fällt der Zwang weg, schwindet oft auch die Höflichkeit.

In der kindorientierten Erziehung sollen sittliche und erzieherische Werte wie *Anständigkeit und Ehrlichkeit* integrale Bestandteile der Persönlichkeit werden. Dies ist nur durch soziales Lernen und entsprechende Vorbilder zu erreichen: Sozialer Anstand bedeutet, den Menschen mit Verständnis und Achtung zu begegnen. Gutes Benehmen erwirbt ein Kind nicht durch Belehrung und Druck, sondern nur, indem es positive zwischenmenschliche Erfahrungen machen kann und das Verhalten von Vorbildern, die ihm sittliche Werte vorleben, verinnerlicht.

Eine weitere wichtige erzieherische Kraft ist die *Achtung*, die die Bezugspersonen dem Kind entgegenbringen: Aufrichtigkeit und Ehrlichkeit kann sich ein Kind nur aneignen, wenn die Bezugspersonen aufrichtig und ehrlich mit ihm und miteinander umgehen. So müssen Verhaltensregeln am Familientisch, die für das Kind Geltung haben, auch von den Erwachsenen respektiert werden. Eine formale Achtung des Eigentums anderer läßt sich durch Bestrafung und Verbote erreichen. Ehrlicher Respekt wird sich beim Kind aber nur einstellen, wenn die Eltern das Eigentum des Kindes ebenso achten.

Unvermeidlich

Auch wenn sich Eltern und Erzieher noch so sehr bemühen, ganz ohne autoritäre Erziehungsmittel werden sie nicht auskommen. Wenn sich das Kind einer Gefahr aussetzt, müssen sie über das Kind bestimmen und es allenfalls durch rasches Eingreifen schützen. Eine autoritäre Haltung kann notwendig werden, wenn eine vertrauensvolle Beziehung fehlt. Übernimmt ein Lehrer eine Schulklasse, deren Schüler durch häufige Lehrerwechsel verunsichert und rebellisch gemacht worden sind, muß er sich mit klaren Anweisungen durchsetzen, um ein Klima gegenseitiger Achtung herzustellen. Erst dann wird es möglich sein, daß zwischen ihnen eine vertrauensvolle Beziehung entsteht. Der Lehrer wäre zu gutgläubig, wenn er erwartete, daß die Schüler ihm gehorchten, bloß weil er besonders nett mit ihnen umgehe. Die Kinder richten sich erst dann positiv auf den Lehrer aus, wenn sie Vertrauen zu ihm gefaßt haben und ihnen an seiner Person etwas liegt. Dazu ist gegenseitiger Respekt und ein Mindestmaß an gemeinsamen Erfahrungen notwendig.

Autoritäre Maßnahmen werden immer dann gefordert, wenn von Kindern und Jugendlichen Gewalt ausgeht. Wenn sich die Gesellschaft bedroht fühlt, neigt sie dazu, Gewalt mit Gewalt zu vergelten. So reagieren in den Vereinigten Staaten immer mehr Schulen mit kompromißloser Strenge auf die zunehmende Gewalt unter Kindern und Jugendlichen. »Null Toleranz« (zero tolerance) heißt die neue Strategie, die Amerikas Jugendliche vor Waffen, Drogen und Unmoral schützen soll. In Florida wurde ein Erstkläßler, der seine Lehrerin angeblich gekratzt und gebissen hat, von der Polizei verhaftet und in Handschellen abgeführt (*Neue Zürcher Zeitung* v. 29. Mai 1998). Der Ruf nach mehr Polizei, Gefängnissen und strengeren Gesetzen wird immer lauter, und die Todesstrafe wird sogar für Kinder in Erwägung gezogen. Wenn sich eine Gesellschaft nicht mehr zu helfen weiß, erklärt sie die Strafe zum obersten Erziehungsprinzip und räumt der »Charakterschulung« durch Zucht und Zwang höchste Priorität ein.

Wenn Gewalt ein bestimmtes Ausmaß angenommen hat, kann sie nur noch mit repressiven Maßnahmen eingedämmt werden. Solche Maßnahmen können aber immer nur dazu dienen, die Gesellschaft vor gewalttätigen Individuen zu schützen. *Die Verwahrlosung selbst ist aber nie – wie fälschlicherweise häufig angenommen wird – die Folge mangelnder Zucht und Disziplin, sondern Ausdruck einer emotionalen und sozialen Verwahrlosung.* Um Gewalt und soziale Fehlentwicklungen zu vermeiden, ist keine autoritäre, sondern eine kindorientierte Erziehung nötig, die die Grundbedürfnisse der Kinder so befriedigt, daß Verwahrlosung gar nicht erst entstehen kann. Eine solche auf die Zukunft bezogene Erziehungspolitik setzt allerdings Lebensbedingungen voraus, die heutzutage leider nicht mehr für alle Familien und deren Kinder gewährleistet sind.

Eine autoritäre Erziehungshaltung ist für die Erwachsenen mit chronischem Streß verbunden und daher auf Dauer kaum aufrechtzuerhalten. Kinder mit Belohnungen und Bestrafungen zu kontrollieren ist aufwendig und anstrengend. Die entscheidenden Nachteile der autoritären Erziehung sind aber ihre langfristigen Auswirkungen: Das Kind ist fremdbestimmt und kann sich nicht nach seinen individuellen Bedürfnissen und Eigenheiten entwickeln; es ist konflikt- und kritikunfähig und hat ein schwaches Selbstwertgefühl. Es wird zu einem Erwachsenen, der autoritätsgläubig ist und bedingungslose Unterordnung der Schwächeren fordert. Er hat keine eigene Meinung, ist völlig angepaßt und ist nicht kreativ.

Weshalb gehorcht ein Kind?

Ein Kind braucht nicht zum Gehorsam gezwungen werden. *Es ist biologisch darauf angelegt, zu gehorchen.* Es ist bereit, sich an vertraute Personen zu binden, sich nach Bezugspersonen auszurichten, sich von ihnen leiten zu lassen und sich an ihrem Verhalten zu orientieren. Wenn seine Grundbedürfnisse ausreichend befriedigt werden, kann ein Kind – nicht ganz, aber weitgehend – ohne Zwang und Druck erzogen werden. Es gehorcht, ohne daß sein Wille gebrochen und seine Selbständigkeit eingeschränkt werden. Es gibt wohl keine Eltern und keine Fachleute, die ausschließlich autoritär oder ausschließlich kindorientiert erziehen. Je vertrauensvoller die Beziehung zum Kind ist, desto weniger sind sie auf autoritäre Erziehungsmaßnahmen angewiesen. *Autoritäre Erziehungsmittel lassen sich nie ganz vermeiden. Sie sollten aber auf erzieherische »Notfälle« beschränkt bleiben und kein Erziehungsprinzip darstellen.*

Das Wichtigste in Kürze

1. Die autoritäre Erziehung geht davon aus, daß das Kind schlecht auf die Welt kommt. Die schlechten Seiten seines Wesens müssen ihm ausgetrieben und gute anerzogen werden.

- Sie baut auf Gehorsam auf, der durch Zwang und sogar Gewalt erreicht wird.
- Der Wille des Kindes muß gebrochen werden, damit das Kind die Autorität des Erwachsenen vorbehaltlos anerkennt.
- Ordnung und Unterwürfigkeit sind die Grundlagen der Tugendhaftigkeit.
- Negative Gefühlsäußerungen wie Trotzreaktionen müssen unterdrückt werden, damit sie nicht überhandnehmen.
- Bestrafungen und Belohnungen dienen dazu, das Kind zu kontrollieren.

2. Die negativen Auswirkungen der autoritären Erziehung sind:
   - Das Kind gehorcht nicht aus sich heraus, sondern aus Angst vor der Autorität.
   - Es ist gehemmt in der Entfaltung seiner Fähigkeiten.
   - Es ist nicht konflikt- und kritikfähig.
   - Es ist fremdbestimmt.
   - Es entwickelt ein schwaches Selbstwertgefühl.
   - Es wird zu einem autoritätsgläubigen Erwachsenen.

3. *Die autoritäre Erziehung berücksichtigt nicht, daß ein Kind biologisch darauf angelegt ist zu gehorchen.* Es bindet sich an vertraute Personen, wodurch es innerlich bereit ist, sich auf Bezugspersonen auszurichten, sich von ihnen leiten zu lassen und sich an ihrem Verhalten zu orientieren.

4. Je vertrauensvoller die Beziehung eines Kindes zu den Eltern und Bezugspersonen ist, desto weniger werden diese auf autoritäre Erziehungsmaßnahmen angewiesen sein.

5. Autoritäre Erziehungsmittel lassen sich nie ganz vermeiden. Sie sollten aber auf erzieherische »Notfälle« beschränkt bleiben und kein Erziehungsprinzip darstellen.

Selbstbestimmung

> *Es gibt keine problematischen Kinder, sondern nur problematische Eltern.*
>
> A. S. Neill 1969

Widerstand gegen die »schwarze Pädagogik« regte sich bereits im 18. und im 19. Jahrhundert, also noch zu den Zeiten der Pädagogen Sulzer, Keller und Landmann. Jean-Jacques Rousseau (1712–1778) postulierte in seinem »Gesellschaftsvertrag« (contrat social) die angeborenen und unveräußerlichen Rechte auf Freiheit, Gleichheit und Selbstbestimmung des Individuums. In seinem Roman *Emile, oder über die Erziehung* (1762) versuchte Rousseau seine Vorstellungen auf die Erziehung anzuwenden: Emile soll sich ganz seiner Natur gemäß entwickeln. Johann Heinrich Pestalozzi (1746–1827), Wegbereiter der Volksschule und der Lehrerbildung, hat in den »Elementarmethoden der Erziehung« nicht mehr gesellschaftliche Zielvorstellungen, sondern das Kind ins Zentrum seiner Überlegungen gestellt. Friedrich Fröbel (1782–1852), Begründer des Kindergartens, sprach vom freitätigen Leben des Kindes. Er betonte nachdrücklich die Achtung vor dem Kind, seinem Verhalten und seinen angeborenen Interessen. Janusz Korczak (1878–1942), Kinderarzt, Pädagoge und Begründer von Waisenhäusern in Warschau, versuchte seine demokratischen Vorstellungen in Selbstverwaltungen und Kindergerichten zu verwirklichen. Er formulierte als erster die Grundrechte des Kindes, deren drei wichtigste Aussagen sind: Kinder sollen von den Erwachsenen mit Freundlichkeit und Respekt behandelt werden. Sie sind gleichwertige Partner und keine Sklaven der Erwachsenen. Ein Kind soll zu dem Menschen heranwachsen dürfen, der es ist und der in ihm steckt (Korczak 1972, 1989).

Eine breite Diskussion über die Bedeutung von Freiheit, Demokratie und Selbstbestimmung in der Erziehung setzte in den 60er Jahren ein. Seither wurde dieses Gedankengut unter den Schlagworten »antiautoritäre Erziehung« (Neill 1969) und »soziale Gleichwertigkeit« (Dreikurs 1981, erstmals publiziert 1961) in alle sozialen Schichten getragen.

Fit-Konzept und antiautoritäre Erziehung

Worin unterscheidet sich das Fit-Konzept von der antiautoritären Erziehung? Es hat mit den Prinzipien der antiautoritären Erziehung vieles gemeinsam. Die Unterschiede, die für die Erziehung von Bedeutung sind, wollen wir anhand von Buchzitaten, die von Neill (1969) stammen, diskutieren.

Das Kind ist gut. Es wird geboren, um das Leben zu lieben und am Leben interessiert zu sein. Die Vorstellung, der Mensch sei in der Sünde geboren (Erbsünde), ist falsch.

Die antiautoritäre Erziehung hat das Dogma der autoritären Erziehung ins Gegenteil verkehrt: Das Kind wird gut geboren und kann durch die Erziehung, überspitzt ausgedrückt, nur noch verteufelt werden. Die Kunst der Erziehung besteht vor allem darin, das Kind nicht schlecht zu machen.

Nach dem Fit-Konzept kommt ein Kind weder schlecht noch gut auf die Welt. Die Voraussetzungen, die es mit sich bringt, sind wertneutral. Es ist bereit, sich zu binden und sich nach seinen Bezugspersonen auszurichten. Es entwickelt sich aus sich heraus und ist an der sozialen und der materiellen Umwelt interessiert. In welchem Maße ein Kind seinen Eltern Freude bereitet – das ist es ja wohl, was mit »gut« oder »schlecht« gemeint ist –, wird davon abhängen, ob es ausreichend Geborgenheit und Zuwendung erhält und welchen Vorbildern es nacheifern kann.

Der Erwachsene hat als Bezugsperson Vorbildfunktion, deren Bedeutung von der antiautoritären Erziehung unterschätzt wurde. Das Kind orientiert sich in seinem zwischenmenschlichen Verhalten und seinen Wertvorstellungen an seinen Vorbildern.

Ein schwieriges Kind ist ein unglückliches Kind. Es wurde nicht so geboren, sondern ist durch ungünstige äußere Umstände so geworden.

Da das Kind – laut antiautoritärer Erziehung – von Grund auf gut ist, kann es nur an den Eltern liegen, wenn es Schwierigkeiten macht: »Es gibt keine problematischen Kinder, sondern nur problematische Eltern.« Dieser radikale Anspruch muß die Eltern überfordern und ihnen Schuld- und Versagensgefühle bereiten. Er ist zudem ungerecht, weil kein Kind das ausschließliche Produkt der elterlichen Erziehung ist. Das Fit-Konzept geht davon aus, daß alle Fähigkeiten und Verhaltensweisen von Kind zu Kind unterschiedlich angelegt sind. So gibt es selbst unter Geschwistern solche, die mehr oder weniger ausgeprägte Trotzreaktionen zeigen. Im Schulalter sind ihre Lese- und ihre Rechenfähigkeiten unterschiedlich ausgeprägt.

Das Ziel der Erziehung besteht darin, dem Kind zu helfen, sich zu entwickeln und glücklich zu werden. Glücklich sein bedeutet Wohlbefinden, Ausgeglichenheit und Übereinstimmung mit den eigenen Bedürfnissen und Interessen.

Das Kind hat Anrecht auf Eigenständigkeit, Individualität. Die Erziehung soll den psychischen Bedürfnissen und Fähigkeiten des Kindes angepaßt sein. Eltern müssen ihr Kind so akzeptieren, wie es ist, und es nicht nach ihren eigenen Vorstellungen formen wollen.

Das Fit-Konzept stimmt mit der antiautoritären Erziehung in der Bedeutung, die sie der Individualität des Kindes beimißt, weitgehend überein. Eine Schwierigkeit der oben zitierten Aussage besteht in ihrer praktischen Umsetzung. Eltern können sich nicht von ihren Normvorstellungen lösen, wenn ihnen keine anderen Erziehungsstrategien zur Verfügung stehen. Es gelingt ihnen auch nicht, das individuelle Profil von Stärken und Schwächen bei ihrem Kind zu akzeptieren und ihm eine eigenständige Entwicklung zu erlauben. Nicht wenige Achtundsechziger haben sich als Eltern mangels Alternativen an den erzieherischen Richtlinien orientiert, die sie einst bekämpft hatten: an Leistung, Sozialprestige und an der beruflichen Stellung. Das Fit-Konzept möchte die Eltern darin unterstützen, ihre Kinder richtig zu »lesen« und ihren Umgang den individuellen Bedürfnissen der Kinder anzupassen.

Kinder brauchen Liebe und Anerkennung. Das oberste Gebot der Erziehung ist: Du sollst auf der Seite des Kindes stehen.

Für ein Kind bedeuten Liebe und Anerkennung etwas ganz Konkretes, nämlich gemeinsam verbrachte Zeit, Verfügbarkeit und Beständigkeit von Bezugspersonen. Der Aufwand, der notwendig ist, um das kindliche Bedürfnis nach Geborgenheit und Zuwendung ausreichend zu befriedigen, wurde von manchen Eltern, die sich an der antiautoritären Erziehung orientierten, unterschätzt. Ihnen waren vor allem Freiheit und Selbstbestimmung wichtig, und sie haben dabei die große Bedeutung übersehen, die Kontinuität und Qualität der Betreuung haben. Ihre Kinder waren allzuoft sich selbst überlassen und haben sich zu konsumorientierten und egoistischen Jugendlichen entwickelt. Nicht wenige Vertreter der einstigen Hippiegeneration sind heute Entscheidungsträger in Politik, Medien, Erziehung und Justiz. Ironischerweise setzen sie, wenn sie mit der wachsenden Verwahrlosung und der Gewalt unter Jugendlichen konfrontiert werden, auf Gemeinschaftssinn, Kontrolle und Disziplin.

Wie im Kapitel »Fit« angeführt, können ausreichende Kontinuität und Qualität in der Betreuung eines Kindes nicht von einer, auch nicht von zwei, sondern nur von mehreren Bezugspersonen gewährleistet werden. Diese müssen auch bereit sein, genügend Zeit und Geduld für das Kind aufzubringen. Eine solche Bereitschaft kann unter Erwachsenen und insbesondere unter Männern nur entstehen, wenn das Kind eine andere Bedeutung bekommt: Mit dem Kind zusammenzusein soll kein Zeitverlust, sondern eine befriedigende Erfahrung sein.

Ein Kind, das in Freiheit aufwächst, entwickelt Selbstdisziplin: Es nimmt Rücksicht auf die Rechte und das Glück der anderen Menschen und bemüht sich, mit ihnen in Frieden zu leben, indem es sie begreift. Wenn das Kind von Anfang an in Freiheit aufwächst, braucht von ihm in gewöhnlichen Dingen keine Disziplin gefordert werden.

Diese Aussage stimmt unter der Voraussetzung, daß das Kind ausreichend Gelegenheit bekommt, mit Erwachsenen und

Kindern zusammenzusein, und so ihre Verhaltensweisen und Wertvorstellungen übernehmen kann. Das Kind nimmt dann Rücksicht auf andere Menschen, wenn es erlebt, daß seine Bezugspersonen mit ihm und miteinander rücksichtsvoll umgehen.

Das Kind hat ein Recht auf freie Entfaltung ohne äußere Autorität in seelischen und körperlichen Dingen. Einem Kind Freiheit geben heißt, sein eigenes Leben leben lassen. Das Kind soll sich seinen eigenen Bedürfnissen und Interessen entsprechend entwickeln dürfen. Jedes Kind hat die Freiheit zu tun und zu lassen, was es will, solange es die Freiheit der anderen nicht beeinträchtigt.

»Freiheit« ist der zentrale Begriff der antiautoritären Erziehung. Manche Eltern haben die Freiheit vor allem für sich reklamiert und den Begriff in der Erziehung so verstanden, daß sie das Kind sich selbst überlassen haben. Wie im Kapitel »Fit« ausgeführt, kann es für das Kind Freiheit im Sinne von Selbstbestimmung nur geben, wenn es bereits über die entsprechende Kompetenz verfügt. Immer da, wo das Kind kompetent ist, soll es auch bestimmen können. Alles, was darüber hinausgeht, ist keine Freiheit, weil sie das Kind überfordert und verunsichert. Wenn es nicht kompetent ist, müssen die Eltern die Verantwortung übernehmen. Freiheit im Sinne von Selbstbestimmung kann es nur so weit geben, wie das Kind auch kompetent ist.

Die antiautoritäre Erziehung versucht, ohne Autorität auszukommen. Erziehung ohne Autorität gibt es aber nicht. Das Kind selbst macht seine Bezugspersonen zu natürlichen Autoritäten.

Das Wichtigste in Kürze

1. Die antiautoritäre Erziehung definiert sich – wie ihr Name besagt – durch Gegenposition zur autoritären Erziehung:
   - Das Kind wird gut geboren.
   - Es soll sich frei von jeder Autorität fühlen.
   - Es braucht nicht Zwang und Druck sondern Freiheit.
2. Das Fit-Konzept unterscheidet sich von der antiautoritären Erziehung in den folgenden Punkten:
   - Ein Kind wird weder gut noch schlecht geboren. Es orientiert sich in seinem zwischenmenschlichen Verhalten und in seinen Wertvorstellungen an seinen Vorbildern.
   - Das Kind selbst macht den Erwachsenen zu seiner natürlichen Autorität, indem es sich an ihn bindet. Es läßt sich aus dieser emotionalen Abhängigkeit heraus führen.
   - Freiheit im Sinne von Selbstbestimmung kann es nur so weit geben, wie das Kind auch kompetent ist.

Anhang

Glossar

Anlage: Organische und funktionelle Strukturen, die bei der Geburt vorliegen und die Grundlagen für die weitere Entwicklung bilden. Sie werden weitgehend durch die Erbanlagen bestimmt, können aber auch durch vorgeburtliche Ereignisse beeinflußt sein.

Bezugsperson: Person, an die ein Kind gebunden ist. Eine gute Bezugsperson zeichnet sich durch Verläßlichkeit, Beständigkeit und Angemessenheit in ihrem Verhalten aus.

Bindung: Emotionale Abhängigkeit des Kindes, die durch das Vertrautwerden mit einem Erwachsenen zustande kommt. Die Bindung entsteht anfänglich aus der Befriedigung der körperlichen und der psychischen Grundbedürfnisse. Zuwendung und soziale Anerkennung tragen in der Entwicklung immer mehr zur Bindung bei.

Differenzierung: s. Entwicklung

Entwicklung: Entsteht aus dem Zusammenwirken von Anlage und Umwelt. Die drei Hauptaspekte sind:

- *Wachstum*: Entwicklungsmerkmal nimmt quantitativ zu (z. B. Körpergröße oder Wortschatz).

- *Differenzierung*: Entwicklungsmerkmal verändert sich qualitativ, indem es sich morphologisch und funktionell weiter ausbildet (z. B. Greiffunktion oder Satzbau).

- *Spezifizierung*: Entwicklungsmerkmal wird mit der Anpassung an die Umwelt in seiner Funktion festgelegt (z. B. die Feinmotorik beim Schreibenlernen oder das Sprachvermögen durch den Erwerb der Muttersprache). Die Spezifizierung eines Merkmals wird in der Pubertät abgeschlossen.

Erziehung: Einwirkung auf das Kind mit dem Ziel, daß es sich von seinem sozialen Umfeld erwünschte Verhaltensweisen und Wertvorstellungen aneignet.

- *autoritär*: Gründet auf Gehorsam und Unterordnung des Kindes gegenüber den Erwachsenen. Bestrafung und Belohnung dienen dazu, das Kind zu kontrollieren.

- *antiautoritär*: Lehnt das Prinzip der Autorität grundsätzlich ab und versucht, ohne Druck und Zwang auszukommen. Betont die soziale Gleichwertigkeit von Kindern und Erwachsenen.

- *kindorientiert*: Geht davon aus, daß sich das Kind an vertraute Personen bindet. Aus dieser emotionalen Abhängigkeit heraus ist es bereit, sich nach Bezugspersonen auszurichten, sich von ihnen leiten zu lassen und sich an ihren Verhaltensweisen zu orientieren.

Fit: Die soziale und die materielle Umwelt stimmen mit den individuellen Bedürfnissen und Eigenheiten eines Kindes überein (Geborgenheit, Zuwendung und Anerkennung sowie Entwicklung und Lernen).

Geborgenheit: Ein Kind fühlt sich dann geborgen, wenn seine Grundbedürfnisse zuverlässig und angemessen befriedigt werden.

Gehorsam: Das Kind richtet sein Verhalten nach den Erwachsenen aus.

- *autoritär*: Unterordnung wird durch Gebote oder Verbote sowie Belohnung und Strafe sichergestellt. Diese Form des Gehorsams basiert auf dem Machtunterschied zwischen Kind und Erwachsenen (autoritäre Autorität).
- *kindorientiert*: Ausrichtung des Kindes ergibt sich aus seiner emotionalen Abhängigkeit von den Bezugspersonen (natürliche Autorität).

Grundbedürfnisse: Bedürfnisse, die befriedigt werden müssen, damit sich ein Kind geborgen fühlt und sich seiner Anlage entsprechend entwickeln kann.

- *körperliche*: Ernährung, Pflege und Schutz.
- *psychische*: Nähe und Sicherheit.

Intelligenz: Ist im weitesten Sinne die Fähigkeit, Eigenschaften und Zusammenhänge in der physischen und sozialen Umwelt zu erkennen und darauf in einer für den Organismus vorteilhaften Weise zu reagieren. Diese Fähigkeit beruht unter anderem auf der Wahrnehmung, der Merkfähigkeit, dem Gedächtnis und den Symbolfunktionen.

Im engeren Sinne wird unter Intelligenz die Fähigkeit verstanden, anschauliche und abstrakte Beziehungen zu erfassen und herzustellen sowie neuartige Situationen durch problemlösendes Verhalten zu bewältigen.

Intelligenzquotient (IQ): Maß für die intellektuelle Leistungsfähigkeit, die vor allem in der Schule von Belang ist. Der IQ errechnet sich aus dem Verhältnis von Intelligenzalter und Lebensalter (IQ = Intelligenzalter: Lebensalter). 100 IQ-Punkte entsprechen einer durchschnittlichen intellektuellen Leistung. Die intellektuelle Leistungsfähigkeit hängt wesentlich von den schulischen und den kulturellen Gegebenheiten ab. Sozioökonomische Chancenungleichheit innerhalb einer Gesellschaft beeinträchtigt die Leistungsfähigkeit benachteiligter Kinder.

Kinästhesie: Mit Hilfe der Bewegungsempfindung kann die Lage und die Bewegungsrichtung von Körperteilen zueinander und in bezug auf die Umwelt unbewußt reflektorisch kontrolliert und willentlich gesteuert werden.

Kompetenz: Unterform der menschlichen Intelligenz, beispielsweise sprachliche oder musikalische Kompetenz. Jede Kompetenz weist ihre eigenen organischen Strukturen (Hirnareale) und Funktionen

(Wahrnehmung, Merkfähigkeit, Langzeitgedächtnis und Symbolfunktionen) auf, die Erkenntnisse, Problemlösungen und produktive Leistungen ermöglichen.

Misfit: Die soziale und die materielle Umwelt stimmt mit den individuellen Bedürfnissen und Eigenheiten eines Kindes nicht überein.

Prägung: In der Verhaltensforschung wird darunter die Fixierung eines Verhaltens auf einen bestimmten Reiz (Auslöser) verstanden. Bekanntestes Beispiel ist Nachfolgeprägung bei Gänsen, deren frischgeschlüpfte Küken dem ersten bewegten Lebewesen, das Laute von sich gibt, nachlaufen, auch wenn es nicht die Mutter ist. Die Prägung ist dadurch gekennzeichnet, daß die Initiierung des Verhaltens sehr rasch und nur während einer begrenzten Zeitdauer erfolgt. Geht diese sogenannte sensible Phase vorüber, ohne daß sich die Verhaltensweise etablieren konnte, ist auch die Prägungsbereitschaft verschwunden. Einmal erworbene Verhaltensweisen können weder modifiziert noch ausgelöscht werden.

Selbstbestimmung: Ein Kind soll bestimmen können, wenn es kompetent ist. Seine Kompetenz hängt immer vom jeweiligen Entwicklungsstand ab. Selbstbestimmung kann es nur so weit geben, wie das Kind auch kompetent ist.

Selbstwertgefühl: Bewußtes Erleben des eigenen Persönlichkeitswertes. Die wichtigsten Komponenten des Selbstwertgefühls sind die Selbst- und die Fremdeinschätzung von Verhaltensweisen, Fähigkeiten und Leistungen.

Spezifizierung: s. Entwicklung

Symbolfunktion: Ein Symbol ist ein inneres Bild (»Schema«), das losgelöst von unmittelbaren Erfahrungen in immer wieder neuen Zusammenhängen verwendet werden kann (z. B. der Begriff »Krug«).

Variabilität: Unterschiedlichkeit, Abweichung.
- *interindividuell*: Unterschiedliche Ausprägung eines bestimmten Merkmals bei gleichaltrigen Kindern (z. B. der Körpergröße oder des Geh-Alters). Eine verbreitete Methode, um die Variabilität eines Entwicklungsmerkmals zu beschreiben, sind die sogenannten Perzentilenwerte (Prozentwerte). Sie geben beispielsweise an, wieviel Prozent der Kinder die gleiche tägliche Nahrungsmenge zu sich nehmen (vgl. Abbildung auf Seite 27). Je 50 Prozent der Kinder liegen über bzw. unter der 50. Perzentile. Je 3 Prozent der Kinder liegen oberhalb der 3. beziehungsweise unterhalb der 97. Perzentile. Die ganze Streubreite der Variabilität, die 100 Prozent der Kinder umfaßt, wird durch den kleinsten und größten Merkmalswert begrenzt.

Wenn die Variabilität eines Merkmals eine Gauß'sche Normalverteilung aufweist, kann sie auch durch den Mittelwert und die Standardabweichung charakterisiert werden. Die Beziehung zwischen Mittelwert und Standardabweichung einerseits und den Perzentilenwerten andererseits ist in der nachfolgenden Abbildung dargestellt.

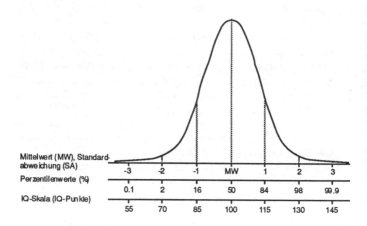

Mittelwert und Standardabweichung, Perzentilenwerte und IQ-Skala: Standardskalen basieren auf einer Normalverteilung der Meßwerte.

Die Darstellung von Entwicklungs- und Intelligenzquotient beruht ebenfalls auf der Annahme einer Normalverteilung; der Mittelwert beträgt 100 und eine Standardabweichung 15 EQ/IQ-Punkte.
- *intraindividuell:* unterschiedliche Ausprägung von verschiedenen Entwicklungsmerkmalen beim selben Kind (z. B. ist die Motorik weiter fortgeschritten als die Sprachentwicklung oder das Zahlenverhältnis besser entwickelt als die Lesefähigkeit).

Wachstum: Darunter wird zumeist die körperliche Entwicklung, vor allem das Längenwachstum, verstanden. Erweiterte Definition s. Entwicklung

Zuwendung und soziale Anerkennung: Aufmerksamkeit, die ein Kind einerseits durch die nichtverbale Kommunikation (z. B. ein Lächeln) und andererseits durch Zuspruch für sein Verhalten, seine Fähigkeiten und seine Leistungen erhält.

Literaturverzeichnis

Einleitung

Beck-Gernsheim, E. *Die Kinderfrage. Frauen zwischen Kinderwunsch und Unabhängigkeit.* München 1997

Largo, R. H., Hunziker, H. A. »A developmental approach in the management of children with sleep disturbances in the first three years of life«, in: *European Journal of Pediatrics* 142/1984, 170–173

Largo, R. H., Molinari, L., Siebenthal, K. von, Wolfensberger, U. »Does a profound change in toilet-training affect development of bowel and bladder control?«, in: *Developmental Medicine and Child Neurology* 38/1996, 106–116

Pascal, B. *Über die Religion und über einige andere Gegenstände,* hg. v. E. Wasmuth. Darmstadt 1994

Vielfalt

Basler, K., Largo, R. H., Molinari, L. »Die Entwicklung des Schlafverhaltens in den ersten fünf Lebensjahren«, in: *Helvetica Paediatrica Acta* 35/1980, 211–223

Birch, L. L., Johnson, S. L., Andresen, G., Peters, J. C., Schulte, M. C. »The variability of young children's energy intake«, in: *New England Journal of Medicine* 324/1991, 232–235

Eveleth, P. B., Tanner, J. M. *Worldwide variation in human growth.* New York 1976

Flug, D., Largo, R. H., Prader, A. »Menstrual patterns in adolescent Swiss girls«, in: *Annals of Human Biology* 6/1984, 495–508

Herrenstein, R. J., Murray, C. *The bell curve. Intelligence and class structure in American life.* New York 1994

Largo, R. H., Weber, M., Comenale-Pinto, L., Duc, G. »Early development of locomotion: Significance of prematurity, cerebral palsy and sex«, in: *Developmental Medicine and Child Neurology* 27/1985, 183–191

Largo, R. H., Comenale-Pinto, L., Weber, M., Molinari, L., Duc, G. »Language development during the first five years of life in term and preterm children: Significance of pre-, peri- and postnatal events«, in: *Developmental Medicine and Child Neurology* 28/1986, 333–350

Pikler, E. *Laß mir Zeit. Die selbständige Bewegungsentwicklung des Kindes bis zum freien Gehen.* München 1988

Stolley, H., Kersting, M., Droese, W. »Energie- und Nährstoffbedarf von Kindern im Alter von 1–14 Jahren«, in: *Ergebnisse der Inneren Medizin und Kinderheilkunde* 48/1982, 1–75

Wachtel, U. *Ernährung von gesunden Säuglingen und Kleinkindern.* Stuttgart 1990

Individualität

Bischof-Köhler, D. *Spiegelbild und Empathie.* Bern 1989

Gallup, G. G. »Self-recognition in primates«, in: *American Psychologist* 32/1977, 329–338

Lewis, M., Brooks-Gunn, J. *Social Cognition and the Acquisition of Self.* New York 1979

Anlage

Chomsky, N. *Aspects of the Theory of Syntax.* Cambridge 1967

Eimas, P. D., Siqueland, E. R., Jusczyk, P., Vigorito J. »Speech Perception in infants«, in: Science 171/1971, 303

Grohnfeldt, M. »Erhebung zum altersspezifischen Lautbestand bei drei- bis sechsjährigen Kindern«, in: *Die Sprachheilarbeit* 25/1980, 169–171

Lenneberg, E. H. *Biological Foundation of Language.* New York 1967

Szagun, G. *Sprachentwicklung beim Kind.* München 1988

Weir, R. H. »Some questions on the child's learning of phonology«, in: Smith, F., Miller, G. *The genetics of language.* Cambridge 1966, 153

Werker, J. F., Tees, C. (1985) zitiert von Eimas, P. E. *Sprachwahrnehmung beim Säugling. Gehirn und Kognition.* Berlin 1992

Umwelt

Eveleth, P. B., Tanner, J. M. *Worldwide variation in human growth.* New York 1976

Largo, R. H., Comenale-Pinto, L., Weber, M., Molinari, L., Duc, G. »Language development during the first five years of life in term and preterm children: Significance of pre-, peri- and postnatal events«, in: *Developmental Medicine and Child Neurology* 28/1986, 333–350

Molinari, L., Largo, R. H., Prader, A. »Target height and secular trend in the Swiss population«, in: Borms, J., Hauspie, R., Sand, A.,

Susanne, C., Hebbelinck, M. *Human Growth and Development.* New York 1984

Styne, D. M., McHerny, H. »The evolution of stature in humans«, in: *Hormon Research* 39/1993 (Supplement), 3–6

Zusammenwirken von Anlage und Umwelt

Clarke, A. M., Clarke, A. D. M. *Early experience: Myth and evidence.* London 1976

Gardner, H. *Frames of mind. The theory of multiple intelligences.* New York 1985

Gibran, K. *Eure Seelen sind Feuer. Gedanken und Meditationen.* München 1989

Kagan, J. *Die Natur des Kindes.* München 1984

Largo, R. H. »Catch-up growth during adolescence«, in: *Hormone Research* 39/1993 (Supplement 3), 41–48

Plomin, R. *Nature and nurture.* Pacific Grove 1990

Sameroff, A. J., Chandler, M. J. »Reproductive risk and the continuum of caretaking casuality«, in: Horowitz, F. D. et al. (Hg.) *Review of Child Development Research.* Bd. 4, Chicago 1975

Scarr, S. »Developmental theories for the 1990s: Development and individual differences«, in: *Child Development* 63/1992, 1–19

Wilson, R. S. »The Louisville Twin Study: Developmental synchronies in behavior«, in: *Child Development* 54/1983, 298–316

Geborgenheit und Zuwendung

Ariès, P. *Geschichte der Kindheit.* München 1992

Ernst, C., von Luckner, N. *Stellt die Frühkindheit die Weichen?* Stuttgart 1985

Harlow, H. F. The nature of love, *American Psychologist* 13/1958, 637–685

Harlow, H. F., Harlow, M. K. »Psychopathology in monkeys«, in: Kimmel, H. D. (Hg.) *Experimental Psychopathology.* New York 1971

House, J. »Social relationships and health«, in: *Science* v. 29. 7. 1988

Rosengren, A. »Stressful life events, social support, and mortality in men born 1933«, in: *British Medical Journal* v. 19. 10. 1993

Willi, J. *Therapie der Zweierbeziehung.* Reinbek bei Hamburg 1978

Bindungsverhalten

Ahrens, R. »Beitrag zur Entwicklung des Physiognomie- und Mimikerkennens«, in: *Zeitschrift für Experimentelle und Angewandte Psychologie* 2/1954, 412–454; 599–633
Bowlby, J. *Attachment and Loss.* Bd. 1: *Attachment.* New York 1969.
– *Attachment and Loss.* Bd. 2: *Separation.* New York 1975
Fuenta, F. R. de la *Fauna.* 11 Bände. München 1971
Eibl-Eibesfeldt, I. *Die Biologie des menschlichen Verhaltens. Grundriß der Humanethologie.* München 1995
Harlow, H. F., Harlow, M. K. »Psychopathology in monkeys«, in: Kimmel, H. D. (Hg.) *Experimental Psychopathology.* New York 1971
Klaus, M. G., Kennell, J. H. *Maternal-Infant Bonding.* St. Louis 1976
Lorenz, K. *Über tierisches und menschliches Verhalten.* Bd. 1 u. 2 München 1972
Morris, D. *Körpersignale. Bodywatching.* München 1986
Portmann, A. *Biologische Fragmente zu einer Lehre vom Menschen.* Basel 1969, 41
Schmid, H., Vogelwarte Sempach *Die häufigsten Vogelarten der Schweiz.* Zürich 1985
Svejda, M. J., Pannabecher, B. J., Emde, R. N. »Parent-to-infant attachment. A critique of the early ›bonding‹ model«, in: Emde, R. N., Harrison, R. J. (Hg.) *The development of attachment and affiliative systems.* New York 1982
Wallhäusser, E., Scheich, H. »Auditory imprinting leads to differential 2-deoxyglucose uptake and dendritic spine loss in the chick rostral forebrain«, in: *Developmental Brain Research* 31/1987, 29–44

Entwicklung des Bindungsverhaltens

Barr, R. G., Bakeman, R., Konner, M., Adamson, L. »Crying in !Kung infants: Distress signals in a responsive context«, in: *American Journal of Diseases of Children* 141/1987, 386
Barr, R. G. »The early crying paradox«, in: *Human Nature* 1/1990, 355–389
Bell, S. M., Ainsworth, D. S. »Infant crying and maternal responsiveness«, in: Child Development 43/1972, 1171–1190
Dolto, F. *Von den Schwierigkeiten erwachsen zu werden.* Stuttgart 1995
Eibl-Eibesfeldt, I. *Die Biologie des menschlichen Verhaltens.* München 1995
Erikson, E. H. *Kindheit und Gesellschaft.* Stuttgart 1971

Fremmer-Bombik, E., Grossmann, K. E. »Über die lebenslange Bedeutung früher Bindungserfahrungen«, in: Petzold, H. G. *Frühe Schädigung – späte Folgen?* Paderborn 1993

Freud, A., Burlingham, D. *Kriegskinder.* London 1949

Hunziker, U., Barr, R. G. »Increased carrying reduces infant crying: A randomized controlled trial«, in: *Pediatrics* 77/1986, 641–648

Ladame, F. »Wenn sich Jugendliche das Leben nehmen wollen«, in: *Horizonte* 28/1996, 12–13

Largo, R. H., Hunziker, H. A. »A developmental approach in the management of children with sleep disturbances in the first three years of life«, in: *European Journal of Pediatrics* 142/1984, 170–173

McKenna, J. J., Thoman, E. B., Anders, T. F., Sadeh, A., Schechtman, V. L., Glotzbach, S. F. »Infant-parent co-sleeping in an evolutionary perspective: Implications for understanding infant sleep development and the sudden infant death syndrome«, in: *Sleep* 16/1993, 263–282

Bezugspersonen

Belsky, J. »The ›effects‹ of day care reconsidered«, in: *Early Childhood Research Quarterly* 3/1988, 235–272

Belsky, J., Steinberg, L. »The effects of day care: A critical review«, in: *Child Development* 49/1978, 929–949

Bowlby, J. *Attachment and Loss*, Bd. 1: *Attachment.* New York 1969.
– *Attachment and Loss,* Bd. 2: Separation. New York 1975

Brody, L. R., Hall, J. A. »Gender and Emotion«, in: Lewis, M., Haviland, J. M. (Hg.) *Handbook of Emotions.* New York 1993

Erikson, E. H. *Kindheit und Gesellschaft.* Stuttgart 1971

Field, T. »Interaction behaviors of primary versus secondary caretaker fathers«, in: *Developmental Psychology* 14/1978, 183–184

Lamb, M. E. »Father-infant and mother-infant interaction in the first year of life«, in: *Child Development* 48/1977, 167–181

Lorenz, K. *Über tierisches und menschliches Verhalten.* Bd. 1 u. 2. München 1972

Mahler, M. S. *Symbiose und Individuation.* Bd. 1, Stuttgart 1979

Parke, R. D. »Perspektives on father-infant interaction«, in: Osofsky, J. D. (Hg.) *The Handbook of Infant Development.* New York 1978

Pechstein, J. *Elternnähe oder Krippe? Grundbedürfnisse des Kindes. Zur Information der Abgeordneten des Deutschen Bundestages, der DDR-Volkskammer und der Bundesländer.* Neuwied 1990

Scarr, S. *Wenn Mütter arbeiten. Wie Kind und Beruf sich verbinden lassen.* München 1990

Scarr, S., Eisenberg, M. »Child Care Research: Issues, perspectives, and results«, in: *Annual Review of Psychology* 44/1993, 613–644

Stern, D. *Mutter-Konstellation.* Stuttgart 1997

Tizard, B. *Adoption: a second chance.* London 1977

Tizard, B., Hodges, J. »The effect of early institutional rearing on the development of eight-year-old children«, in: *Journal of Child Psychology and Psychiatry* 16/1978, 61–74

Intelligenz

Binet, A., Simon, T. »Application des méthodes nouvelles au diagnostic du niveau intellectuel chez les infants normaux et anormaux d'hospice et d'école primaire«, in: *L'Année Psychologique* 11/1905, 245

Bösch, Ch., Bösch, H. »Optimisation of nut-cracking in the use of natural hammers by wild chimpanzees«, in: *Behavior* 3/4/1983, 265–286

Gardner, H. *Multiple Intelligences. The theory in practice.* New York 1993

Ifrah, G. *Universalgeschichte der Zahlen.* Zürich 1987

Kleist, von H., erwähnt die Inschrift, die er an einem Haus in Thun vorgefunden hatte, in einem Brief an einen Freund vom 1. Februar 1802

Leakey, R., Lewin, R. *Der Ursprung des Menschen.* Frankfurt a. M. 1993, 261

Piaget, J. *Nachahmung, Spiel und Traum. Die Entwicklung der Symbolfunktion beim Kind* (Gesammelte Werke, Studienausgabe Bd. 5). Stuttgart 1975

Probst, E. *Rekorde der Urzeit.* München 1992

Savage-Rumbaugh, S. *Language comprehension in ape and child* (Monographs of the Society for Research in Child Development 58) 1993

Vigotsky, L. S. *The collected work of L. S. Vigotsky.* New York 1987

Geistige Kompetenzen

Bischof-Köhler, D. *Spiegelbild und Empathie.* Bern 1989

Brody, L. R., Hall, J. A. »Gender and Emotion«, in: Lewis, M., Haviland, J. M. (Hg.) *Handbook of Emotions.* New York 1993

Crick, F. H. C., Watson, J. D. »The complementary structure of deoxyribonucleid acid«, in: *Proceedings of the Royal Society* A 223/1954, 80–96

Gardner, H. *Abschied vom IQ. Die Rahmen-Theorie der vielfachen Intelligenz.* Stuttgart 1985

Goleman, D. *Emotionale Intelligenz.* München 1995

Papousek, H. *Vom ersten Schrei zum ersten Wort.* Bern 1995

Rilke, R. M. *Ausgewählte Gedichte.* Frankfurt a. M. 1981

Starkey, P., Selke, E. S., Gelman R. »Numerical abstraction by human infants«, in: *cognition* 36/1990, 97–127

Entwicklung und Lernen

Largo, R. H., Howard, J. A. »Developmental progression in play behavior of children between nine and thirty months. I. Spontaneous play and imitation«, in: *Developmental Medicine and Child Neurology* 21/1979, 299–310

Largo, R. H. *Babyjahre. Die frühkindliche Entwicklung aus biologischer Sicht.* Hamburg 1993

Melzoff, A., Moore, M. K. »Imitations of facial and manual gestures by human neonates«, in: *Science* 198/1977, 75–78

Papousek, H. »Experimental studies of appetitional behavior in human newborns and infants«, in: Stevenson, H. W., Hess, E. H., Rheingold, H. L. (Hg.) *Early behavior. Comparative and developmental approaches.* New York 1967, 249–277

Scarr, S. »Developmental theories for the 1990s: Development and individual differences«, in: *Child Development* 63/1992, 1–19

Watson, J. »Smiling, cooing and ›the Game‹«, in: Bruner, J. S., Jolly, A. Sylva, K. *Play.* New York 1972, 268–276

Wohlbefinden und Selbstwertgefühl

McCall, R. »Environmental effects on intelligence. The forgotten realm of discontinuous nonshared within-family factors«, in: *Child Development* 54/1983, 408–415

Fit

Chess, St., Thomas, A. *Origins and evolution of behavior disorders.* New York 1984

Marie Meierhofer Institut für das Kind (Hg.) *Startbedingungen für Familien.* Zürich 1998

Papousek, M., Papousek, H. »Intuitive elterliche Früherziehung in der vorsprachlichen Kommunikation. I. Grundlagen und Verhaltensrepertoire«, in: *Sozialpädiatrie in Praxis und Klinik* 12/1990 (a), 521–527

Papousek M., Papousek H. »Intuitive elterliche Früherziehung in der vorsprachlichen Kommunikation. II. Früherkennung von Störungen und therapeutische Ansätze«, in: *Sozialpädiatrie in Praxis und Klinik* 12/1990 (b), 579–583

Piaget, J., Inhelder, B. *Die Entwicklung der physikalischen Mengenbegriffe beim Kind* (Gesammelte Werke, Studienausgabe, Bd. 4). Stuttgart 1975

Pikler, E. *Laß mir Zeit. Die selbständige Bewegungsentwicklung des Kindes bis zum freien Gehen.* München 1988

Stern, D. *The First Relationship: Infant and Mother.* London 1977

Wild, R. *Erziehung zum Sein. Erfahrungsbericht einer aktiven Schule.* Heidelberg 1992

Fit-Konzept auf dem Prüfstand

Largo, R. H., Molinari, L., Siebenthal, K. von, Wolfensberger, U. »Does a profound change in toilet-training affect development of bowel and bladder control?«, in: *Developmental Medicine and Child Neurology* 38/1996, 106–116

Misfit

Quinton, D., Rutter, M. »Early hospital admissions, and later disturbances of behavior. An attempted replication of Douglas' findings«, in: *Developmental Medicine and Child Neurology* 18/1976, 447–459

Robertson, J., Robertson, J. »Young children in brief separation: a fresh look«, in: *Psychoanalytic Study in Childhood* 26/1971, 262–315

Rutter, M. *Helping Troubled Children.* Harmondsworth 1975

Wohlkind, S., Rutter, M. »Separation, loss and family relationships«, in: Rutter, M., Hersov L. (Hg.) *Child Psychiatry.* Oxford 1983

Gehorsam

Hoffmann, H. *Der Struwwelpeter.* Berlin 1994
Neill, A. S. *Theorie und Praxis der antiautoritären Erziehung. Das Beispiel Summerhill.* Reinbek bei Hamburg 1969
Neue Zürcher Zeitung »Strafe als Erziehungsprinzip in den USA«. 29. 5. 1998
Rutschky, H. *Schwarze Pädagogik.* Berlin 1993

Selbstbestimmung

Dreikurs, R., Soltz, V. *Kinder fordern uns heraus.* Stuttgart 1981
Korczak, J. *Das Recht des Kindes auf Achtung.* Göttingen 1972
Korczak, J. *Wie man Kinder lieben soll.* Göttingen 1989
Neill, A. S. *Theorie und Praxis der antiautoritären Erziehung. Das Beispiel Summerhill.* Reinbek bei Hamburg 1969

Videofilme zur kindlichen Entwicklung

Die folgenden Videofilme können über die Abteilung Wachstum und Entwicklung, Universitäts-Kinderklinik, CH-8032 Zürich, bezogen werden.
Verhaltensbeobachtungen am gesunden Neugeborenen
    Teil I   Verhaltenszustände (40 Minuten)
    Teil II   Motorik (30 Minuten)
    Teil III Beziehungsverhalten (40 Minuten)
Trinkverhalten und Ernährung im frühen Säuglingsalter (30 Minuten)

Kalorien und Emotionen: Trink- und Essverhalten in den ersten Lebensjahren (30 Minuten)
Motorik vor und nach der Geburt (22 Minuten)
Das Kind richtet sich auf (20 Minuten)
Spielverhalten mit Erkundungscharakter (40 Minuten)
Spielverhalten mit räumlichen Charakteristiken (40 Minuten)
Spielverhalten mit Symbolcharakter (40 Minuten)

Danksagung

Die Vielfalt unter Kindern wird in ihrem ganzen Ausmaß nur dann sichtbar, wenn man die Gelegenheit hat, Hunderte von Kindern zu beobachten. Die Individualität und die innere Beständigkeit eines Kindes wird erst dann erfaßbar, wenn man es während seiner ganzen Kindheit begleiten kann. Die Gesetzmäßigkeiten der Entwicklung offenbaren sich erst dann, wenn man viele Kinder über ihre ganze Entwicklungsspanne hinweg beobachten kann. Genau diese Erfahrungen habe ich in den vergangenen 25 Jahren bei den Zürcher Longitudinalstudien machen dürfen, an denen mehrere hundert Familien teilgenommen haben. Die Kinder gaben mir unzählige überraschende Einblicke in ihr Verhalten. Sie haben mich immer wieder gezwungen, eingeschliffene Vorstellungen aufzugeben und ihre Entwicklung differenzierter, aber auch ganzheitlicher zu betrachten. Die Eltern haben mich an ihren erzieherischen Erwartungen und Freuden, aber auch an ihren Verunsicherungen und Sorgen teilhaben lassen. All diesen Eltern und Kindern bin ich zu tiefstem Dank verpflichtet.

Danken möchte ich auch meinen Mitarbeiterinnen und Mitarbeitern, mit denen ich in der klinischen und wissenschaftlichen Arbeit sowie bei zahlreichen Fortbildungsveranstaltungen Gedanken und Erfahrungen austauschen konnte. Sie haben mich davon abgehalten, daß ich mich in Ideologien verlor, und mich immer wieder zu den für Kind und Eltern bedeutungsvollen Fragestellungen und Aussagen zurückgeführt: Caroline Benz, Jon Caflisch, Vera Dietz, Käthi Etter, Sepp Holtz, Evi Janssen, Elisabeth Kälin, Yvonne Konya, Heini Krautter, Armin Kunz, Siegrun Malich, Verena Meier, Luciano Molinari, Monica Neff, Rosmarie Nüssli, Valdo Pezzoli, Susanne Ritter, Markus Schmid und Kurt von Siebenthal. Danken möchte ich Cécile Ernst, Lorenz und Misa Lunin, Christine und Felix Sennhauser sowie Margreth Wannenmacher, die frühere Fassungen des Manuskriptes kritisch gelesen und mit hilfreichen Kommentaren versehen haben.

Johanna Largo möchte ich ganz besonders danken. Sie hat wesentlich dazu beigetragen, daß Ordnung in das stilistische Dickicht kam, Denkblasen entfernt und gedankliche Lücken überbrückt wurden. Zu Dank verpflichtet bin ich auch Franziska Neuhaus, die mit der ihr eigenen Gründlichkeit und Umsicht das Projekt von Anfang an begleitet hat.

Meiner Familie, ganz besonders aber meiner Frau Brigitt, möchte ich herzlich danken für die Geduld und die Nachsicht, die sie in den vergangenen vier Jahren mir und meiner Arbeit entgegenbrachte, und für das Interesse, das sie für die »Fit und Misfit«-Thematik gezeigt hat.

Meinem Lektor Wolfgang Schuler bin ich für seine sorgfältige und kompetente Arbeit überaus dankbar. Er hat für die gute Lesbarkeit und inhaltliche Klarheit des Textes gesorgt. Ganz besonders gefreut hat mich das Interesse, das er den Grundthesen des Buches entgegengebracht hat.

Ulrich Wank möchte ich für die konstruktive und unkomplizierte Zusammenarbeit herzlich danken. Schließlich schulde ich Viktor Niemann großen Dank, der diesem Buch zur Publikation verholfen hat.

Remo H. Largo

Abbildungsnachweis

Bruno Moser aus dem Bildband »Kinder aus aller Welt« Hanns Reich-Verlag: S. 14; Carlsen Verlag GmbH: S. 35, 36, 46, 47 oben, 114, 131, 133, 137, 181, 198, 208 unten, 209 oben, 209 unten, 210, 211, 218, 219, 223, 224, 250, 263; Harlow Primate Laboratory, University of Wisconsin: S. 97; aus »Mutter und Kind«, Migros-Genossenschafts-Bund, 1949: S. 105; D. C. Heath & Company, 1977: S. 116; aus »The Family of Children« Grosset & Dunlap and the Ridge Press: S. 142; Billy Ray, LIFE Magazine, Time Inc./interTOPICS: S. 145; Constantine Manos / Magnum / Agentur Focus: S. 225; SYGMA-Keystone: S. 220; Rosemarie Köpfli: S. 289. Alle übrigen Abbildungen: Autor.

Register

A

Ablehnung 48, 103, 104, 105, 122, 141, 147, 233, 273, 305, 308, 310, 320, 326, 339, 340
Ablösung 146, 151
Adoleszenz 143
Aggressivität 300, 301, 303, 325, 339
Aktivität genuin 79, 81
Akzeleration 71
Akzeptanz 103
Analphabetismus 39
Anerkennung 48, 50, 103, 106, 108, 142, 147, 154, 155, 233, 236, 237, 238, 239, 240, 241, 242, 246, 255, 264, 274, 277, 297, 319, 321, 322, 327, 329, 349
Anhänglichkeitsverhalten 123
Anpassungsfähigkeit des Gehirns 64
antiautoritäre Erziehung 13, 21, 347, 346, 348, 349, 350, 351
Ariès, Philippe 73, 95
Aristoteles 171
Artikulation 60
Aufholentwicklung 87
autoritäre Erziehung 21, 291, 339, 340, 341, 343, 344, 345, 347, 351

B

Babysitting 158
Bach, Johann Sebastian 67
Barr, R. G. 132
Beck-Gernsheim, E. 17
Begabung 186
Bell, S. M. 132
Belohnen 340
Belsky, J. 162
Bestrafen 340
Betreuungsqualität 320
Bezugsperson 156, 159, 161, 162, 164, 259
bildliche Darstellung 175
Bindungsqualität 123
Bindungsstärke 122
Bindungsverhalten 109
Bildungsverhalten elterlich 124, 149
Bindungsverhalten kindlich 122
Binet, A. 171
Bischof-Köhler, D. 46, 196
Blasenkontrolle 279
Bösch, Ch. 182
Bowlby, John 122, 156
Brody, L. R. 165, 196
Broca'sches Sprachzentrum 55
Brutpflege 110

C

Canetti, Elias 106
Chancengleichheit 307
Chandler, M. J. 78
Chess, Stella 248
Chomsky, N. 56
Clarke, A. M. 90
Crick, F. 192

D

Darmkontrolle 279
Darwin, Charles 204, 239
Deprivation 96, 113, 202
Differenzierung 61
Distanzverhalten 105
Disziplin 343
Dolto, Françoise 146
Dreikurs, Rudolf 346

E

Eigeninitiative 286
Eigenkontrolle 214
Eigenregulation 87
Eimas, P. D. 56
Einnässen 19, 299, 300, 303, 318, 325, 328
Einstein, Albert 67, 187, 191, 192
Entwicklung 82, 83, 323
Entwicklungsmodelle 78
Entwicklungsquotient 83, 85
Entwicklungsstudien 16, 211
Entwicklungstempo 17, 37, 68, 271, 324, 329
Entwicklungsverzögerung 90, 304
Erbanlage 53
Erikson, Erik 134, 156
Ernährung 111
Ernst, A. C. 96
Erziehung 291
Ethnien 40
Eveleth, P. B. 71
Evolution 54, 110, 112, 171, 172, 174, 178, 182, 183, 185, 192, 207, 217, 239
Extremvarianten 294

F

Familienkonstellation 244, 312
Field, T. 156
figural-räumliche Kompetenz 192
Fit 234, 248
Fortbewegung 35
Förderung 226
Freiheit 349
Fremdeln 123, 127, 130, 154, 295
Fremdwahrnehmung 48
Fremmer-Bombik, E. 154
Freud, Anna 141
Fröbel, Friedrich 346
Fuenta, F. R. de la 109, 110
funktionelle Strukturen 55
Fürsorge 101, 120, 165

G

Gallup, G. 46
Gandhi, Mahatma 195
Gardner, H. 82, 188, 189
Geborgenheit 95, 102, 130, 235, 255, 320
Geburt 13, 16, 26, 38, 60, 111, 117, 118, 126, 149, 150, 152, 279
Gehirn 54, 55, 56, 58, 64, 68, 179
Gehorsam 333
geistige Behinderung 186
gemeinsames Erleben 264
Gemeinschaftssinn 49
Gene 54, 65, 67, 69
Geschlechtsunterschied 38, 44, 165, 192, 196
Geschwister 75, 84, 244
Geschwistereifersucht 313, 321
Gewalt 335, 343
Gewicht 13, 87
Gibran, Khalil 78
Goethe, Johann Wolfgang 19, 268
Goodness of fit 248
Grenzensetzen 273
Grossmann, K. E. 154
Grundbedürfnisse 17, 20, 70, 77, 91, 95, 101, 107, 127, 128, 241, 294, 295, 303, 320, 329, 343, 344

H

Harlow, H. F. 96, 97, 113
Heimat 106
Herrenstein, R. 40
Herumtragen 133
Hitler, Adolf 196

Hoffmann, Heinrich 337
Hunziker, H. A. 132

I
Ich-Form 47, 80
Idiot savant 186
Ifrah, Georges 179
initiatives Lernen 217
Individualismus 49
Individualität 45
Initiationszeichen 126
Intelligenz 171
Intelligenzquotient 41, 171, 186, 203
Intelligenztest 171
Introspektion 176

J
James-Dean-Syndrom 147
Jenny, Zoë 138

K
Kagan, J. 90
Kant, Immanuel 176
kategorische Wahrnehmung 56
kategorisieren 223
kausales Denken 223
Keller 346
Kennell, John 117
Kindchenschema 120
Kindheitserfahrungen 306
kindorientierte Erziehung 291, 339, 340, 341, 342, 343, 344
Kissinger, Henry 63
Klaus, Marshall 117
Kleist, Heinrich von 176
Kompetenzen 186, 323
konsequente Erziehungshaltung 257
Konstanz von Menge und Volumen 269
Korczak, Janusz 346

Körpergewicht 26, 28
Körpergröße 13, 25, 31, 41, 42, 43, 58, 59, 61, 62, 65, 66, 67, 71, 72
Körperkontakt 14, 98, 103, 104, 130, 132, 138, 155, 159, 251, 303
körperliche Bedürfnisse 102, 129
Körpersprache 103, 104, 105, 108, 146
Kulturrevolution 174, 179
Kulturtechniken 114, 221

L
Ladame, F. 148
Lamb, M. E. 156
Landmann 335, 336, 346
Lautbildung 56
Leakey, Richard 178
Leistungsvermögen 307
Lenneberg, Eric 62
Lernerfahrungen 153, 154, 227, 228, 229, 274, 309, 321, 322, 323, 340
Leseschwäche 67
Lewis, M. 46
Liebe 100, 349
logisch-mathematische Kompetenz 190
logisch-mathematisches Denken 184, 191, 295
Lokomotion 35
Lorenz, Konrad 116, 120, 156
Luckner, Nikolaus von 96

M
Magersucht 148
Mahler, Margaret 156
McKenna, J. J. 134
Mehrsprachigkeit 90
Melzoff, A. 218
Menarchealter 33

Menschenaffen 181
Minderbegabung 39, 187
Misfit 294, 318
Monatsblutung 33, 72, 73
Montessori, Maria 19, 216
Moral 81, 176
motorisch-kinästhetische Kompetenz 194
Motorik 34, 37
Mozart, Wolfgang Amadeus 67, 81, 186, 187, 193
Mundmotorik 55, 58, 60
musikalische Kompetenz 193
Mutterattrappen 97
Mythen 176

N

Nachahmung 79, 218, 220, 221, 225, 267, 290
Neill, Alexander 346, 347
Neugier 204
nicht-verbale Kommunikation 104
Normvorstellungen 43, 251, 306

O

objektorientiertes Lernen 221
organische Strukturen 55

P

Papousek, Hanus 204, 250
Parke, R. D. 156
Pascal, Blaise 13, 19
Paul, Jean 45
Pechstein, J. 162
Pestalozzi, Johann Heinrich 19, 346
Piaget, Jean 19, 173, 216, 269
Picasso, Pablo 186, 187
Pikler, Emmy 35, 266
Pinzettengriff 57, 82
Plastizität des Gehirns 64

Plomin, R. 83
Prägung 115, 117
psychische Bedürfnisse 102
psychosomatische Störung 303, 304, 311, 326, 329
psychosoziale Faktoren 305, 310
Pubertät 33, 38, 43, 60, 62, 64, 72, 145, 151, 191, 295
Pubertätsritual 126

Q

Quinton, D. 311

R

Raumvorstellungen 135, 222
Die Räuber 144
Rey-Figur 39, 40, 298
Rechenschwäche 67
Reifung 34, 60
Religion 176
Rilke, Rainer Maria 189
Robertson, J. 311
Rouge-Test 46, 47
Rousseau, Jean-Jacques 19, 346
Rubinstein, Arthur 81
Rutschky, H. 334, 335, 336, 337
Rutter, M. 312

S

Sameroff, A. J. 78
Sauberkeitserziehung 16, 252, 254, 278, 279, 280, 281, 282, 284, 285, 286, 288, 292, 293
Savage-Rumbaugh, S. 182
Scarr, Sandra 78, 83, 85, 156, 162
Scheich, H. 117
Scheidung 312
Schiller, Friedrich 144
Schlafbedarf 16, 26, 27, 253, 271, 295
Schlafstörung 15, 19, 253, 257, 328

Schlüsselkind 140
Schmid, H. 110
Schopenhauer, Arthur 186
Schreber, Daniel 335
Schreien 132
Schule 31, 140
Schuleintritt 31, 140
Schwangerschaft 150
schwarze Pädagogik 337, 338, 346
Selbständigkeit 135, 152, 274, 308, 344
Selbstbestimmung 227, 228, 273, 291, 346, 349, 350, 351
Selbsttötung 148
Selbstwahrnehmung 196
Selbstwertgefühl 45, 48, 123, 128, 135, 138, 154, 206, 215, 227, 229, 233, 234, 235, 236, 239, 240, 242, 244, 245, 246, 248, 250, 255, 273, 274, 276, 279, 291, 293, 299, 302, 303, 307, 313, 317, 323, 325, 326, 329, 338, 341, 344, 345
selektives Lernen 82
sensible Altersperiode 116
Simon, Théodore 171
soziale Gleichwertigkeit 346
soziale Interaktion 262
soziale Isolation 96
soziale Kompetenz 195
soziales Lächeln 119
soziales Lernen 217
Sozialisation 113
Sozialverhalten 25, 76, 90, 91, 113, 154, 195, 267, 301
sozioökonomische Faktoren 41, 305, 309
Spinoza, Baruch de 11
Sprache 25, 29, 30, 34, 37, 38, 55, 62, 74, 75, 80, 88, 90, 96, 183, 225, 229, 295, 329

Stalin, Josef 196
Steinberg, L. 162
Stern, Daniel 166, 250
Struwwelpeter 338
Sulzer, Johann Georg 333, 334, 335, 336, 346
Symbolfunktionen 173, 177, 178, 182, 183, 184, 185, 188
Szagun, Gisela 56

T
technischer Fortschritt 177, 180
Tees, C. 62
Teilleistungsschwächen 67, 298
Thomas, Alexander 248
Tizard, B. 157, 161
Toilettentraining 280
Totenkult 176
Transaktionsmodell 78
Trennung 123, 311
Trennungsangst 123, 127, 131, 135, 154, 311
Trotzreaktion 48, 295, 306, 339, 345, 348

U
Üben 212
Überbehütung 300, 308
Überforderung 134, 201, 214, 259, 299, 300, 308, 313, 316, 328, 329
Übergangsobjekt 106
Ungehorsam 272
Unterforderung 322
Unterweisung 225, 268
Urvertrauen 134, 156

V
Valentin, Karl 221
Variabilität 25
Variabilität des Entwicklungsverlaufes 34

Variabilität intraindividuell 37, 300
Variabilität interindividuell 26
Veranlagung 16, 53, 78
Vereinsamung 99
Vererbung 67, 78
Verhaltensauffälligkeiten 14, 19, 96, 198, 248, 294, 300, 303, 304, 308, 318, 319, 322, 325, 326, 329
Verhaltensgenetik 83
Verhaltensmuster angeboren 118
Vernachlässigung 72, 87, 95
Verwahrlosung 73, 343
Vielfalt 25, 37, 39
Vigotsky, L. S. 173
Vinci, Leonardo da 187
Vorbild 18, 113, 115, 162, 167, 219, 220, 221, 229, 238, 266, 267, 286, 290, 293, 342, 347, 351

W

Wallhäuser, E. 116
Watson, J. 191, 192, 204, 205, 223
Weir, R. H. 56
Werkzeuggebrauch 177
Wernicke'sches Sprachzentrum 55
Werker, J. F. 62
Wertvorstellungen 115, 267
Wild, Mauricio 266
Wild, Rebecca 266
Wilde, Oscar 19, 50
Wilson, R. S. 83, 84
Wissenschaft 177
Wohlbefinden 233
Wohlkind, S. 311, 312

Z

Zahlenverständnis 59, 176
Zeitverständnis 136, 176
Zuwendung 95, 102, 235, 261, 321
Zwang 335
Zweisprachigkeit 90
Zwillinge 25, 37, 43, 48, 49, 83, 84, 85, 86, 88, 312

Getrennt leben – gemeinsam für die Kinder sorgen

Remo H. Largo /
Monika Czernin
Glückliche Scheidungskinder
Was Kinder nach der Trennung brauchen

Piper Taschenbuch, 352 Seiten
Mit 21 Abbildungen und Grafiken
€ 12,99 [D], € 13,40 [A]*
ISBN 978-3-492-30498-6

Doch, es ist möglich: glückliche Scheidungskinder. Das ist die ebenso klare wie wichtige Botschaft von Remo Largo und Monika Czernin: Auch nach einer Trennung können die Eltern gut für das Wohl ihrer Kinder sorgen und sie für das Leben stärken. Im Mittelpunkt steht dabei der Leitgedanke einer »unkündbaren Elternschaft«. Ob getrennt oder zusammen, alleinerziehend oder in einer Patchworkfamilie. Wie eine solche unkündbare Elternschaft gelingen kann, zeigt dieses Buch auf.

Leseproben, E-Books und mehr unter www.piper.de

Das Standardwerk der Erziehungsliteratur

Remo H. Largo
Babyjahre
Entwicklung und Erziehung in den ersten vier Jahren, Vollständig überarbeitete Neuausgabe
Mit über 300 Farbfotos und Schaubildern

Piper Taschenbuch, 592 Seiten
€ 14,99 [D], € 15,50 [A]*
ISBN 978-3-492-25762-6

Der erfahrene Kinderarzt Remo H. Largo hat mit seinem vollständig überarbeiteten Standardwerk ein Erziehungsbuch ganz anderer Art geschrieben: Er geht nicht von einer idealen Entwicklung oder festen Erziehungsprinzipien aus, sondern sieht das Kind so, wie es ist. Vor allem will er bei Eltern und Erziehern Verständnis wecken für die biologischen Voraussetzungen und die Vielfalt kindlichen Verhaltens. Dieses Buch ist längst ein Klassiker und gehört in jede Erstausstattung.

Leseproben, E-Books und mehr unter www.piper.de